江西财经大学信毅学术文库

QUNZU JICHENG JIZHI
SHIJIAOXIA
ZONGHE PINGJIA LILUN,
FANGFA JI YINGYONG

群组集成机制视角下
综合评价理论、方法及应用

刘　俊◎著

中国财经出版传媒集团
中国财政经济出版社
北京

图书在版编目（CIP）数据

群组集成机制视角下综合评价理论、方法及应用／刘俊著．--北京：中国财政经济出版社，2025.4.

（江西财经大学信毅学术文库）．--ISBN 978－7－5223－3853－8

Ⅰ．F224.5

中国国家版本馆 CIP 数据核字第 2025D5U304 号

责任编辑：张怡然　　　　责任校对：徐艳丽

封面设计：王　颖　　　　责任印制：张　健

群组集成机制视角下综合评价理论、方法及应用

QUNZU JICHENG JIZHI SHIJIAOXIA ZONGHE PINGJIA LILUN，FANGFA JI YINGYONG

中国财政经济出版社 出版

URL：http：//www.cfeph.cn

E－mail：cfeph@cfeph.cn

社址：北京市海淀区阜成路甲 28 号　邮政编码：100142

营销中心电话：010－88191522

天猫网店：中国财政经济出版社旗舰店

网址：https：//zgczjjcbs.tmall.com

北京厚诚则铭印刷科技有限公司印刷　各地新华书店经销

成品尺寸：170mm×230mm　16 开　14 印张　224 000 字

2025 年 4 月第 1 版　2025 年 4 月北京第 1 次印刷

定价：69.00 元

ISBN 978－7－5223－3853－8

（图书出现印装问题，本社负责调换，电话：010－88190548）

本社图书质量投诉电话：010－88190744

打击盗版举报热线：010－88191661　QQ：2242791300

前　言

综合评价作为一种成熟的认识事物、决断问题的测量方法，能够对以多指标体系结构描述的对象做出全局性、科学性的评价。从统计视角看综合评价，相关学术研究在国内可追溯至20世纪80年代经济效益评价研究的热潮中。经过近半个世纪的发展，综合评价新思想、新方法不断更迭。数字时代，大数据、人工智能等前沿信息技术的飞速发展，正以前所未有的速度和广度重塑社会经济管理评价活动面貌。关于综合评价的信息和组织拓展，特别是复杂信息和群组形式的评价逐步成为前沿研究之一。

群组评价旨在通过多方评价主体基于相关信息集成技术对经济实践活动进行综合评价，解决社会经济管理中面临的公共选择多元评价决策问题。群组评价将传统多指标综合评价中单一对象的评价主体拓展为多方评价主体共存，多方评价主体在社会经济纵深推进发展的复杂环境中大幅度提升评价质量。群组评价汇聚集体智慧，突破单一评价主体实践活动中的逻辑局限，更广泛地吸纳不同的意见。群组评价本质上属于多指标综合评价，针对评价目标确定评估对象、评估信息集成以及评估结果分析等环节并无较大区别，能否在实施经济管理决策中沿用经典多指标综合评价技术呢？稍加思索发现，群组评价针对日趋复杂的决策问题而出现，单一化评价主体在评估对象特征识别、评估信息获取以及评估信息集成方面时常面临不利局面。多方利益主体的内在关联以及评估不确定因素使经济实践活动趋向复杂化，需要重点解决评估信息可集成和评估信息科学集成两个关键技术问题。当信息不完备或信息模糊时，评价主体通过非确定性数据从多维角度结合评价指标对评估对象进行量化评估，极大地拓展了群组评价的应用领域，打破了基于精确值的传统综合评价难以决策的桎梏。近年来，Fermatean 模糊集作为一种新的非确定性数据表达形式，拓展了直觉模糊集和毕达哥拉斯模糊集的隶属度函数和非隶属度函数约束条件，能包含更大范围内的不确定性信息，使面向 Fermatean 模糊环境下的群组评价应用前景更加广阔。针对经济实践活动趋于复杂化的新态势，发展以犹豫值、区间值、概率值以及自信水平度组成的 Fermatean 模糊信息拓展形式刻不容缓，无疑拓展了 Fermatean 模糊理论的边界研究。同时，针对群组评价中评价指标间广泛存在的相关性、多方评价主体对风险偏好趋于多元化发展、多方评价主体意见冲突以及综合评价方法结构化单一等问题需要深入研究完善，将 Fermatean 模糊簇信息的群组评价理论、方法与应用赋能社会经济高质量发展。有鉴于此，本书将从以下 5 个角度展开系统性研究。

（1）犹豫 Fermatean 模糊 MULTIMOORA 群组评价集成机制研究。评估对象由多维评价指标信息进行描述，评价主体时常在给出评估信息时表现出犹豫不决。首先，基于 Fermatean 模糊集，发展出犹豫 Fermatean 模糊数据形式表达评估信息。其次，通过测度评价主体对评估对象各评价指标的共识距离，获得群组成员间的共识权重。再次，为了兼顾评价指标主观权重和客观权重的完整性和统一性，采用级差最大化法融合平均值的主观权重和 Shannon 熵的客观权重。随后，将上述评价信息、群组成员权重以及评价指标权重输入完全乘法规模分析的多目标优化（MULTIMOORA）方法中，构建犹豫 Fermatean 模糊 MULTIMOORA 群组评价集成技术框架。最后，在创新发展区域绿色发展水平评价指标体系基础上，以长江经济带沿线 5 省（市）绿色发展水平评价作为算例分析。稳健性检验和对比分析直观展示了决策模型适应复杂环境的良好特性。

（2）概率犹豫 Fermatean 模糊拓展 MULTIMOORA 群组评价集成机制研

究。在提出犹豫 Fermatean 模糊集的基础上，评价主体给出多个评估信息值一般不满足等同重要性的要求，多个可能的评价值应该被赋予不同的概率。由此，提出了概率犹豫 Fermatean 模糊数据形式表达评估信息，虽然涵盖了更多的不确定性信息，但是评价指标间存在的冗余关系没有得到解决。在前文研究基础上，采用 Dombi 运算融合 Choquet 积分测度，发展概率犹豫 Fermatean 模糊环境下的几何平均算子集成评估信息。此外，Choquet 积分用于对群组成员及指标间的相对重要性进行测度。考虑到采用序数占优理论集成评价效用值具有局限性，将传统 MULTIMOORA 方法中参考点法拓展至负理想解；同时，采用 Borda 规则集成 MULTIMOORA 方法中三个子系统的评估结果得到综合评价效用值，建立概率犹豫 Fermatean 模糊拓展 MULTIMOORA 群组评价集成技术框架。最后，以长江经济带沿线 5 省（市）绿色修复水平评价作为算例进行研究，通过稳健性检验和对比分析有效验证了决策框架的科学性。

（3）区间 Fermatean 模糊前景理论群组评价集成机制研究。面对复杂的经济实践活动，评价主体时常难以给出精确的 Fermatean 模糊集隶属度值和非隶属度值。而区间值较精确值灵活度更强，由此，提出区间 Fermatean 模糊数据形式表达不确定评估信息。除了上述信息集成算子测度指标相关性之外，统计学中的相关系数能对评价指标间的关联进行有效刻画，提出区间 Fermatean 模糊数相关系数测度指标相对重要性。同时，多方评价主体代表了各方利益，以理性心理实施经济实践活动通常是不现实的，可采用前景理论对评价主体的风险偏好进行评估，测算评价主体对评估对象评价指标的前景权重信息。然后，为了得到平稳和非奇异的评估信息值，提出广义区间 Fermatean 模糊加权幂 Heronian 平均算子集成评估信息，搭建区间 Fermatean 模糊前景理论群组评价集成技术框架。最后，以区域乡村振兴赋能脱贫攻坚的成效评价作为算例进行研究，稳健性检验和对比分析强有力地对决策框架的实用性进行了论证。

（4）概率区间 Fermatean 犹豫模糊 DNCoCoSo 群组评价集成机制研究。首先，基于上文对概率犹豫 Fermatean 模糊集和区间 Fermatean 模糊集的研究，非确定性数据形式得到拓展。为了适应更为复杂的决策环境，形成概率区间 Fermatean 犹豫模糊数据形式表达评估信息。针对目前归一化评估信息方法单一的问题，采用融合基于 Euclidean 距离测度的目标线性归一化方法和基于得分值的目标向量归一化方法的双重归一化策略，对评估信息进行归一化处理。同时，采用评价指标间相关性的确定指标重要性（CRITIC）方法解决前文提及的指标冗余问题，并与主观权重结合确定指标综合权重。其次，使用基于指数价值函数的前景理论确定评价主体的前景权重信息，克服了经典价值函数不能较好地涵盖评价主体的风险规避选择的局限性。通过上述相关策略，使得评估信息可集成。再次，通过组合妥协方案（CoCoSo）方法科学集成评估信息，构建概率区间 Fermatean 犹豫模糊双重归一化 CoCoSo 群组评价集成技术框架。最后，以我国国家公园遴选评估作为算例进行研究，相关参数的稳健性检验以及与现有综合评价方法的对比分析均验证了模型框架有效性和可行性。

（5）Fermatean 模糊社会网络的自信共识 MABAC 群组评价集成机制研究。首先，前文对群组综合评价存在的不足以及改进研究均作出了有益尝试，但仍忽视了多方评价主体在信息交互过程中的社会信任关系，其对提升群组评价结果的科学性意义重大。同时，评价主体在给出评估意见时并非完全自信，由此，提出自信 Fermatean 模糊数据形式表达评估信息。其次，通过一种新型信任传递效率的信任传递算子完备群组成员间的不完整社会信任网络。第三，充分考虑三种评价主体可靠权重来源综合测度群组成员权重信息，分别是社会网络信任度、意见自信水平以及评价主体间的相对偏差度。第四，通过 Fermatean 模糊相关系数确定评价指标的相对重要程度，以消除指标关联性影响。同时，建立基于意见自信水平和信任网络的意见共识反馈策略，消除多方评价主体的意见冲突。第五，通过多属性边界近似区域比较（MABAC）方法集成评估信息，构建 Fermatean 模糊社会网络的自信共识 MABAC 群组评价集成技术框架。最后，以新能源汽车动力蓄电池回收服务网点选择作为算例进行研究，通过多维度稳健性分析以及与同类决策方法定量和定性对比分析验证了模型框架的科学性。

上述研究不仅丰富了Fermatean模糊数据表达形式，同时针对现有群组评价方法存在的不足做了有趣的探索与补充。具体在评价指标相关性、评价主体非理性评价心理、多方评价主体社会信任与意见共识以及综合评价集成方法上做了创新性研究，拓展了Fermatean模糊簇群组评价集成理论、方法以及应用的研究边界。各个章节紧紧围绕着Fermatean模糊评估信息展开，层层递进解决不同的非确定性数据的群组综合评价问题，既相互映衬与补充又各成逻辑体系，以期为不确定性因素显著增加的社会经济相关评价实践提供科学规范的统计评价决策体系，提高评价结果的科学性。

本书是在笔者江西财经大学博士学位论文的基础上修改、完善而成。从选题、结构安排、写作修改直至最后定稿，笔者的导师罗世华教授都给予了精心的指导。书稿凝结着师父的心血和智慧，在此特向恩师致以崇高的敬意与感谢！在书稿雕琢完善的这段时光里，我生命中也迎来了一段珍贵的历程：爱女乐苡的诞生。从她初次尝试发声，到那一声声清脆悦耳的“爸爸”响彻耳畔。每一个瞬间都如同春日暖阳，温柔地照亮了我每一个深夜伏案的身影，给予我无尽的动力与灵感。

本书得到了江西财经大学2024年“信毅学术文库”出版资助项目和江西财经大学A类学科创新团队“数据科学基础理论、算法与应用”的资助。此外，本书根植于博士学位论文的研究成果，鉴于其中观点尚处于初步探索阶段，难免存在不足与疏漏之处。笔者诚挚地期盼广大读者及业界专家能够慷慨赐教，提出宝贵的批评意见与建设性建议。

著者

2024年11月

目　录

第1章　绪　　论

1.1　研究背景及意义

综合评价既是评价也是决策，好的决策结果依赖于科学的评价，评价亦是决策的前提条件。综合评价是依据多个影响因素综合作用于评价对象的技术手段，与人们的日常生活密切相关。小到个人衣食住行，大到国家宏观战略决策，都是综合评价大放光彩的舞台。邱东（1991）、苏为华（2000）、郭亚军（2002）等学者均对综合评价理论体系作出过系统性阐释，引领后续学者不断对其深入探索，综合评价新思想、新方法、新技术层出不穷[19,20,3]。在现实的评价决策活动中，评价主体内在的认知局限以及评价对象外部的复杂因素干扰，使基于单一评价主体的传统综合评价理论不能较好处理社会经济发展中面临的多元化评价问题。群组综合评价通过汇聚群组成员集体评价智慧，扩充了传统单一评价主体多指标综合评价技术，能高质量解决社会经济评价实践中的众多问题。同时，当评价对象的特征边界不清、不易准确描述时，常常需要借助非确定性数据进行量化，以实现对多指标的综合分析。例如，政府制定经济目标，并非都为绝对数值，常常将经济增长预期设置在一个区间范围内。现代综合评价理论、方法与应用的发展欣欣向荣，面向非确定性数据的群组综合评价分析技术伴随着社会经济发展不断得以完善与发展，为解决不确定环境下的复杂评价问题指明了方向。

在现实经济实践活动中，全面而准确地获取相关评估对象的评估信息一般难以实现，这个问题促使学者们进一步研究模糊集理论。Zadeh（1965）开创性地将“0—1”二值逻辑形式拓展到闭区间［0，1］内任意的隶属度数值[199]。众多学者将其不断向前推进，使其与现代综合评价问题深度契合，为获得科学性与有效性的综合评价结果提供智力支持。直觉模糊集（Atanassov，1986）为刻画评价过程中群组成员赞成、反对以及犹豫的认知态度提供可能[38]，将约束条件“任意模糊集的隶属度和非隶属度之和完全等于1”放宽到“任意模糊集的隶属度和非隶属度之和可以小于或等于1”。Yager（2013）将直觉模糊集进一步拓展至毕达哥拉斯模糊集[193]，隶属度与非隶属度之和可以大于1，满足其平方和小于等于1即可。约束条件的放宽，使毕达哥拉斯模糊集有比直觉模糊集更大的不确定自由度。随后，Senapati 和 Yager（2019）进一步拓展，提出 Fermatean 模糊集[158]，弱化了隶属度和非隶属度中元素隶属于某个集合的程度大小约束，能够涵盖比直觉模糊集和毕达哥拉斯模糊集在［0，1］×［0，1］更大范围的不确定性信息，在表征复杂度和非确定性等方面更具灵活性和实用性。在经济实践活动中，面临着众多信息不完备和模糊的情景，使用 Fermatean 模糊集较毕达哥拉斯模糊集可以更好地解决评价决策问题。然而，面对日新月异的社会变革、经济实践活动日趋复杂和不确定性，以及群组内评价主体不同的认知结构，Fermatean 模糊评价信息依然存在度量不确定性能力不足的局限性。为了摆脱这一困境，发展 Fermatean 模糊拓展形式的不确定性信息表达具有理论和实践意义。具体而言，理论上，拓展 Fermatean 模糊集的研究边界；在实践中，为多领域经济决策活动的开展提供技术支持。本书面向 Fermatean 模糊及其拓展信息表达形式（包括犹豫值、区间值、概率值和自信水平，归纳为 Fermatean 模糊簇）的群组综合评价集成机制及应用在此大有可为。

Fermatean 模糊簇的群组综合评价理论给予多方评价主体更大的评价自由度支持，突破了传统确定性因素的制约。多方评价主体在最大不确定性信息限度内充分表达支持、反对和犹豫的观点，为解决复杂不确定性问题开辟了新途径。为金融风险评估、绿色供应商选择、企业数字化改革评估等战略提供决策智慧，以期助力经济高质量绿色发展。特别地，伴随着新兴技术和社会经济高速发展，传统综合评价技术面临着滞后发展的局限性。同时，非确定性数据综合评价理论方法框架也迎来机遇与挑战。如何发展好、用好非确定性数据综合评价理论方法解决经济发展中的决策问题是一个时代命题，需要相关学者共同深入探究，为适应社会经济发展提供智力支持。

面向 Fermatean 模糊簇的非确定性数据综合评价理论与方法涉及统计学、数学、社会学、运筹学以及计算机科学等学科，作为一个蓬勃发展中的交叉学科已吸引众多学者的关注和研究。群组综合评价技术作为统计方法体系中重要的分支之一，在理论方法和应用上均取得可喜的成就，真正发挥了统计在民生社稷中的卓越能力。理想的情况下，非确定性数据综合评价应随着时代发展进程同频共振，不断适应评价活动出现的新问题，对经济实践活动提供重要的指导作用。然而，现有非确定性数据的综合评价集成机制对现实和应用的深度契合还存在提升空间。

一般地，评价主体根据评价活动特定场景，通过 Fermatean 模糊簇的信息形式表征自己的评估意见，多角度地刻画了因自身认知局限和外部环境的复杂性导致的不确定性。在多方评价主体评估信息集成阶段，评价指标间广泛存在着关联性，使得信息集成算子难以满足可加性原则。经济实践过程中多方评价主体的非理性行为特征对风险具有不同偏好，多方评价主体完全理性的假设此时通常是无效的。群组成员间的信息交互突破了评价主体间独立性限制，群组间的社会信任关系对确定评价主体相对重要性产生重要影响，从而能够左右最终的综合评价测度结果。群组中个体评估信息允许存在一定的意见分歧，评价共识达成测度达到消除意见冲突的目的，对避免直接评价造成决策偏差具有现实意义。综合评价方法的选择是评价活动最后一个关键环节，科学有效的综合评价方法是作出合理决策的根本保证，而不断涌现出的新问题深刻影响着综合评价发展进程。

有鉴于此，本书拟以“群组集成机制视角下综合评价理论、方法及应用”为题，在群组集成机制视角下，针对综合评价过程中涉及的评价指标相关性测度、评价者的非理性行为治理、群组社会关系与共识达成测度以及综合评价方法识别等问题展开深入研究，并用发展的群组综合评价集成理论方法指导决策实践。

理论方法上，现有学者大多着眼于从非确定性数据的群组综合评价应用展开研究，对非确定性数据的群组评价集成理论方法体系的探究尚显不足。针对非确定性数据表征形式，既有研究主要集中在犹豫模糊数、区间数、直觉模糊数、毕达哥拉斯模糊数以及语言术语等非确定性数据形式，对近期提出的 Fermatean 模糊信息表达的群组综合评价理论、方法和应用研究还处于起步阶段。本书基于群组集成机制视角，从 Fermatean 模糊的非确定性评价数据表征方式、综合评价信息集结以及评价方法的自适应选择等方面的努力，都对非确定性数据的群组综合评价方法迈向新进程作出了有可能的支持。在实际应用中，本书提出的一系列 Fermatean 模糊簇的群组综合评价集成理论被用于解决区域绿色发展水平和修复水平评估、国家公园选择评价、乡村振兴赋能脱贫攻坚的成效评价以及新能源汽车动力蓄电池回收服务网点选择等统计决策问题，从而为相关行业的评价决策人员提供评价的新思路、新方法和新技术。总体而言，本书在群组评价的理论方法和实际应用过程中均作出了有益尝试。

1.2　国内外研究现状

群组综合评价作为群体决策和综合评价的一个前沿交叉研究方向，在不同学科和不同领域与社会经济发展同频共振。既有研究对经济管理实践活动起到积极的指导作用，为复杂不确定情形下的评价决策规范建言献策。然而，群组综合评价集成机制随着现实需求的变化，面临着诸多新问题与新挑战。

为了科学指导经济实践活动，统计学、运筹学与数学等研究领域学者在这一时代机遇下大有可为。

本书主要面向 Fermatean 模糊簇的非确定性数据群组评价集成机制及应用研究，有必要对传统群组评价的几个关键技术研究进行回顾，推动群组评价新理论、新方法与新应用的持续研究。主要从群组综合评价指标相关性测度、群组综合评价主体的非理性行为治理、群组社会关系与共识达成机制以及群组综合评价集成方法识别与应用 4 个维度展开系统性综述，分析群组综合评价集成机制及应用的总体研究状况，以期为本书研究提供思路启发和经验指导。

1.2.1 群组综合评价指标相关性测度

一般地，面对社会经济中的综合评价问题，多方评价主体根据实际决策问题建立评价指标体系，再通过信息集结算子进行相关测度运算，得到综合评价结果。评价主体所建立的指标体系通常是以指标之间具有独立性为前提的。然而，在实际经济实践决策过程中，评价指标间往往存在一定的关联性。现有信息集结算子并不都像已有假设的那样相互独立，它们存在互补或者冗余，不完全满足可加性原则（罗世华和刘俊，2020）[11]。评价信息集成过程中评价指标间的相互关系应该被考虑，对提升评价测度结果的准确性尤为重要。

针对评价指标间存在的相互关联性问题，类似 Bonferroni 平均（BM）算子（Bonferroni，1950）[46]、Choquet 积分（CI）算子（Grabisch 等，1995）[87]、幂平均（PA）算子（Yager，2001）[190]以及 Heronian 平均（HM）算子（Beliakov 等，2007）[52]等信息集成算子被提出并成功应用于各类指标相关性的综合评价问题中。

1. Bonferroni 平均算子

Bonferroni 平均算子刻画指标的同质关系是通过每个参数与其余参数的平

均值的乘积来实现的。Yager（2009）完成了对 BM 算子结构分析的开创性工作[192]。随后，Xia 等（2013）将 BM 算子和几何平均算子结合，在直觉模糊环境下建立了几何 Bonferroni 平均算子[186]。然而，算子只是简单地产生两个参数的任意线性规划的几何平均值，且无法对每个单独的指标和其余指标之间的同质相关性进行测度。后续学者对其进行深入研究，Li 等（2016）[129]对 Xia 等（2013）提出的概念进行重大修改，解决了悬而未决的指标相关性测度问题。同时，BM 信息集成算子有一些理论拓展研究，被广泛应用于不确定语言（Wei 等，2013）[177]、犹豫三角模糊（Wang 等，2014）[170]以及 q 阶正交模糊（Liu 和 Liu，2018）[117]等决策场景中。Chen 等（2019）对几何 Bonferroni 平均算子已有研究进行了回顾，提供了一种从广义 BM 算子生成新的几何 BM 算子的思路，尽最大可能地为决策者提供学习拟合经验数据时需要的聚合函数[59]。

2. Choquet 积分算子

Choquet 积分算子侧重于改变信息集成算子的权重向量，其中信息集成参数的相关性根据评价主体主观测度。Grabisch 等（2008）对基于 Choquet 积分的多指标效用理论中的容量识别方法进行了系统回顾[86]。Xu（2009）提出加权直觉模糊 Choquet 积分算子，不仅考虑了元素的重要性和元素的排序位置，还反映了各元素间的相关性[180]。Choquet 积分算子在直觉模糊（陶长琪和凌和良，2012）[21]和毕达哥拉斯模糊（梁霞等，2018）[14]等不确定环境中均有广泛的应用。Dimuro 等（2020）讨论了自 2016 年以来有关 Choquet 积分的综合评价技术，通过一般的 T 范数、重叠函数和 copula 以及预聚合函数完成决策过程[67]。

3. 幂平均算子

幂平均算子和 Choquet 积分算子测算功能相同，但其能通过聚合参数值确定客观权重向量，同时消除偏差指标的不利影响。Xu（2011）建立一系列基于幂平均直觉模糊信息集成算子的多指标群体综合评价方法，并将信息集成算子和决策方法扩展到区间直觉模糊环境中[181]。He等（2014）将幂平均算子和Bonferroni平均算子融合，建立多指标综合评价方法[93]。在毕达哥拉斯模糊环境下，Li等（2018）建立了基于幂Muirhead均值算子的多指标综合评价方法[130]。Liu和Gao（2019）提出证据理论框架下的一系列直觉模糊幂Bonferroni均值算子，并将其应用于解决多指标综合评价问题中[107]。

4. Heronian平均算子

Heronian平均（HM）算子不同于Choquet积分算子和幂平均算子，它是一种均值类型信息集成技术，侧重于聚合参数的选择。Yu（2013）将HM算子拓展到直觉模糊环境中，捕捉直觉模糊信息之间的相关性[194]。Xiao和Wang（2019）在概率语言信息环境中提出基于Heronian均值算子的太阳能发电厂的选址多阶段决策支持框架[185]。Ayub等（2021）开发了一种新的三次模糊Heronian均值Dombi信息集成算子，解决多方面相关性的决策问题[39]。Lin等（2022）提出情景模糊交互分区Heronian均值算子，对护理设施服务质量进行评估[119]。

此外，相关性是对两个或多个具备相关性的元素进行分析的技术，在统计数据分析中发挥重要作用，被广泛拓展到模糊识别中。模糊数的相关系数弥补了由于距离测度造成的评价信息缺失的不足，能通过构建并求解模糊数间的相关系数模型获得指标客观权重信息。

述评：上述信息集成算子均可以成功处理指标间的相关性问题，然而，Bonferroni平均算子和Heronian平均算子只能考虑两个指标之间的两两相互关系。在实际的评价问题中，需要充分考虑多个评价指标之间的相互关系，综合多种信息集成算子更能满足这一要求。评价指标相关性还可通过相关系数测度，而有关Fermatean模糊数相关系数的研究鲜有文献发表。本书将综合上述处理指标相关性的信息集成算子解决现实中更为复杂的决策问题，同时，从统计学角度研究 Fermatean 模糊数间的相关性，解决指标相关性问题，以及更为客观地获取指标权重信息。

1.2.2 群组综合评价主体的非理性行为治理

非确定性数据的群组综合评价研究近年来取得了丰硕的成果，被广泛应用于社会经济发展各领域。同时，相关研究发现评价主体的心理特征深刻影响着决策进程，评价主体由于复杂环境以及自身认知缺陷导致的非理性评价心理不容忽视。现有综合评价方法较多基于经典期望效用理论，假设评价主体决策过程完全理性，由此容易得到不具科学性的评价结果。为了解决这一困境，基于评价主体的有限理性行为设定的相关理论，研究了评价主体在一定收益下表现出风险规避或在一定亏损下寻求风险的行为。例如，前景理论（Kahneman 和 Tversky，1979）[102]、后悔理论（Loomes 和 Sugden，1982）[121]以及失望理论（Bell，1985）[47]等。

1. 前景理论

前景理论提出了对预期效用理论作为风险下决策的描述性模型的批评，落脚点在于参考点的选择。采用价值函数和概率权重替代了期望价值，使传统评价方法中评价主体的“无限理性”假设不攻自破。随后，Tversky 和 Kahneman（1992）发展了累积前景理论[159]，采用累积的概率代替单个概率计算概率权重，弥补了前景理论违背随机占优的不足，拓展了适用范围。随着现实决策问题的复杂性增加，梯形模糊数（王坚强等，2009）[25]、区间数（江文奇，2015）[5]以及犹豫模糊数（王应明等，2017）[24]等非确定性数据被引入前景理论决策框架中。同时，前景理论被广泛应用于解决可再生能源评估（Wu 等，2018）[174]、网络舆情动态评估（Zhang 等，2021）[211]、区域绿色经济发展水平多指标综合评价（李清水等，2021）[9]以及大规模传染疫情应急管理决策（金卫健等，2021）[6]等热点问题。

2. 后悔理论

后悔理论聚焦于评价主体的“后悔”对决策效用的影响。相对于前景理论，后悔理论的假设约束相对较少且能够较好描述并解释实际决策行为中的阿莱悖论、偏好逆转效应等悖论，因此其在决策问题中的应用更为广泛（张发明和王伟明，2020）[32]。后悔理论已应用于投资选择（Michenaud 和 Solnik，2008）[135]、拍卖（Engelbrecht - Wiggans 和 Katok，2008）[74]等经济领域。为了适应不同的决策问题，一方面，学者们将后悔理论与前景偏好（Peng 和 Yang，2017）[146]、证据理论（朱轮，2017）[36]、群体满意度（刘小弟等，2017）[17]、ELECTRE（惠蕙等，2021）[4]以及三支决策（Zhu 等，2022）[205]等方法相结合，拓展和发展了传统的后悔理论。另一方面，将后悔理论应用于区间数（张晓等，2013）[30]、三角数（谭春桥和张晓丹，2019）[22]以及区间犹豫模糊（张国峥和刘婧，2022）[29]等非确定性数据综合评价环境中。

3. 失望理论

失望理论与后悔理论相同，评价主体将预期到的失望情绪通过改变效用函数影响决策。后悔理论强调不同评估对象间的比较，失望理论强调同一评估对象不同结果间的比较（庄锦英，2003）[37]。Liang 等（2018）针对具有标准二元组期望的随机多准则决策问题，提出了一种基于失望随机优势的新方法[115]。Zhang 等（2019）基于失望理论，提出具有不完全模糊偏好关系的稳定双边匹配决策框架[202]。Chen 等（2020）提出一种基于失望随机优势度的语言分布多指标综合评价方法[62]。Zhang 等（2022）提出了犹豫模糊语言环境下考虑个体失望情绪的共识测度模型，用于选择在大学校园中预防和控制 COVID - 19 的最佳紧急替代方案[204]。学者对基于非确定性数据的失望理论的关注程度不及前景理论和失望理论，现有研究大多比较零散，尚未形成完整体系，亟待学者重点关注。

述评：总体看来，针对前景理论和后悔理论的非确定性数据的群组综合评价理论与方法取得了丰硕的学术成果。其中，大量学者重点关注前景理论与其他评价方法相结合的拓展研究，然而，在发展的同时也面临着一些挑战，现有研究中大多只是简单地遵循前景理论，将评价信息输入前景理论的价值和权重函数中。在评价过程中仅考虑价值函数，极少学者同时考虑价值函数与权重函数。前者通常将评价信息值转换为前景价值函数值，评价结果完全基于前景值。后者为了同时使用价值函数和权重函数，常采用价值函数刻画评估信息，而权重函数导出各指标权重，最后计算两者的乘积作为前景数值用于评价测度。评价主体的心理行为特征应贯穿群组综合评价整个实践活动中，现有研究主要将前景理论应用于评估阶段，而聚合信息过程的非理性行为同样不容忽视。同时，现有文献对于 Fermatean 模糊评价信息的前景理论问题鲜有研究。为此，本书面向群组综合评价的全过程评价主体风险态度，结合拓展的前景理论研究 Fermatean 模糊环境下指标权重未知的评价问题。

1.2.3 群组社会关系与共识达成机制

1. 群组间的社会关系

随着现代信息技术的发展，综合评价问题逐步复杂化、多元化，社会分工越来越科学化，极大地促进了委员会式的群组综合评价的发展。以往群组综合评价常常基于评价主体独立的基本假设，采用静态方法集结割裂状态下的成员偏好信息，导致无法提高群组综合评价的满意度和准确度。而当今群组综合评价的一个新趋势是个人依赖其亲密朋友或志趣相投的人的意见和社会评价支持，从而使决策专家之间形成带有一定特征的社会关系（如信任关系、声望、影响力、认知关系以及情感关系等）网络（楚俊峰，2017）[1]。而这种社会关系网络经过抽象化、简单化之后，可借助图论和统计物理方法分析个体交互、群组形成与演化等问题（Barrat 等，2008）[48]。

社会网络分析是对社会关系网络进行分析采用的技术手段的统称，在多源异构信息环境中作为一种可靠的理论分析工具，在社会理论、经验研究、数学与统计学发展上起到重要作用。社会网络群组综合评价是当前综合评价领域的热点研究方向之一，国内外学者从不同视角对其理论、方法与应用进行深入研究。社会网络一般有三种表达方式：社会计量学、图论和代数（Hanneman 和 Riddle，2005）[92]。已有大量文献对社会网络关系如何影响群组综合评价的过程展开深入研究。通常，真实的社会网络群组综合评价场景不仅涉及社会网络分析的数学公式，还包括群组成员的心理因素、非合作关系（Palomares 等，2013）[143]、自信水平（Liu 等，2017）[105] 以及领导关系（Dong 等，2017）[66] 等。通过对上述社会关系进行准确的定量分析，揭示群组成员之间的社会关系，并解释某些社会现象。

基于社会网络分析方法的非确定性数据群组综合评价理论研究十分丰富，主要集中在信任关系测度群组成员在社会网络中的影响力。在群组综合评价过程中，评价主体的权重信息通常被认为是事先已知或由可靠来源提供，一般不作为群组综合评价框架设计的一部分。然而，在某些情形下，上述假设不能满足现实决策需求。但是，通过信任关系网络可以反映多方评价主体间的实际声誉，应将其视为确定评价主体权重信息的可靠来源（Artz 和 Gil，2007）[43]。在不完备社会信任网络中，通过信任关系的传递和聚集，信任度可用来分配评价主体的客观权重。然而，在经济实践活动中，评价主体对其他主体完全信任或不信任关系过于理想化，应该允许存在不同程度的信任（Zhang 和 Pedrycz，2018）[206]。为了应对这一挑战，Zhang 等（2022）通过区间毕达哥拉斯模糊社会网络衡量成员间的信任关系确定成员的客观权重信息，从多标准的角度考虑远程医疗服务的运营[212]。Zeng 等（2022）通过直觉模糊社会网络信任分配群组成员的权重信息，并应用于企业数字化改革评估[213]。同时，笔者还注意到部分学者通过社会网络节点（专家）的相对节点度中心指数确定成员的权重信息（Chu 等，2020）[63]。一般地，群组成员的权重一般通过交互关系或者社会网络结构来确定，但是忽略了个体成员间的信息交互，群组成员广泛存在着社会关系。若在量化成员的权重过程中同时考虑个人的权重和社会交互权重，会更符合实际应用（Ma 等，2021）[131]。

2. 基于社会关系的共识达成测度

随着群组综合评价研究的深入，学者们发现群组内成员间常存在意见分歧。传统群组综合评价忽略了成员的意见冲突继续评价过程，往往因个别成员的意见未充分考虑而导致难以获得广泛认可的评价结果。忽视偏好冲突的存在不利于群组成员评价信息集结，同时，群组共识达成难以实现在一定程度上影响群组综合评价优越性的发挥。于是，如何解决群组内成员意见冲突成了一个需要重点关注的问题。

消除冲突，也是达成共识的过程，旨在减少小部分成员的反对意见，同时寻求大部分成员的意见趋于一致。传统的冲突消解主要基于聚类分析，解决聚类之内以及聚类之间的冲突，忽视了社会关系对冲突消解的影响（杨志琴，2021）[28]。现有基于共识达成的方法研究大多视群组成员为彼此没有关系的独立个体。然而，在实践中，综合评价问题中的群组成员大多是利益相关者，已经建立起一些社会关系，会影响其他成员意见（Ni 等，2021）[137]。特别地，共识达成过程会受到社会网络关系的影响，可以有效降低群体决策的复杂性，提高决策质量（Pérez 和 Mata，2014）[142]。赵峰和王书宁（2013）针对群组综合评价中广泛存在的从众与迷信权威现象，构建初步的动态网络分析算法[33]。Dong 等（2018）对社会网络群组综合评价中的共识过程进行了回顾，提出了社会网络分析面临的挑战和未来可深入研究的领域[72]。

一般情况，不能简单地使用数学模型来研究群组共识模型，成员的心理（积极、中性、消极）、行为和表现（主动、中立、不合作）也需要被考虑在内。假设群组成员大多数积极或中立地参与评价，同时，他们之间的关系是积极的或者中立的，那么很容易实现群组共识达成。相反，如果存在太多的不合作行为，以及成员间的社会信任关系几乎是负面的，那么理想的共识达成就具有挑战性。

（1）群组信任关系。

社会关系网络中，信任关系作为一种积极的社会关系，近年来是重要的热点研究之一。Wu等（2015）在不完全语言信息环境下，基于信任的估计和聚合方法，构建基于信任的社会网络共识模型[166]。Wu等（2019）通过考虑社会行为因素的信任，提出一个两阶段的信任网络划分算法，以降低大规模群组综合评价的复杂性[178]。Ding等（2019）提出了一种基于社会网络和稀疏表示的冲突关系调查过程，该过程利用群组间冲突度来测度是否达成共识[70]。Zhang等（2022）基于信任演化设计了一个新颖的共识达成框架，包括基于意见动态的内生反馈机制和基于信任进化的外生反馈机制[201]，解决了现有研究中信任关系静态的局限性。针对信任可能对决策过程产生负面影响并且信任关系可能在共识达成过程中发展或中断的情况，Wu等（2022）提出一种基于信任共识复合网络的共识模型[168]。Su等（2022）提出一种概率犹豫模糊信任函数的信任传播算子，用以解决可再生能源项目选择问题[157]。

（2）意见自信水平。

意见自信水平是群组成员对自我陈述信息的一种心理暗示，是社会网络群组综合评价中的一个重要课题。然而在大多数现有研究均假设评价主体对评估信息保持绝对的自信，多维度的意见自信水平常常被忽视。为了解决这一问题，Liu等（2019）采用自信模糊偏好关系表达成员的意见，结合外部信任和内部自信的成员动态重要度来确定其权重，并开发了一种新的基于自信的共识达成方法[125]。为了适应评价环境，非确定性数据的多层次自信得到发展。Zeng等（2022）提出一种结合自信心聚合方法和社会信任网络的群组综合评价框架，解决地面无人配送车辆的选择问题[214]。徐选华和余紫昕（2022）引入群组成员客观自信，避免个别成员过分自信行为的影响[27]。

述评：通过以上文献综述和分析可以看出，群组成员间的社会关系与共识达成正成为一个新的研究热点，尤其在现代信息技术和社会网络分析方法的助推下。特别是群组成员间的信任关系，逐步成为确定成员权重信息的重要因素。但相关研究也面临着一些挑战。一方面，这些方法倾向于关注社会网络中信任关系、共识水平、交互作用等单一因素，而忽略了成员自信水平带来的影响；另一方面，信任关系的传播和聚集忽略了信任和不信任的传播效率。群组成员的意见自信心理局限于评价的某一环节，而全流程的意见自信水平是更贴近现实决策的。本书拟在 Fermatean 模糊社会网络环境下提出自信全流程的共识达成机制，并优化信任关系的传播与聚集，使其更符合现实的评价决策问题，同时兼顾社会网络属性和社会网络关系值的深入探讨。为了应对这一挑战，本书拟在 Fermatean 模糊认知的社会网络下多维度获取群组成员的权重信息，确保评价主体权重信息的科学性。

1.2.4 群组综合评价集成方法识别与应用

非确定性数据的综合评价方法的选择也是群组综合评价过程中不可或缺的一部分，影响着综合评价的结果。经典的综合评价方法通常包括两个阶段，第一个阶段是收集评价信息，第二个阶段是通过相关技术方法聚集评估信息。通常，评价主体之间的关系可以通过排序大致地刻画而不是通过精确测度来描述。近年来，国内外学者提出多种被证明行之有效的综合评价技术，主要可分为信息集成算子的方法、距离测度的方法以及基于 outranking 的方法（He 和 Xu，2021）[96]。

1. 基于信息集成算子的方法

信息聚合使原本孤立的元素以某种方式变得集成和相关，综合评价不确定信息最常用的方法是信息集成算子。信息集成算子在多指标综合评价过程中对评估信息进行聚合，将多个指标值转化为一个能够反映评价对象综合情况的综合评价值。有序加权平均（OWA）算子（Yager，1988）[189]和有序加权几何（OWG）算子（Chiclana 等，2000）[61] 是两个经典的聚合算子，按降序对数据进行排序并整合信息，分配的权重与每个基准的位置有关。近年来，基于以上两种信息集成算子，学者拓展了众多契合综合评价问题的信息集成算子。例如，诱导有序加权平均（IOWA）算子（Yager 和 Filev，1999）[195]、广义有序加权平均（GOWA）算子（Yager，2004）[191]、连续有序加权几何（COWG）算子（Yager 和 Xu，2006）[196] 以及诱导连续有序加权几何（ICOWG）算子（Wu 等，2009）[167] 等。

在非确定性数据的群组综合评价集成方法中，上述信息集成算子均有广泛而深入的拓展与应用，为最终的评价结果测度提供了基本遵循。诱导直觉模糊有序加权几何算子和诱导区间值直觉模糊有序加权几何算子（Wei，2010）[164]、诱导广义直觉模糊有序加权平均算子（Xu 和 Wang，2012）[184]、优先直觉模糊聚合算子（Yu 和 Xu，2013）[197] 以及直觉幂聚合算子（Garg 和 Arora，2019）[79] 等信息集成算子在直觉模糊以及拓展环境中得到发展与应用。同时，毕达哥拉斯模糊加权平均算子及其拓展算子（Peng 和 Yuan，2016）[145]、置信毕达哥拉斯模糊加权和有序加权算子（Garg，2017）[78]、广义区间值毕达哥拉斯模糊聚合算子（Rahman 和 Abdullah，2019）[149] 以及毕达哥拉斯模糊软集聚合算子（Zulqarnain 等，2021）[210] 等集成算子在毕达哥拉斯模糊以及拓展环境解决众多社会经济综合评价问题。最近，Fermatean 信息环境下也涌现出一些聚合算子，比如，Fermatean 模糊加权平均和几何算子（Senapati 和 Yager，2019）[158]、Fermatean 模糊 Heronian 平均算子（Rani 等，2022）[84]、Fermatean 模糊 copula 聚合算子（Mishra 等，2022）[134] 以及区间值犹豫 Fermatean 模糊加权聚合算子（Mishra 等，2022）[132] 等。

在群组综合评价过程中，信息集成算子是基于不同评价主体和指标聚合信息的最简洁技术之一。但是，它通常需要来自评价主体的完整信息和基于每个指标的权重进行测算，测算结果可作为获得评价对象排名的依据，便于评价主体理解和使用信息集成算子参与经济实践活动。

2. 基于距离测度的方法

基于距离测度的方法作为最有效的综合评价技术之一，被广泛应用于解决多领域中的评价决策问题。几类基于距离测度的方法主要包括逼近理想解法（Technique for Order Preference by Similarity to an Ideal Solution，TOPSIS）（Hwang 和 Yoon，1981）[95]、多准则妥协解排序法（Vlsekriterijumska Optimizacija I Kompromisno Resenje，VIKOR）（Opricovic 和 Tzeng，2002）[138]以及交互式多准则决策方法（Interactive and Multicriteria Decision Making，葡萄牙语缩写词 TODIM）（Kahneman 和 Tversky，1979）[102]等。

（1）TOPSIS 方法。

TOPSIS 方法确定距离正向理想解的距离最短、距离负向理想解的距离最远的理想解，但其未考虑这些距离的相对重要性（Yoon，1987）[188]。近年来，在 TOPSIS 方法理论体系发展中，一方面，TOPSIS 方法被拓展到三角模糊（Jahanshahloo 等，2006）[97]、直觉模糊数（Boran 等，2009）[49]、毕达哥拉斯模糊数（Akram 等，2019）[42]以及 Fermatean 模糊数（Aydemir 和 Yilmaz，2020）[45]等非确定性数据的群组综合评价问题中。另一方面，基于 TOPSIS 方法，众多学者将其与其他方法有机融合，拓展研究了新的群组综合评价理论方法体系。比如，层次分析法（Majumdar 等，2005）[136]、数据包络分析法（Lotfi 等，2011）[106]、质量功能展开（QFD）（Li 等，2014）[110]以及结合简单加性加权（SAW）和灰色关联分析（GRA）（Wang 等，2016）[179]等与其组合发展新的群组综合评价方法。在实际应用实践中，TOPSIS 方法广泛应用于纯钛车削加工的最佳工艺参数选择（Khan 和 Maity，2017）[101]、工业弧焊机器人选择（Chodha 等，2022）[60]等工业生产实践中的综合评价问题。

（2）VIKOR 方法。

VIKOR 方法侧重于根据各种或可能相互冲突或不可比较的指标对一组评估备选方案进行排序，假设为解决冲突问题妥协是可以接受的。与 TOPSIS 方法类似，VIKOR 方法依赖于评估方案与理想解接近度的聚合函数，但与

TOPSIS 方法不同的是，它引入基于与理想解接近度的特定度量的排名指数，并且使用线性归一化指标（Opricovic 和 Tzeng，2004）[139]。VIKOR 方法广泛应用于犹豫模糊（Zhang 和 Wei，2013）[208]、犹豫模糊语言术语（Liao 等，2014）[126]以及直觉模糊（Zeng 等，2019）[200]等非确定性综合评价环境中。通过文献梳理发现，一方面，大量研究者将 VIKOR 方法与前景理论（李庆胜等，2012）[8]、Choquet 积分（Wei 和 Zhang，2014）[175]、模糊测度（Ren 等，2017）[152]、Shapley 离散测度（Mishra 和 Rani，2019）[133]、证据理论（Fei 等，2019）[75]以及 CRITIC 方法（Li 等，2022）[109]等方法融合开展拓展研究。另一方面，VIKOR 方法在可再生能源投资项目评估（San Cristóbal，2011）[154]、城市固体废物处理场地选择评估（Liu 等，2014）[127]以及面向园区微电网的综合能源系统评价（张世翔和吕帅康，2018）[31]等经济绿色高质量发展领域发挥着显著作用。

（3）TODIM 方法。

TODIM 方法基于心理学理论，通过应用某个全局价值度量的最大值对应的评估方案排序获取评价决策结果。它的价值函数的形式与前景理论的增益或损失函数范式相同。针对现实评价环境的复杂性和不确定性，TODIM 方法被拓展至直觉模糊（Zhang 等，2020）[203]、犹豫毕达哥拉斯模糊（张燕和杨威，2020）[35]以及概率语义术语（张永政等，2020）[34]等非确定性数据的综合评价理论方法中。学者通过深入研究发现，现有 TODIM 理论难以满足实际需求，与其他方法的有机融合拓展是一个常用且有效的手段。例如，TODIM 方法与区间灰数（王霞和党耀国，2016）[23]、均值—标准差偏好的 Hamming 距离（刘东海等，2019）[7]、证据推理和广义 Shapley 值（刘培德和滕飞，2020）[16]以及累积前景理论（Liao 等，2022）[124]等方法结合均取得丰硕成果。与此同时，TODIM 方法还被广泛应用于风险投资商与投资企业多指标双边匹配决策（万树平和李登峰，2014）[26]、东营市生态系统健康评价（刘培德和滕飞，2017）[15]、垃圾回收 APP 评价（马艳芳等，2021）[18]以及企业财务业绩的投资组合选择（Wu 等，2022）[171]等社会经济评估决策问题。

上述综合评价方法在非确定性数据的群组综合评价实践中成果丰硕，极大地促进了非确定性数据的群组综合评价集成方法体系的发展壮大，也为解决各类复杂社会经济问题提供了基本理论支撑。

3. 基于 outranking 的方法

outranking 方法通过分析各评估方案的优势关系获得排序结果。以下几类基于 outranking 的方法被广泛应用于指导生产实践活动。例如，淘汰选择法（ELimination Et Choix Traduisant la Realité，ELECTRE）（Benayoun 等，1966）[53]、偏好顺序结构评估法（Preference Ranking Organisation Method for Enrichment Evaluations，PROMETHEE）（Brans 和 Vincke，1985）[54]和定性柔性多准则方法（qualitative flexible multiple criteria method，QUALIFLEX）（Paelinck，1976）[140]。

（1）ELECTRE 方法。

ELECTRE 方法是一种采用级别优先关系来解决有限方案多指标综合评价问题的方法。ELECTRE 方法可处理无差异、严格偏好、弱偏好和不可比性四类关于两两比较的偏好情况（Roy，1996）[148]。在引入称为 ELECTRE Ⅰ方法的第一个版本（Gal 和 Hanne，1999）[80]后不久，这种方法演变为许多其他变体。近年来，被广泛应用的版本称为 ELECTRE Ⅱ方法（Roy，1968）[147]和 ELECTRE Ⅲ方法（Rogers 和 Bruen，1998）[151]。近年来，大量学者基于区间直觉模糊（Chen，2016）[57]、毕达哥拉斯模糊（Akram 等，2020）[44]以及 Fermatean 模糊（Zhou 等，2022）[209]等非确定性环境对 ELECTRE 方法进行拓展研究。对 ELECTRE 方法的基础理论研究也同步进行着，比如，基于 VIKOR 方法（Zandi 和 Roghanian，2013）[207]和 TOPSIS 方法（Alper 和 Başdar，2017）[40]的拓展研究。Govindan 和 Jepsen（2016）对 ELECTRE 方法在理论和应用上做了较为全面的文献综述[81]。

（2）PROMETHEE 方法。

PROMETHEE 方法作为在通常相互冲突的指标中对一组有限的备选方案进行排序和选择的方法，与其他方法相比概念和应用更加简单。近年来，

PROMETHEE 方法在股票交易（Albadvi 等，2007）[41]、地区水源保护策略评估（Kuang 等，2015）[100]、区域旅游竞争力（Lopes 等，2018）[111]以及生鲜电商的顾客满意度测评（冯坤等，2021）[2]等领域有着广泛而深远的影响。

（3）QUALIFLEX 方法。

QUALIFLEX 方法最大的一个特点就是对基数和序数信息的正确处理（Rebai 等，2006）[150]。随着学者不断对其完善研究，在医疗决策（Chen 等，2013）[58]、绿色供应商选择（Liang 等，2020）[120]以及智能手机在线评级选择（Teng 等，2021）[77]等非确定性环境下的综合评价问题中发挥着重要作用。

4. 其他方法

以上三类综合评价方法大致涵盖了现有综合评价方法，但仍有个别综合评价方法不在以上范畴内。比较有代表性的有完全乘法规模分析的多目标优化方法（Multi – Objective Optimization on the basis of a Ratio Analysis，MULTIMOORA）（Brauers 和 Zavadskas，2010）[56]、组合妥协方案（Combined Compromise Solution，CoCoSo）（Yazdani 等，2019）[198]和多属性边界近似区域比较（Multi – Attributive Border Approximation area Comparison，MABAC）（Pamučar 和 Ćirović，2015）[141]。

（1）MULTIMOORA 方法。

MULTIMOORA 方法是通过 MOORA（Brauers 和 Zavadskas，2006）[55]改进添加完成乘法形式，同时通过随机占优理论综合三重从属方法排序获得最终评价结果的方法。比率系统和完全乘法形式属于第一类（即信息集成算子方法），而参考点法属于第二类（即距离测度方法）。面对复杂决策环境，三种从属部分互为补充，弥补了单一方法的不足，通过复合方法获得综合测度结果更具科学性。该方法是迄今为止最稳健的综合评价方法之一，简单、有效、便捷，有着广泛的应用场景（Hafezalkotob 等，2016；Lin 等，2020）[90,108]。

（2）CoCoSo 方法。

CoCoSo 方法采用指数加权乘积模型和简单加性加权方法的组合形式，通过分别计算两者算术平均值、综合最佳相比的相对分数，以及平衡折中参数，具备较强的灵活性和稳定性。虽然被提出来的时间还不长，学者们已对其进行了深入研究，对综合评价问题的解决产生了深远的影响（Ecer 和 Pamucar，2020；Deveci 等，2021）[73,68]。

（3）MABAC 方法。

MABAC 方法假定指标是补偿性的，它将备选方案关于评价指标分为三个区域，包括边界、上近似区域和下近似区域（Gigović 等，2017）[82]。针对现有方法未能充分保证所解决方案的合理性和质量问题，在综合评价过程需要消除任何可能出现的随意性，使得决策结果更加客观。学者将 MABAC 方法与传统的综合评价方法结合进行拓展研究，用于解决社会经济各领域的综合评价问题，在理论和应用中均取得了较好的成果（Jia 等，2019；Pamučar 等，2021）[98,144]。

述评：通过以上文献综述和分析，可见现有综合评价方法种类繁多，在工业和社会经济领域吸引着学者深入持续研究，并取得了斐然的成绩。针对目前综合评价环境和问题的复杂性，单一综合评价方法已难以满足实际需求，群组综合评价过程也愈加趋于简洁化。本书拟在 MULTIMOORA 方法、前景理论、社会网络分析、CoCoSo 方法以及 MABAC 方法等综合评价方法基础上，针对原始方法在指标相关性、完全基于效用价值理论以及忽略群组成员的有限理性等存在的局限和不足，基于 Fermatean 模糊簇的决策环境，拓展契合社会经济发展的群组综合评价技术。

1.2.5 文献总述评

通过上节系统性地对非确定性数据的群组综合评价集成机制及其应用进行综述，可知国内外学者对群组综合评价相关环节的研究都比较深入透彻，推动了非确定性数据的群组综合评价理论方法的发展进程，有效解决了社会经济各领域广泛存在的评价决策问题。近年来，尤其在信息技术的加持，以及经济高质量绿色发展的背景下，学者的研究更加注重决策者的思维因素。同时，综合评价技术应用深入社会经济发展各领域，为实现评价实践活动开展的规范性和科学性建言献策。但在以下几个方面还需要进一步研究完善，以期更好地服务社会发展。

1. 群组综合评价指标相关性测度

现有评估信息表达形式刻画不确定性的能力不足，以及信息集成过程信息缺失问题亟待解决。为使群组综合评价主体的评估值刻画更为全面而准确，本书拟在 Fermatean 模糊数基础上，拓展更加丰富的非确定性数据形式（Fermatean 模糊簇）。为了突破传统非确定性数据未能完整刻画研究对象的全部信息受到的限制与挑战，需要发展犹豫值、区间值、概率值以及自信水平度的 Fermatean 模糊信息表达形式刻画评价主体的评估信息，使其涵盖更多不确定信息，是对非确定性数据综合评价信息表征的有益补充。针对评价指标客观存在的关联性问题，学者们提出了很多行之有效的方法。然而，仍存在部分学者忽视了指标间可能存在的冗余或互补的现象，在聚集个体评价信息过程中难以满足可加性原则，由此造成的决策偏差屡见不鲜。本书拟采用 Choquet 积分算子、幂 Heronian 算子和相关系数等技术处理 Fermatean 模糊环境下的评价指标的相关性问题。

2. 群组综合评价主体的非理性行为治理

影响科学评价的不仅有经济因素，还有评价主体的心理和行为特征，如态度、情感、经验和动机等。现代评价决策理论越来越重视以人为本的理念，评价主体的心理特征贯穿综合评价的全过程，对决策结果有着显著性影响。大量学者研究了评价主体面对评估对象风险偏好的决策理论，特别是非理性行为因素，社会经济实践活动的应用取得了令人振奋的成果。本书针对现有前景理论研究的不足，拓展了前景理论中价值函数的理论方法，并在 Fermatean 模糊环境下将其发展为群组成员对评价指标的前景权重，是对群组综合评价的全过程评价主体非理性心理因素的有益补充。

3. 群组社会关系与共识达成测度

随着互联网信息技术以及群组综合评价的发展，多方评价主体间广泛存在着信息交互。评价主体被一张无形的网联系在一起，学者将其简化为社会网络，各评价主体通常视为网络节点，大量学者重点针对社会网络中建立的群组信任关系开展理论方法与应用研究。近年来，学者合力将社会网络的群组综合评价研究向纵深推进，解决了许多传统综合评价方法难以解决的问题。然而，大量研究存在一个假设前提——评价主体对评估对象充分熟悉，具备绝对的意见自信。但是，在实际决策中是部分满足的，同时，当信任关系不完备时，信任关系的传递和聚集也存在忽略信任传递强度的现象。为了克服上述不足，本书发展了自信 Fermatean 模糊评价信息表达形式，以及信任传递的强度效率函数。针对群组综合评价中广泛存在的意见冲突，国内外学者对共识达成过程有着大量研究。成员间的社会关系和心理因素影响着共识达成过程，随着社会网络群组综合评价的兴起，这些影响因素逐步被学者重视。现有共识达成主要基于成员间的信任关系，成员权重来源比较单一。本书发展了群组成员自信模糊认知社会网络关系下的意见反馈调节机制与评价共识达成模型。群组成员权重信息是随着意见反馈动态变化的，融合了社会网络结构属性和信任关系，以及评价主体自身的意见自信水平。

4. 群组综合评价方法识别

从现有研究来看，综合评价方法众多，学者将其划分为四大类。综合评价方法作为评价流程中的关键环节，吸引国内外学者孜孜不倦地对其拓展研究，切实为社会经济发展贡献决策智慧。但现有综合评价方法过于单一，且大多基于效用理论，难以满足社会经济高质量发展过程中的评价决策问题。有鉴于此，本书在 Fermatean 模糊及其衍生的模糊环境下对 MULTIMOORA 方法、前景理论方法、CoCoSo 方法以及 MABAC 方法开展拓展研究，并将其用以解决社会经济管理领域的统计评价决策问题。

1.3 主要研究内容方法及技术路线

根据文献梳理和研究述评，本书基于群组集成机制视角，面向 Fermatean 模糊簇的综合评价理论、方法及应用展开深入研究。首先，系统性地对非确定性数据的群组综合评价集成机制及其应用展开综述。然后，针对既有研究的不足，拓展提出一系列 Fermatean 模糊环境下的非确定性评估信息表达形式。最后，构建群组综合评价集成新理论、新方法与新应用。具体而言，构建刻画评价指标间相关性的信息集成算子以及相关系数测算指标权重信息；设计基于前景理论的评价主体非理性行为心理的评估信息集结和合理评价方法，再现群组专家对评估对象关于评价指标的前景权重；构建群组成员自信模糊认知社会网络关系下的意见反馈调节机制与评价共识达成模型；建立自适应综合评价方法，避免单一效用理论方法的局限，为解决社会经济发展中具体评价问题提供理论和方法指导。

1.3.1 主要研究内容

本书以发展 Fermatean 模糊及其拓展形式的非确定性数据表征评价信息为逻辑主线，开展群组集成机制视角下综合评价理论、方法及应用研究。采用 Choquet 积分算子、幂 Heronian 算子和 Fermatean 模糊相关系数测度评价指标间的相关性，同时，应用前景理论和意见自信水平刻画群组成员评价的全过程心理特征。之后，以群组成员间的社会关系为依托，构建群组成员自信模糊认知社会网络关系下的意见反馈调节机制与评价共识达成模型。最后，通过拓展自适应综合评价模型，解决工业和社会经济领域具体的评价决策问题。第 1 章和第 2 章为第 3 章至第 7 章提出的群组评价集成机制及应用研究服务，是后续研究的理论基础。针对现有非确定性数据综合评价机制及应用存在的不足与需要进一步提升改进的关键环节，通过相关理论技术创新发展新的群组综合评价方法，形成5种不同Fermatean模糊的非确定性数据群组综合评价集成机制，同时将其分别应用于社会经济中的不同应用场景，具体在第3章至第7章呈现，这是本书的主体内容。本书共分为8章，具体的章节研究内容如下。

第1章为绪论，介绍本书的研究背景、理论和现实意义。从群组综合评价指标的相关性测度、群组综合评价主体的非理性行为测度、群组社会关系与评价共识达成测度以及群组综合评价方法识别4个维度对国内外研究现状进行梳理和评述，阐释现有非确定性数据的群组综合评价集成机制与应用研究中亟待解决的局限与不足。最后介绍本书的研究内容、方法及技术路线和创新工作说明。

第2章对本书涉及的相关理论基础进行系统性回顾。对群组评价理论进行科学界定，明晰了Fermatean模糊簇评估信息主要基于Fermatean模糊集拓展出的犹豫Fermatean模糊集、区间Fermatean模糊集、概率犹豫Fermatean模糊集、概率区间Fermatean犹豫模糊集以及自信Fermatean模糊集。Fermatean模糊信息在发展中互为补充，相关群组综合评价理论方法与5种不同的Fermatean模糊环境深度融合。同时，群组评价机制分析为Fermatean模糊簇的群组综合评价集成与应用提供了理论依据。

第3章为犹豫Fermatean模糊MULTIMOORA群组综合评价集成机制。本章创新现有区域绿色发展水平评价指标体系，构建犹豫模糊Fermatean环境下的MULTIMOORA群组综合评价模型。将基于平均的主观权重和基于Shannon熵的客观权重相结合的级差最大化方法用于拟合具有认知复杂信息的指标权重。将创新的区域绿色发展指标体系和群组综合评价框架应用于长江经济带沿线5省（市）的绿色发展水平评估实践中。此外，通过稳健性和与现有方法的对比分析，验证了模型框架的有效性和可行性。

第4章为概率犹豫Fermatean模糊拓展MULTIMOORA群组综合评价集成机制。本章在概率犹豫Fermatean模糊环境下，提出拓展MULTIMOORA方法，开发一种面向区域绿色修复水平评价的框架。首先，本章采用概率犹豫Fermatean模糊数表征评价信息值，通过Dombi运算融合Choquet积分几何算子聚合评价信息。其次，拓展了MULTIMOORA方法子系统中的参照点法和完全乘法形式，并结合Choquet积分和改进Borda规则，提出了一种概率犹豫Fermatean模糊拓展MULTIMOORA模型框架。最后，利用长江经济带沿线5省（市）绿色修复水平评价的案例分析研究和灵敏度分析测试有效验证了所建立模型框架的准确性、有效性和实用性。

第5章为区间Fermatean模糊前景理论群组综合评价集成机制。本章基于区间Fermatean模糊评价信息，建立加权幂Heronian平均算子和拓展前景理论的群组综合评价方法。首先，本章采用区间Fermatean模糊数表征群组专家的评价信息值。为了解决输入指标的交互关系及整体均衡性问题，提出广义区间Fermatean模糊加权幂Heronian平均算子，并讨论了算子的重要性质。其次，根据群组内各评价者偏好不同确立了专家前景权重，定义了区间Fermatean模糊数间的相关系数以确定指标的客观权重。此外，基于拓展前景理论建立了一种考虑群组专家有限理性的多指标综合评价流程框架。最后，选取5个区域对乡村振兴赋能脱贫攻坚的成效评价进行算例分析，并进行稳健性检验和有效对比分析，验证了建立方法的可行性和优越性。

第6章为概率区间Fermatean犹豫模糊DNCoCoSo群组综合评价集成机制。首先，本章采用概率区间Fermatean犹豫模糊数来表示专家评估信息。其次，采用拓展前景理论刻画评价主体的非理性行为，确定评价主体对评估对象的各评价指标的前景权重。另外，通过CRITIC方法获得指标的客观权重。再次，构建评价主体有限理性的概率区间Fermatean犹豫模糊DNCoCoSo群组综合评价框架。最后，将方法应用于我国首批5个国家公园遴选评价，通过敏感性分析证明了该模型的鲁棒性，并与现有评价方法比较印证了该方法的有效性和可行性。

第7章为Fermatean模糊社会网络的自信共识MABAC群组综合评价集成机制。首先，评价主体使用自信Fermatean模糊数来表达评估信息。其次，评价主体的综合权重由社会信任关系、意见自信水平和意见相对偏差确定。同时，建立基于自信和社会信任关系的个性化共识反馈机制调整初始评估信息。此外，指标权重基于 Fermatean 模糊数相关系数确定，以消除自身的同质性影响。随后，通过 MABAC 方法测算综合评价结果，构建了基于自信 Fermatean 模糊社会网络的信任共识群组评价框架。最后，通过 5 个新能源汽车动力蓄电池回收服务网点选择的应用案例，验证了所建立框架的可行性，通过敏感性分析和对比分析进一步验证了有效性。

第 8 章为结论与展望，对本书所构建的 Fermatean 模糊簇的群组综合评价集成机制及应用从全局角度进行整理和总结，并对本书的局限性进行归纳，从而提出需要进一步深入研究的方向展望。

1.3.2 主要研究方法

本书以合理性、创新性原则为前提，以社会经济实践活动为研究导向；同时，在分析和借鉴国内外最新群组综合评价研究成果的基础上，综合采用跨学科的多种方法和技术开展研究。具体的研究方法和手段主要如下。

1. 文献分析法

笔者结合本书的研究目的，通过查阅图书、国内外期刊以及硕博学位论文等文献资料，整理、总结和归纳现有研究成果，为本书的研究提供理论分析基础。

2. 计算机信息处理技术

本书中关于 Fermatean 模糊簇的非确定性数据的收集、处理、分析环节均需依托计算机实现，且将广泛应用信息处理技术集成评估信息。

3. 跨学科联系与应用相结合的方法

本书融合了统计学、数学、运筹学和社会学等多学科知识，围绕 Fermatean

模糊簇的非确定性数据群组综合评价理论方法与应用研究这一主题，系统性地查阅了相关文献，并进行了比较分析和汇总整理。通过这一过程，本书全面梳理出该领域国内外的研究现状，剖析已有研究成果与不足，从而为本书研究奠定理论基础和经验借鉴。

4. 总结梳理法

总结梳理法是探究社会科学领域的一种基础方法。笔者对国内外有关非确定性数据的群组综合评价集成理论进行总结梳理，并对现有集成机制、应用领域等多方面进行定性分析。在相关理论和经验的基础上，结合 Fermatean 模糊非确定性数据的特点，以期更好地契合社会生产实际决策问题。

5. 系统分析法

本书对 Fermatean 模糊簇的群组综合评价集成机制与应用研究是一个系统性的复杂过程，需要借助系统分析法才能保证整体体系构建的科学性与全面性。首先，确定非确定性数据类型和综合评价理论；其次，构建群组综合评价模型框架；最后，将方法应用于解决社会经济问题，规范指导相关人员科学开展决策。

6. 典型案例分析法

本书对 Fermatean 模糊簇的群组综合评价集成机制及其应用展开研究，为区域绿色发展水平和修复水平评估、我国国家公园遴选评价、乡村振兴赋能脱贫攻坚的成效评价以及新能源汽车动力蓄电池回收服务网点选择等经济实践活动中的统计决策问题提供理论与方法指导。

1.3.3　研究技术路径

针对现实的经济实践活动需求，本书拓展了 Fermatean 模糊信息的理论边界研究。针对评价主体在决策过程中的犹豫，提出犹豫 Fermatean 模糊信息表达形式。当评价主体在给出的多个评估信息中表现出不同偏好时，需要对犹豫 Fermatean 模糊信息添加对应的概率信息，提出概率犹豫 Fermatean 模糊信息表达形式。评价主体面对信息特征不清的评估对象时，一般难以给出精确的值刻画上述两类模糊信息的隶属度与非隶属度。因此，迫切需要发展区间 Fermatean 模糊信息表达形式以及概率区间 Fermatean 犹豫模糊信息表达形式。再者，上述 4 类模糊信息表达均基于评价主体对给出的评估信息完全自信的假设，而评价主体通常具备多层次的观点自信，从而提出自信 Fermatean 模糊信息表达形式。上述 5 类基于 Fermatean 模糊信息表达的拓展归纳起来就是 Fermatean 模糊簇，本书分别研究与之对应的群组评价集成机制及应用。

在群组集成机制视角下，以 Fermatean 模糊簇的综合评价理论基础、方法与应用为主线，本书系统性回顾了评价指标相关性、评价主体的非理性行为测度、群组社会关系与共识达成机制和群组综合评价集成方法识别与应用的国内外研究现状，分析已取得的成就与存在的不足，为后续发展自适应 Fermatean 模糊簇的群组综合评价集成机制奠定理论基础。相关理论基础重点回顾了群组综合评价理论与 Fermatean 模糊簇评估信息识别。

本书的研究主体为犹豫 Fermatean 模糊 MULTIMOORA 群组综合评价集成机制、概率犹豫 Fermatean 模糊拓展 MULTIMOORA 群组综合评价集成机制、区间 Fermatean 模糊拓展前景理论群组综合评价集成机制、概率区间 Fermatean 犹豫模糊 DNCoCoSo 群组综合评价集成机制以及 Fermatean 模糊社会网络的自信共识 MABAC 群组综合评价集成机制。上述 5 个群组综合评价集成机制分别解决不同的现实决策问题，同时进行灵敏度分析和对比分析，有效验证了本书群组集成机制视角下综合评价方法的可行性，为相关决策人员提供智力支持。

最后对本书研究内容进行了总结与展望。

本书群组集成机制视角下综合评价理论、方法及应用技术路线如图 1－1 所示。

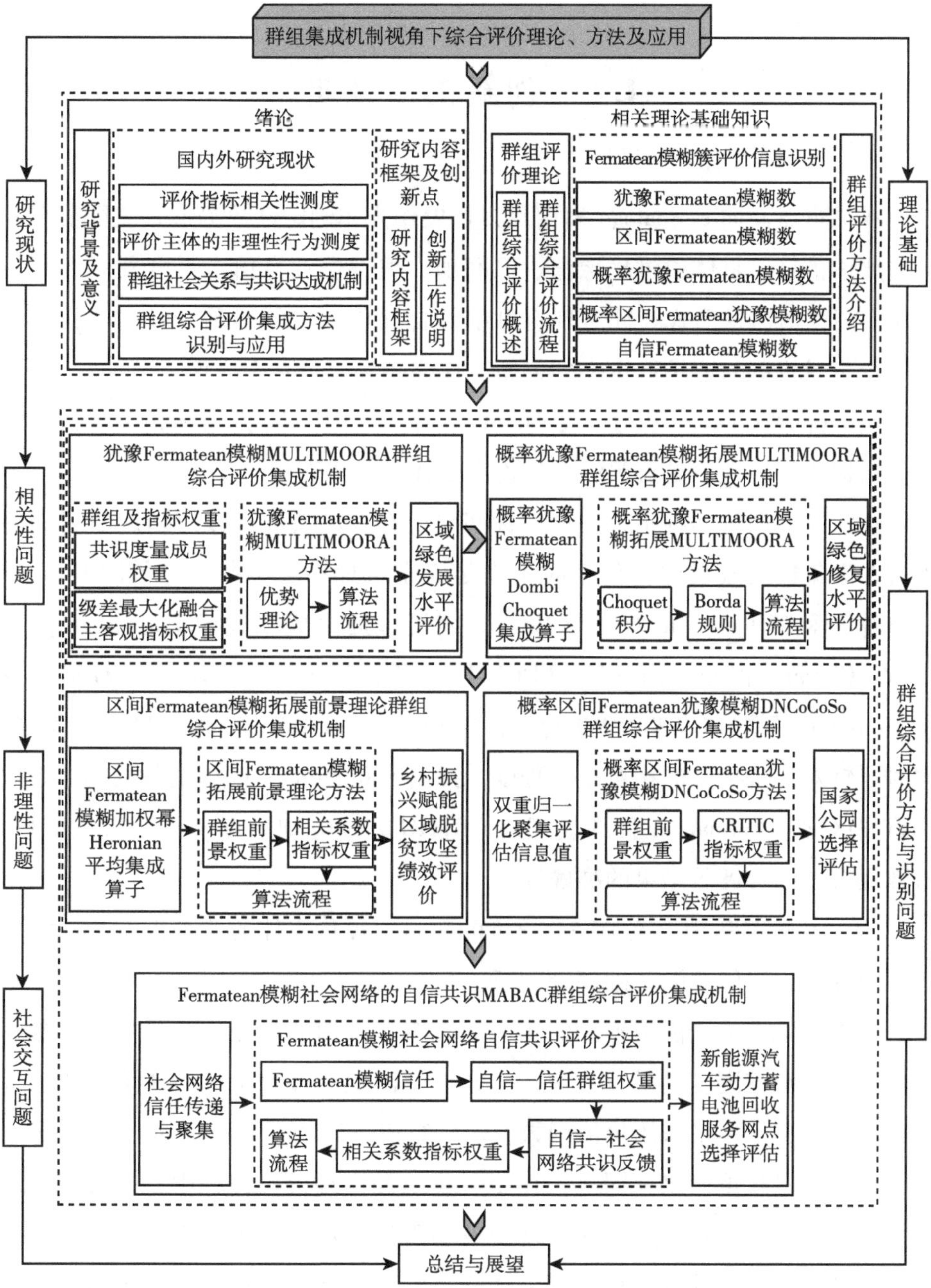

图1－1　群组集成机制视角下综合评价理论、方法及应用技术路线图

1.4 创新工作说明

本书重点面向 Fermatean 模糊及其拓展作为非确定性数据形式表征群组成员的评估信息，具体通过犹豫值、区间值、概率值和自信水平度发展 Fermatean 模糊评估信息形式。针对现有群组综合评价方法的不足，研究其相关综合评价集成机制与应用。本书的创新工作概括为以下 4 个方面。

（1）采用 Choquet 积分、幂 Heronian 算子、CRITIC 方法和相关系数处理评价指标的相关性，是群组综合评价方法体系的创新。

现实综合评价问题中，评价指标间可能存在的关联性没有引起学者们的重视，聚集群组成员评估信息时不满足完全可加性。本书通过借助 Choquet 积分算子和幂 Heronian 算子解决这一困境，提出概率犹豫 Fermatean 模糊 Dombi Choquet 积分几何（PHFFDCIG）算子和广义区间 Fermatean 模糊加权幂 Heronian 平均（GIVFFWPHM）算子分别对 Fermatean 模糊信息进行集成。同时，针对评价指标的相对重要程度，提出区间 Fermatean 模糊数的相关系数和概率区间值 Fermatean 犹豫模糊的 CRITIC 方法分别测算各指标权重信息，有效提升了综合评价结果的准确性。

（2）拓展前景理论刻画综合评价的全过程评价主体的非理性行为，是群组综合评价方法体系的基础理论创新。

首先，既有关于前景理论的相关研究有多方面的局限，前景理论中参考点的选择影响着测度结果。其次，经典价值函数对评价主体的风险规避选择未能较好描述。本书采用价值函数获取群组成员对区间 Fermatean 模糊信息下各指标的前景权重信息，同时，在算子集结和合理评价过程中，拓展前景理论中正负参考点有效避免了经典期望效用理论对评价结果的影响，最大限度地刻画了综合评价的全过程评价主体非理性心理特征。针对经典价值函数的不足，本书采用指数价值函数获取概率区间 Fermatean 模糊环境下各评价主体对不同指标的偏好信息。本书从评价主体权重信息的确定到评价信息的集成，深度挖掘了前景理论解决评价主体面对风险的非理性行为的优良特性，拓展了综合评价理论体系。

（3）构建群组成员自信模糊认知社会网络关系下的意见反馈调节机制与评价共识达成模型，是统计理论在决策领域的创新研究。

现有群组综合评价方法忽视了评价主体间广泛存在的信息交互现象，尤其随着信息技术的发展而产生的社会网络信任关系。同时，既有研究认为评价主体对自我意见保持充分自信，然而，随着不确定性评价向纵深发展，评价主体对意见具备多层次的自信心理。基于此，本书面向自信Fermatean模糊社会网络，设计了信任网络关系的测度算法和不完备信任关系传递与聚合算子。具体而言，首先，基于社会网络结构属性，结合群组成员自信水平构建动态的群组成员综合权重。其次，针对现有采用静态的信息集成算子聚合评估信息时忽视成员间意见冲突的不足，构建信任关系下的交互式意见反馈机制。同时，设置考虑成员的自信水平促进群组成员达成共识模型。而后，考虑了群组成员综合评价的全过程自信心理，避免了非平稳的聚合结果。上述研究对提升统计理论在决策领域的显示度进行了有益尝试。

（4）构建自适应群组综合评价集成机制，是统计学领域具有创新性的跨学科研究探索。

本书在Fermatean模糊及其衍生的Fermatean模糊环境下，拓展了MULTI-MOORA方法、CoCoSo方法、MABAC方法、前景理论以及社会网络等综合评价方法，测度经济实践活动，有效解决了群组评价过程多方利益冲突，以及评价方法单一的不足。相关Fermatean模糊信息在发展中互为补充，以期适应社会经济发展过程中的不确定性。本书提出的一系列群组综合评价集成理论用于区域绿色发展水平和修复水平评估、我国国家公园遴选评价、乡村振兴赋能脱贫攻坚的成效评价、新能源汽车动力蓄电池回收服务网点选择等统计决策问题。上述算例分析表明测度结果科学有效，从而为相关行业的评价决策人员提供评价的新思路、新方法和新技术。同时，基于Fermatean模糊簇的非确定性数据群组综合评价技术的扩展为有关社会经济评价问题做出了积极探索，具备可推广、操作性强的特点，也为相关研究学者深入研究群组综合评价理论作出了学术贡献。

1.5 本章小结

本章首先从群组综合评价研究背景与意义切入，阐述了面向 Fermatean 模糊簇的群组综合评价集成机制及应用研究的迫切性。其次，多角度对非确定性数据群组综合评价现有研究进展进行了梳理分析，充分肯定了既有研究取得的成绩，同时也细致地总结了群组综合评价面临的不足和挑战，提出可进一步完善的研究方向。再次，从本书的主要研究内容、研究方法以及技术框架进行了说明。最后，系统性概括了本书可能的几点创新工作。

第 2 章 相关理论基础

本书系统地对群组集成机制视角下综合评价理论、方法及应用展开研究。由于评价环境越发复杂，评价信息表达形式越发具有不确定性和模糊性，同时，评价主体在组织实施评价实践活动过程中涉及多方面技术，需要厘清内在逻辑关系和技术要素。首先，对群组评价理论的相关知识进行准确界定，这是指导行为评价决策的重要准绳。其次，针对经济实践决策中的不确定性环境，衍生出新的 Fermatean 模糊评价信息表达形式，通过对一系列 Fermatean 模糊簇评价信息进行识别，科学解决信息可集成问题。再次，发展与现实评价相适应的综合评价方法，有效解决信息如何集成问题。最后，对群组评价机制进行分析，更有针对性地对群组综合评价涉及的相关理论基础进行阐述，加深群组评价理论、方法及应用的关联性，使其在宏观层面更成体系，为本书后续章节中群组综合评价集成机制及应用形成更为清晰的逻辑脉络。

2.1 群组评价理论

2.1.1 群组评价概述

综合评价技术作为解决社会经济管理多领域决策问题的有效技术已深入人心，相关理论、方法及应用指导着生产实践活动。同时借鉴公共选择理论，重点解决公共选择问题。综合评价是通过民主决策，基于多数同意或一致同意，将个人意见转化为集体选择的过程。综合评价大多建立在经济学中的理性人假设上做出经济决策，受到一些批评。特别地，当单一评价主体的决策在公共选择理论模型中，个人时常难以发挥协商互动的作用，使得综合评价理论方法在现实决策的应用中经常陷入困境。长期以来，针对综合评价存在的问题，考虑群体效应在综合评价机制中的积极作用，使得群组评价方法研究更加系统化与科学化。

群组评价作为综合评价技术的发展与继承，与传统综合评价技术同根同源。为了更好地适应社会经济发展过程中愈加复杂的评价实践活动，将多个评价主体针对评价对象的评估意见通过相应的信息集成技术汇总为综合评价值进行信息测度，逐步形成了群组综合评价技术。群组综合评价通过统计学相关技术挖掘复杂不确定实践活动内在系统的整体表现，将反映社会经济现象的多个维度归为单一指标描述。群组评价的本质是对经济实践活动重塑、解构、合一的过程，从整体性和全局性出发，通过多方评价主体的共同参与，建立起描述社会经济问题的评价指标体系，采用信息集成方法技术和机制分析，将多维度指标和高维空间数据投影到单一指标和单维数据，测度社会经济发展综合态势。群组评价技术较单一化综合评价应用前景更广，主要原因在于评价主体面对复杂不确定的经济实践活动，容易造成评价信息特征不清的局面。同时，评价主体因自身知识储备的局限加剧了单一化综合评价集成结果的误差。群组综合评价集成机制汇集群体智慧，通过多方参与弱化由内而外的不确定性影响，最大限度地提供科学可靠的决策。

群组评价并非全新的统计分析技术，信息可集成和信息科学集成贯穿整个评价实践活动中，本质上同属于综合评价。群组评价全过程的局部环境并无太大变化，评价决策的思想本质上可以借鉴，同时衍生新的更大边界范围的综合评价。评价实践活动趋向愈加复杂的环境，群组评价克服了综合评价主体视角单一的不足，综合多方意见综合测度结果。针对信息不完备和信息模糊的经济实践活动，传统精确值的多指标综合评价技术难以应对这一新局面，从而非确定性数据的多指标综合评价方法研究引起相关学者的广泛关注和重视。考虑到 Fermatean 模糊集表达不确定性评估信息的卓越贡献，本书以 Fermatean 模糊集为起点，根据经济实践活动的现实需求，由犹豫值、区间值、概率值和自信水平度发展一系列 Fermatean 模糊集的拓展数据表达形式。在丰富评估信息数据类型的同时，针对现有非确定性数据的群组评价存在的指标相关性、主体非理性心理、主体社会交互等不足，吸纳解决问题的不同元素，创新性地开展群组评价理论、方法及应用研究。逐步搭建起非确定性数据的群组评价理论方法框架，以满足解决现实的评价决策问题的需要。非确定数据的群组评价理论、方法与应用需要根据现实决策需求不断发展完善，多方评价主体独立给出的评价意见如何集成、如何科学集成都是需要深入研究的课题。

当前，我国社会经济发展向纵深推进，面临着诸多复杂不确定性的经济实践活动。与时俱进地发展新的群组评价方法、技术意义重大，既是对综合评价理论边界的向外拓展，也是为相关领域的统计决策问题提供新思路与新方法。通过对群组评价理论内涵的科学界定，本书将其与传统多指标综合评价进行了有效区分，既有传承也有发展，也为后续群组评价方法与应用的研究提供理论支撑。在理论与应用实践中，群组综合评价均有其固有的局限性，然而在每一次的方法思想更迭中以期寻求更为完备的贴近人类认知的群组测度结果。

2.1.2　群组评价流程

群组评价为解决社会经济发展中的评价决策问题提供基本的技术遵循，结合社会经济实际现象，特别针对复杂不确定环境下的实践活动提供科学测度。参照综合评价一般流程，群组综合评价并无较大差异。从多个维度以组织实施经济评价实践活动动机作为起点；由多方评价主体构成的群组基于调查研究形成独立观点；通过标准化手段实现评价信息可集成；随后，根据特定实践活动采用信息集成技术汇集群组意见；最后，整合评价结果，分析经济实践活动实施过程。

上述有关群组综合评价的相关步骤可简化为以下几个方面：①确定综合评价目的；②评价指标体系的构建；③评估信息的采集；④评估信息的集成；⑤综合评估值的测算与分析。

群组评价中多方评价主体发挥的群体作用贯穿综合评价的全过程，促成了科学规范化的评价结果。同时，伴随着社会经济高速发展，新的挑战和新的机遇对新时代的群组评价技术发展提出了更高的要求。需要在实践中不断提升群组评价理论、方法与应用，为新时期的经济发展建言献策。多方评价主体存在认知差异，需要在实践中发展相适应的群组评价理论、方法与应用。

经济实践活动的不确定性并非只存在于信息收集与量化阶段，多主体意见归集、评价实施方法策略，以及经济决策行为分析等各个环节不确定性广泛存在。亟待设计相关解决现实实践活动的群组综合评价修正机制，通过改进集成技术，提升传统综合评价方法的适用性，对群组综合评价实践活动的规范性和科学性进一步完善，为更好地服务社会经济发展决策贡献智慧。

2.2 Fermatean 模糊簇评价信息识别

传统精确值的多指标综合评价方法难以契合纷繁复杂的发展现状，评价主体认知的局限和专业的差异，特别是在信息不完备和信息模糊双重因素的影响下，不确定性贯穿群组综合评价的全过程。针对评估信息集成过程的不确定性，常常出现在评价主体的主观评价中，随着 Zadeh 对模糊评价信息值的发展，非确定性数据的综合评价方法、理论与应用研究欣欣向荣，为解决不确定环境下的复杂评价问题指明了方向。随着社会经济高质量发展，为满足现实经济实践需求，产生了根据犹豫值、区间值、概率值以及自信水平度等一系列模糊集的拓展。Fermatean 模糊集延伸了直觉模糊集、毕达哥达拉斯模糊集等非确定性数据所包含的评价信息，弱化了对隶属度与非隶属度的要求，能更加细腻地刻画评价者的心理偏好。近年来，学者针对 Fermatean 模糊环境下的经济实践活动展开了富有成效的研究，已被广泛应用于统计决策问题中。然而，评价主体面对信息不完备的经济实践活动，难以给出精确的 Fermatean 模糊信息。此时，需要拓展更具自由度的 Fermatean 模糊信息。

基于 Fermatean 模糊集，根据实际决策需求，结合犹豫值、区间值、概率值以及自信水平度，拓展出不同数据特点的 Fermatean 模糊表达形式。当评价主体在多个可能的性能值摇摆不定时，犹豫 Fermatean 模糊信息表达保留了所有的信息。但是 Fermatean 模糊集难以度量多个可能的性能值对评价主体的重要性程度，概率犹豫 Fermatean 模糊集对不同的偏好赋予概率信息。由于决策环境存在不确定性，评价主体并非总能以精确的数值刻画 Fermatean 模糊隶属度与非隶属度，故而拓展出区间 Fermatean 模糊集与概率区间 Fermatean 犹豫模糊集。上述 Fermatean 模糊表达形式丰富了非确定性数据评价，主流研究基于评价主体持有绝对的意见自信开展群组评价活动，而自信 Fermatean 模糊表达了个人的多层次意见自信，更加贴合经济实践活动中的不确定性。以上五种 Fermatean 模糊集共同构成了 Fermatean 模糊簇评价信息，拓展了不确定环境下的群组综合评价信息表达，丰富了信息集成技术研究。

2.2.1 Fermatean 模糊集

在直觉模糊集和毕达哥拉斯模糊集的基础上，Senapati 和 Yager（2019）[158] 提出了 Fermatean 模糊集的概念。

定义 2.1 设 X 为非空集合，Fermatean 模糊集（FFS）定义如下：

$$F=\{\langle x,\mu_F(x),v_F(x)\rangle \mid x\in X\} \tag{2.1}$$

其中，μ：$X\to[0,\ 1]$ 是隶属度函数 $\mu_F(x)(0\leqslant\mu_F(x)\leqslant 1)$，$v:X\to[0,\ 1]$ 是非隶属度函数 $v_F(x)(0\leqslant v_F(x)\leqslant 1)$，且满足条件 $0\leqslant[\mu_F(x)]^3+[v_F(x)]^3\leqslant 1$。

对于任意 $x \in X$，如果 $\pi_F(x) = \sqrt{1-[\mu_F(x)]^3-[v_F(x)]^3}$，则称 $\pi_F(x)$ 是 $x \in X$ 集合 F 的犹豫度或不确定度。为清晰和简洁起见，$F=(\mu_F, v_F)$ 表示一个 Fermatean 模糊数（FFN）。

2.2.2 犹豫 Fermatean 模糊集

在犹豫模糊集的基础上，Luo 和 Liu（2022）[114] 提出了犹豫 Fermatean 模糊集的概念及其得分函数。

定义 2.2 设 X 为非空集合，犹豫 Fermatean 模糊集（HFFS）定义如下：

$$H_F = \{\langle x, \Lambda_{H_F}(x), \Gamma_{H_F}(x)\rangle \mid x \in X\} \tag{2.2}$$

其中，$\Lambda_{H_F}(x)$ 和 $\Gamma_{H_F}(x)$ 是 X 到 $[0, 1]$ 的映射，分别表示元素 $x \in X$ 到集合 H_F 的可能隶属度和非隶属度，满足条件：$0 \leqslant \varphi$，$\phi \leqslant 1$，$0 \leqslant (\varphi^+)^3 + (\phi^+)^3 \leqslant 1$。此外，对于任意 $x \in X$，$\varphi \in \Lambda_{H_F}(x)$，$\phi \in \Gamma_{H_F}(x)$，$\varphi^+ = \max_{\varphi \in \Lambda_{H_F}(x)}(\varphi)$，$\phi^+ = \max_{\phi \in \Gamma_{H_F}(x)}(\phi)$。为了方便起见，一系列（$\Lambda_{H_F}(x)$；$\Gamma_{H_F}(x)$）被称为犹豫 Fermatean 模糊元素（HFFEs），并由 $f = H_F(\Lambda_f, \Gamma_f)$ 表示。对于所有 $x \in X$，如果 $\Lambda_{H_F}(x)$ 和 $\Gamma_{H_F}(x)$ 有且只有一个元素，则 HFFS 退化为 Fermatean 模糊集（FFS）。如果非隶属度为 $\{0\}$，则 HFFS 退化为 HFS。对于所有 $x \in X$，存在任意 HFFS，则 $\pi_{H_F(x)} = \cup_{\varphi \in \Lambda_{H_F}(x), \phi \in \Gamma_{H_F}(x)} \sqrt[3]{1-(\varphi^+)^3-(\phi^+)^3}$ 被定义为 x 对集合 H_F 的不确定性（犹豫）程度，其中 $1-(\varphi^+)^3-(\phi^+)^3 \geqslant 0$。

定义 2.3 设 $f=(\Lambda_f, \Gamma_f)$ 为犹豫 Fermatean 模糊元素，则 f 的得分函数定义如下：

$$S(f) = \left(\frac{1}{\#\Lambda_f}\sum_{\varphi \in \Lambda_f}\varphi\right)^3 - \left(\frac{1}{\#\Gamma_f}\sum_{\phi \in \Gamma_f}\phi\right)^3 \tag{2.3}$$

其中，$S(f) \in [0, 1]$，$\#\Lambda_f$ 表示 Λ_f 中的元素数量，$\#\Gamma_f$ 表示 Γ_f 中元素的数量。

2.2.3　概率犹豫 Fermatean 模糊集

评价主体在面对复杂环境下的决策活动，由于内心的犹豫不决，常常给出多个可能的评估信息，但对多个不同评价信息有不同的偏好。刘俊和罗世华（2022）提出概率犹豫 Fermatean 模糊集[13]，给多个评估值的隶属度和非隶属度赋予概率信息，刻画了评价主体内心摇摆不定的心理。同时，提出了概率犹豫 Fermatean 模糊得分函数和概率犹豫 Fermatean 模糊数比较方法。

定义 2.4　设 X 是一个非空集合，概率犹豫 Fermatean 模糊集（PHFFS）P_F 定义如下：

$$P_F=\{\langle x,[(\Lambda_{P_F}(x),\Gamma_{P_F}(x)),p]\rangle \mid x\in X\} \tag{2.4}$$

概率犹豫 Fermatean 模糊集是由一系列的概率犹豫 Fermatean 模糊元素（PHFFEs）$[(\Lambda_{P_F}(x),\Gamma_{P_F}(x)),p]$ 组合而成，包含隶属度和非隶属度，其中，$\Lambda_{P_F}(x)$，$\Gamma_{P_F}(x)\in[0,1]$，且满足 $0\leqslant[\Lambda_{P_F}(x)]^3+[\Gamma_{P_F}(x)]^3\leqslant 1$。概率犹豫 Fermatean 模糊元素可看成概率犹豫 Fermatean 模糊集的一个特例，类似于模糊数和模糊集的关系。每一个概率犹豫 Fermatean 模糊元素由一组 Fermatean 模糊数和概率构成，概率表示相对应 Fermatean 模糊数的可能性大小。当 P_F 是一个有限的概率犹豫 Fermatean 模糊元素，可以将其定义为 $P_{F_i}=[(\Lambda_{i_l}(x),\Gamma_{i_l}(x)),p_{i_l}]$（$i=1,2,\cdots,n$），$l=1,2,\cdots,\#P_F$，其中，$\#P_F$ 为正整数，除本书特别说明，P_F 中包含的隶属度与非隶属度元素个数均保持一致，同时满足条件 $p_{i_l}\in[0,1]$，$\sum_{l=1}^{\#P_F}p_{i_l}\leqslant 1$。若 $\pi_{P_F}(x)=\sqrt[3]{1-[\Lambda_{P_F}(x)]^3-[\Gamma_{P_F}(x)]^3}$，则 $\pi_{P_F}(x_j)$ 是 F 的犹豫度或不确定度。

定义 2.5　设 X 为一个有限集，$P_{F_i}=[(\Lambda_{i_l}(x),\Gamma_{i_l}(x)),p_{i_l}]$ 是一个与 X 相关的有限概率犹豫 Fermatean 模糊元素，其中 $i=1,2,\cdots,n$，$l=1,2,\cdots,\#P_F$，则概率犹豫 Fermatean 模糊得分函数定义如下：

$$S(P_{F_i})=\left(\frac{1}{\#P_F}\sum_{i\in n,l\in\#P_F}(p_{i_l}\cdot\Lambda_{i_l})\right)^3-\left(\frac{1}{\#P_F}\sum_{i\in n,l\in\#P_F}(p_{i_l}\cdot\Gamma_{i_l})\right)^3 \tag{2.5}$$

概率犹豫 Fermatean 模糊精确函数定义如下：

$$H(P_{F_i}) = \left(\frac{1}{\#P_F}\sum_{i\in n,l\in \#P_F}(p_{i_l}\cdot \Lambda_{i_l})\right)^3 + \left(\frac{1}{\#P_F}\sum_{i\in n,l\in \#P_F}(p_{i_l}\cdot \Gamma_{i_l})\right)^3 \tag{2.6}$$

定义 2.6 令 $P_{F_i}=[(\Lambda_{i_l}(x),\ \Gamma_{i_l}(x)),\ p_{i_l}]$，$i=1,\ 2,\ \cdots,\ l=1,\ 2,\ \cdots,\ \#P_F$是两个概率犹豫 Fermatean 模糊元素，有：

（1）如果 $S(P_{F_1})>S(P_{F_2})$，则 $P_{F_1}>P_{F_2}$，说明 P_{F_1}优于 P_{F_2}；

（2）如果 $S(P_{F_1})<S(P_{F_2})$，则 $P_{F_1}<P_{F_2}$，说明 P_{F_1}劣于 P_{F_2}；

（3）如果 $S(P_{F_1})=S(P_{F_2})$，①如果 $H(P_{F_1})>H(P_{F_2})$，则 $P_{F_1}>P_{F_2}$，说明 P_{F_1}优于 P_{F_2}；②如果 $H(P_{F_1})<H(P_{F_2})$，则 $P_{F_1}<P_{F_2}$，说明 P_{F_1}劣于 P_{F_2}；③如果 $H(P_{F_1})=H(P_{F_2})$，则 $P_{F_1}\sim P_{F_2}$，说明 P_{F_1}与 P_{F_2}无异。

2.2.4 区间 Fermatean 模糊集

在区间值的基础上，罗世华和刘俊（2023）[12]提出区间 Fermatean 模糊概念、得分函数以及相关系数。

定义 2.7 设 X 为非空集合，$D[0,\ 1]$ 是［0，1］的所有闭合子区间的集合。则区间 Fermatean 模糊集（IVFFS）定义如下：

$$F_{IV}=\{\langle x,\mu_{F_{IV}}(x),\nu_{F_{IV}}(x)\rangle \mid x\in X\} \tag{2.7}$$

其中，$\mu_{F_{IV}}$：$X\to D[0,\ 1]$，$\nu_{F_{IV}}$：$X\to D\ [0,\ 1]$ 分别表示元素 x 到 X 的隶属度和非隶属度，满足条件：$0\leqslant \sup_x\ (\mu_{F_{IV}}(x))^3+\sup_x\ (\nu_{F_{IV}}(x))^3\leqslant 1$。此外，对于任意 $x\in X$，$\mu_{F_{IV}}(x)$ 和 $\nu_{F_{IV}}(x)$ 的下限和上限分别表示为：$\mu_{F^L_{IV}}(x)=\inf\mu_{F_{IV}}(x)$，$\mu_{F^U_{IV}}(x)=\sup\mu_{F_{IV}}(x)$，$\nu_{F^L_{IV}}(x)=\inf\nu_{F_{IV}}(x)$ 和 $\nu_{F^U_{IV}}(x)=\sup\nu_{F_{IV}}(x)$。因此，另一种形式的区间 Fermatean 模糊集可定义如下：

$$F_{IV}=\{\langle x,[\mu_{F^L_{IV}}(x),\mu_{F^U_{IV}}(x)],[\nu_{F^L_{IV}}(x),\nu_{F^U_{IV}}(x)]\rangle \mid x\in X\} \tag{2.8}$$

其中，$\mu_{F^U_{IV}}(x)$ 和 $\nu_{F^U_{IV}}(x)$ 满足条件：$0\leqslant(\mu_{F^U_{IV}}(x))^3+(\nu_{F^U_{IV}}(x))^3\leqslant 1$。对于任意 $x\in X$，如果存在 $\pi_{F_{IV}}(x)=[\pi_{F^L_{IV}}(x),\pi_{F^U_{IV}}(x)]=[\sqrt[3]{1-(\mu_{F^U_{IV}}(x))^3-(\nu_{F^U_{IV}}(x))^3},\ \sqrt[3]{1-(\mu_{F^L_{IV}}(x))^3-(\nu_{F^L_{IV}}(x))^3}]$，则称 $\pi_{F_{IV}}(x)$ 是 $x\in X$ 集合 F_{IV}的犹豫度或不

确定度。为方便起见，一系列区间 Fermatean 模糊元素（IVFFEs）可记作 $F_{IV}=([\mu_{F_{IV}^L},\mu_{F_{IV}^U}],[\nu_{F_{IV}^L},\nu_{F_{IV}^U}])$。同时，当 $\mu_{F_{IV}}$ 和 $\nu_{F_{IV}}$ 函数的上下界相同时，区间 Fermatean 模糊集退化为 Fermatean 模糊集。具体而言，如果 $\mu_{F_{IV}^L}=\mu_{F_{IV}^U}$，并且 $\nu_{F_{IV}^L}=\nu_{F_{IV}^U}$，则任意的区间 Fermatean 模糊集与 Fermatean 模糊集表现形式保持一致。F_{IV} 的补集 F_{IV}^c 定义为：

$$F_{IV}^c=\{\langle x,\nu_{F_{IV}}(x),\mu_{F_{IV}}(x)\rangle \mid x\in X\} \tag{2.9}$$

定义 2.8　令 $F_{IV}=([\mu_{F_{IV}^L},\ \mu_{F_{IV}^U}],\ [\nu_{F_{IV}^L},\ \nu_{F_{IV}^U}])$ 为 IVFFN，则 IVFFN 的得分函数定义为：

$$S(F_{IV})=\frac{1}{2}(\mu_{F_{IV}^L}^3+\mu_{F_{IV}^U}^3-\nu_{F_{IV}^L}^3-\nu_{F_{IV}^U}^3) \tag{2.10}$$

定义 2.9　令 $F_{IV_i}=([\mu_{F_{IV_i}^L},\ \mu_{F_{IV_i}^U}],\ [\nu_{F_{IV_i}^L},\ \nu_{F_{IV_i}^U}])(i=1,\ 2)$ 为两个区间 Fermatean 模糊数，则区间 Fermatean 模糊数的 Euclidean 距离定义为：

$$\begin{aligned}D_{F_{IV}}=\frac{1}{6}[&(\mu_{F_{IV_1}^L}^3-\mu_{F_{IV_2}^L}^3)^2+(\mu_{F_{IV_1}^U}^3-\mu_{F_{IV_2}^U}^3)^2+(\nu_{F_{IV_1}^L}^3-\nu_{F_{IV_2}^L}^3)^2+(\nu_{F_{IV_1}^U}^3-\nu_{F_{IV_2}^U}^3)^2\\&+(\pi_{F_{IV_1}^L}^3-\pi_{F_{IV_2}^L}^3)^2+(\pi_{F_{IV_1}^U}^3-\pi_{F_{IV_2}^U}^3)^2]^{1/2}\end{aligned} \tag{2.11}$$

定义 2.10　令 $F_{IV_i}=([\mu_{F_{IV_i}^L},\ \mu_{F_{IV_i}^U}],\ [\nu_{F_{IV_i}^L},\ \nu_{F_{IV_i}^U}])$（$i=1,\ 2$）为两个区间 Fermatean 模糊数，在统计学经典相关系数基础上，结合已有研究，区间 Fermatean 模糊数的相关系数定义为：

$$\begin{aligned}&K(F_{IV_1},F_{IV_2})\\&=\frac{C(F_{IV_1},F_{IV_2})}{\sqrt{T(F_{IV_1})T(F_{IV_2})}}\\&=\left[\frac{(\mu_{F_{IV_1}^L}^3\mu_{F_{IV_2}^L}^3+\nu_{F_{IV_1}^L}^3\nu_{F_{IV_2}^L}^3+\mu_{F_{IV_1}^U}^3\mu_{F_{IV_2}^U}^3+\nu_{F_{IV_1}^U}^3\nu_{F_{IV_2}^U}^3+\pi_{F_{IV_1}^L}^3\pi_{F_{IV_2}^L}^3+\pi_{F_{IV_1}^U}^3\pi_{F_{IV_2}^U}^3)^2}{(\mu_{F_{IV_1}^L}^6+\mu_{F_{IV_1}^U}^6+\nu_{F_{IV_1}^L}^6+\nu_{F_{IV_1}^U}^6+\pi_{F_{IV_1}^L}^6+\pi_{F_{IV_1}^U}^6)(\mu_{F_{IV_2}^L}^6+\mu_{F_{IV_2}^U}^6+\nu_{F_{IV_2}^L}^6+\nu_{F_{IV_2}^U}^6+\pi_{F_{IV_2}^L}^6+\pi_{F_{IV_2}^U}^6)}\right]^{1/6}\end{aligned} \tag{2.12}$$

区间 Fermatean 模糊数的相关系数，可作为识别数据间的关联性的信息度量。相较于距离测度，最大限度地减少信息集成过程中的信息损失，提高了决策结果的可信度。

2.2.5 概率区间 Fermatean 犹豫模糊集

定义 2.11 设 X 为非空集合，$D[0,1]$ 是 $[0,1]$ 的所有闭合子区间的集合。概率区间 Fermatean 犹豫模糊集（PIVFHFS）定义如下：

$$P_F=\{\langle x,[(\Lambda_{P_F}(x),\Gamma_{P_F}(x)),p(x)]\rangle\mid x\in X\} \tag{2.13}$$

其中，$\Lambda_{P_F}(x)$：$X\to D[0,1]$ 和 $\Gamma_{P_F}(x)$：$X\to D[0,1]$ 分别表示元素 x 到 X 的犹豫模糊隶属度和非隶属度，$p(x)$ 是这两类隶属度对应多种可能数值的概率信息。此外，满足条件 $0\leqslant\gamma$，$\eta\leqslant1$，$0\leqslant\gamma_+^3+\eta_+^3\leqslant1$ 和 $p_l\in[0,1]$，$\sum_{l=1}^{\#P_F}p_l=1$，$\gamma\in\Lambda_{P_F}(x)$，$\eta\in\Gamma_{P_F}(x)$，$\gamma_+^3=\cup_{\gamma\in\Lambda_{P_F}(x)}\{\mu_U\}$，$\eta_+^3=\cup_{\eta\in\Gamma_{P_F}(x)}\{\nu_U\}$。$\Lambda_{P_F}(x)$ 和 $\Gamma_{P_F}(x)$ 的下极限和上极限分别表示为：$\Lambda_{P_F}(x)=[\mu_L,\mu_U]$，$\Gamma_{P_F}(x)=[\nu_L,\nu_U]$，符号$\#P_F$ 是 $\Lambda_{P_F}(x)$ 和 $\Gamma_{P_F}(x)$ 中元素的总数。因此，概率区间值 Fermatean 犹豫模糊元素（PIVFHFEs）可以由以下数学符号定义：

$$P_F=\{\langle x,[\![[\mu_L,\mu_U],[\nu_L,\nu_U],p]\!]\rangle\mid x\in X\} \tag{2.14}$$

当 P_F 为有限的概率区间值 Fermatean 犹豫模糊元素时，记作 $[\![[\mu_L,\mu_U],[\nu_L,\nu_U],p_l]\!]$，其中，$l=1,2,\cdots,\#P_F$，区间 $[\pi_L,\pi_U]$ 定义为 $\pi_L=\sqrt[3]{1-\mu_U^3-\nu_U^3}$ 和 $\pi_U=\sqrt[3]{1-\mu_L^3-\nu_L^3}$，称为犹豫度或不确定度。

定义 2.12 设 $[\![[\mu_L,\mu_U],[\nu_L,\nu_U],p_l]\!]$ 为与 X 关联的有限概率区间值 Fermatean 犹豫模糊元素，得分函数可公式化为：

$$S(P_F)=\frac{1}{2}\Big[\Big(\frac{1}{\#P_F}\sum_{l=1}^{\#P_F}p_l\times\mu_L\Big)^3+\Big(\frac{1}{\#P_F}\sum_{l=1}^{\#P_F}p_l\times\mu_U\Big)^3-\Big(\frac{1}{\#P_F}\sum_{l=1}^{\#P_F}p_l\times\nu_L\Big)^3-\Big(\frac{1}{\#P_F}\sum_{l=1}^{\#P_F}p_l\times\nu_U\Big)^3\Big] \tag{2.15}$$

定义 2.13 设 $P_{F_1}=[\![[\mu_{L_1},\mu_{U_1}],[\nu_{L_1},\nu_{U_1}],p_{l_1}]\!]$ 和 $P_{F_2}=[\![[\mu_{L_2},\mu_{U_2}],[\nu_{L_2},\nu_{U_2}],p_{l_2}]\!]$ 是与 X 关联的任意两个概率区间值 Fermatean 犹豫模糊元素，Euclidean 距离测度可公式化为：

$$D(P_{F_1},P_{F_2}) = \left\{\frac{1}{6\#P_F}\sum_{l=1}^{\#P_F}[(p_{l_1}P_{F_1})^3-(p_{l_2}P_{F_2})^3]^2\right\}^{1/2} \tag{2.16}$$

其中，$[(p_{l_1}P_{F_1})^3-(p_{l_2}P_{F_2})^3]^2$ 可公式化为：

$$\begin{aligned}&[(p_{l_1}P_{F_1})^3-(p_{l_2}P_{F_2})^3]^2\\&=[(p_{l_1}\mu_{L_1})^3-(p_{l_2}\mu_{L_2})^3]^2+[(p_{l_1}\mu_{U_1})^3-(p_{l_2}\mu_{U_2})^3]^2+\\&\quad[(p_{l_1}\nu_{L_1})^3-(p_{l_2}\nu_{L_2})^3]^2+[(p_{l_1}\nu_{U_1})^3-(p_{l_2}\nu_{U_2})^3]^2+\\&\quad[(p_{l_1}\pi_{L_1})^3-(p_{l_2}\pi_{L_2})^3]^2+[(p_{l_1}\pi_{U_1})^3-(p_{l_2}\pi_{U_2})^3]^2\end{aligned}$$

2.2.6 自信 Fermatean 模糊集

定义 2.14 设 X 为给定的域，自信 Fermatean 模糊集（SC－FFS）可定义为：

$$F=\{(x,\langle t_F(x),g_F(x)\rangle,\varepsilon(x))\,|\,x\in X\} \tag{2.17}$$

其中，$t_F(x)$，$g_F(x)$，$\varepsilon(x)$：$X\to[0,1]$，$0\leqslant t_F^3(x)+g_F^3(x)\leqslant 1$。此外，$t_F(x)$ 和 $g_F(x)$ 分别表示集合 F 中元素 x 到集合 X 的隶属度和非隶属度，$\varepsilon(x)$ 表示与隶属度和非隶属度信息测度相关的意见自信水平。意见自信 Fermatean 模糊元素（SC－FFEs）定义为 $F=(\langle t_{ij},g_{ij}\rangle,\varepsilon_{ij})_{n\times n}$，自信水平 $\varepsilon(x)=\varepsilon_{ij}$。

定义 2.15 设 $F_1=\langle t_{F_1},g_{F_1}\rangle$ 和 $F_2=\langle t_{F_2},g_{F_2}\rangle$ 为两个 Fermatean 模糊数，F_1 和 F_2 之间的 Euclidean 距离测度可定义为：

$$d_E(F_1,F_2)=\sqrt{\frac{1}{2}[(t_{F_1}^3-t_{F_2}^3)^2+(g_{F_1}^3-g_{F_2}^3)^2+(\pi_{F_1}^3-\pi_{F_2}^3)^2]} \tag{2.18}$$

定义 2.16 设 $A=\{a_1,a_2,\cdots,a_m\}$ 为一组有限的 Fermatean 模糊数集合，其中 $a_i=\langle t_i,g_i\rangle$。与 Fermatean 模糊数相对应的权重向量为 $W=\{w_1,w_2,\cdots,w_n\}$，满足 $0\leqslant w_i\leqslant 1$ 和 $\sum_{i=1}^n w_i=1$。$\varepsilon=\{\varepsilon_1,\varepsilon_2,\cdots,\varepsilon_n\}$ 为自信水平向量，$0\leqslant\varepsilon_i\leqslant 1$。意见自信 Fermatean 模糊加权平均（SC－FFWA）算子可定义为：

$$SC - FFWA(a_1, a_2, \cdots, a_n)$$
$$= \bigoplus_{i=1}^{n} (w_i \varepsilon_i a_i)$$
$$= \left\langle \sqrt[3]{1 - \prod_{i=1}^{n} (1 - t_i^3)^{\varepsilon_i w_i}}, \prod_{i=1}^{n} (g_i)^{\varepsilon_i w_i} \right\rangle \tag{2.19}$$

2.3 群组评价方法介绍

群组内各评价主体的评估信息通过集成技术，将多维数据降为一维的综合意见。随后，需要综合评价方法技术测度经济实践活动，实现综合分析的目的。本书在 Fermatean 模糊环境下，拓展群组综合评价集成机制，提升了 MULTIMOORA 方法、前景理论、CoCoSo 方法和 MABAC 方法解决现实社会经济领域问题的能力。

一般地，针对群组综合评价问题，评价主体给出的评估信息矩阵定义为 $\mathbf{X} = (x_{ij})_{m \times n}$，表示评估对象 i 关于评价指标 j 的评估信息值为 x_{ij}（$i = 1, 2, \cdots, m$，$j = 1, 2, \cdots, n$），评价指标权重为 ω_j（$j = 1, 2, \cdots, n$）。

归一化是将 x_{ij} 转换为无量纲值 x_{ij}^* 的过程，使得群组评估信息可集成。

$$x_{ij}^* = \frac{x_{ij}}{\sum_{i=1}^{m} x_{ij}} \tag{2.20}$$

若要构建标准化评估信息矩阵，当为效益型的指标时，可标准化为：

$$x_{ij}' = \frac{x_{ij} - \min_i x_{ij}}{\max_i x_{ij} - \min_i x_{ij}} \tag{2.21}$$

当为成本型的指标时，可标准化为：

$$x_{ij}' = \frac{\max_i x_{ij} - x_{ij}}{\max_i x_{ij} - \min_i x_{ij}} \tag{2.22}$$

2.3.1 MULTIMOORA 方法

MULTIMOORA 方法（Brauers 和 Zavadskas，2006）[55] 基于 MOORA 方法改进发展而来，通过三种聚合模型：完全补偿模型、非补偿模型和不完全补偿算子模型，使其具备鲁棒性。具体由比率系统、参考点法和完全相乘形式三部分组成，最后采用序数占优理论融合三部分排序级别，获得评估对象最终综合排序结果。

基于归一化后的值，MULTIMOORA 方法实施流程如下所示：

步骤 1：计算比值系统。

基于加权算术平均算子的归一化效用值：

$$U_1(i) = \sum\nolimits_{j=1}^{\theta} \omega_j x_{ij}^* - \sum\nolimits_{j=\theta+1}^{n} \omega_j x_{ij}^* \tag{2.23}$$

其中，θ（$1 \leqslant \theta \leqslant n$）表示必须最大化的效益型指标，$n-\theta$ 表示必须最小化的成本型指标的数目。然后，评估对象的排序按 $U_1(i)$（$i=1, 2, \cdots, m$）的降序获得。

步骤 2：计算参照点法。

参考点法是基于比值系统的，其目的是找出每个评估方案的最差性能。

$$U_2(i) = \max_j \omega_j \left| r_j - x_{ij}^* \right| \tag{2.24}$$

其中，$r_j = (\max_i x_{ij}^*, j=1, 2, \cdots, \theta; \min_i x_{ij}^*, j=\theta+1, \theta+2, \cdots, m)$，然后，评估方案的排序按 $U_2(i)$（$i=1, 2, \cdots, m$）的降序获得。

步骤 3：计算完全乘法形式。

完全乘法能反映纯乘法效用函数的最大化和最小化，评估对象的总体效用表示为无量纲值：

$$U_3(i) = \frac{\prod\nolimits_{j=1}^{\theta} (x_{ij}^*)^{\omega_j}}{\prod\nolimits_{j=\theta+1}^{m} (x_{ij}^*)^{\omega_j}} \tag{2.25}$$

评估对象的排序按 $U_3(i)$（$i=1, 2, \cdots, m$）的降序获得。

步骤 4： 集成综合排序。

序数占优理论将 MULTIMOORA 方法的三重子系统排序结果集成为最终排序。

2.3.2 前景理论方法

一般地，评价主体在群组综合评价过程中可能受到评价对象外部风险因素的干扰，使得评价过程中得与失的心理活动大不相同，评价主体完全理性的假设此时通常是无效的。鉴于效用理论不是刻画评价者偏好特征的合适方法，Kahneman 和 Tversky（1979）在评价过程中引入前景理论[102]。前景理论的核心是两个函数，即价值函数和权重函数。方程如下所示：

$$\vartheta(y)=\begin{cases}(y-y_0)^{\alpha}, & y>y_0\\ 0, & y=y_0\\ -\lambda(y_0-y)^{\beta}, & y<y_0\end{cases} \tag{2.26}$$

$$\xi(y)=\begin{cases}\dfrac{p^{\delta}}{(p^{\delta}+(1-p)^{\delta})^{1/\delta}}, & y<y_0\\ \dfrac{p^{\gamma}}{(p^{\gamma}+(1-p)^{\gamma})^{1/\gamma}}, & y\geqslant y_0\end{cases} \tag{2.27}$$

而前景值表示为：

$$V=\sum\nolimits_{i=1}^{n}\vartheta(y_i)\xi(y_i) \tag{2.28}$$

其中，y 为评价主体给出的评估信息值，y_0 为参考点值，α 和 β 是正实数，分别测度评价主体对收益和损失的价值函数的曲率，λ 为损失规避系数，$0<\delta$ 和 $\gamma<1$ 为风险态度系数，p 为相关收益和损失的非线性权重函数发生的概率。参考点的选择影响对收益和损失的判断，从而对综合前景价值的大小排序结果造成影响，同时，依据前景价值的大小排序确定评估对象的排序。Tversky 和 Kahneman（1992）[159]建议给各参数赋值如下：$\alpha=\beta=0.88$，$\lambda=2.25$，$\delta=0.69$，$\gamma=0.61$。

2.3.3　CoCoSo 方法

CoCoSo 方法（Yazdani 等，2019）[198]是一种基于组合和折中观点的综合评价技术，通过整合加权和度量（WSM）和加权乘积度量（WPM）集成评估信息，实现综合评价机制的内部平衡。CoCoSo 方法具有避免决策补偿问题并实现最终效用，计算复杂度相对较低等优点。CoCoSo 方法通过三种不同的信息集成等式评估方案的优先级，然后将这些优先级组合起来，以获得评估对象的总体排序，现已广泛应用于解决多领域的群组综合评价问题。

步骤 1：计算每个评估方案的可比性序列的加权和集成信息：

$$S_i = \sum_{j=1}^{n} \omega_j x'_{ij} \tag{2.29}$$

步骤 2：计算每个评估方案的可比性序列的加权乘积集成信息：

$$P_i = \sum_{j=1}^{n} (x'_{ij})^{\omega_j} \tag{2.30}$$

步骤 3：计算采用以下聚合策略的备选方案的相对权重：

采用三重评估得分策略，通过等式得出其他选项的相对权重。

$$k_{ia} = \frac{P_i + S_i}{\sum_{i=1}^{m} (P_i + S_i)} \tag{2.31}$$

$$k_{ib} = \frac{S_i}{\min\limits_i S_i} + \frac{P_i}{\min\limits_i P_i} \tag{2.32}$$

$$k_{ic} = \frac{\lambda S_i + (1-\lambda) P_i}{\lambda \max\limits_i S_i + (1-\lambda) \max\limits_i P_i}, 0 \leqslant \lambda \leqslant 1 \tag{2.33}$$

其中，k_{ia}表示 WSM 和 WPM 得分之和的算术平均值，k_{ib}显示了 WPM 和 WSM 与最优值相比的相对得分之和，k_{ic}释放了 WPM 与 WSM 模型得分的平衡折中。

步骤 4：计算评估值 k_i：

融合上述三重信息集成方法获得的评价结果，获得最终的综合排序。

$$k_i = \sqrt[3]{k_{ia}k_{ib}k_{ic}} + \frac{k_{ia} + k_{ib} + k_{ic}}{3} \tag{2.34}$$

最后按评估值 k_i（$i=1, 2, \cdots, m$）的递减排序获得评估对象的排序。

2.3.4 MABAC 方法

MABAC 方法由 Pamucar 和 Cirovic（2015）创立，通过计算评估方案和边界近似区域的距离获得决策结果[141]。具有计算结果稳定、计算程序简单以及与其他模型融合稳健的优点。经典的 MABAC 方法可由以下程序获得：

步骤 1：计算加权标准化集成信息：

$$v_{ij} = \omega_j x'_{ij} \tag{2.35}$$

步骤 2：计算边界近似区域：

$$g_j = \left(\prod_{i=1}^{m} v_{ij}\right)^{1/m} \tag{2.36}$$

步骤 3：计算评估方案与边界近似区域的距离：

$$d_{ij} = x'_{ij} - g_j \tag{2.37}$$

步骤 4：计算总距离之和的降序排列确定评估方案的排序：

$$Q_i = \sum_{j=1}^{n} d_{ij} \tag{2.38}$$

2.4 群组评价机制分析

在群组集成机制视角下，面向 Fermatean 模糊簇的群组评价问题的理论、方法及应用是基于 Fermatean 模糊信息视角的问题导向型研究。本书将评估信息表达的形式由点值的 Fermatean 模糊数根据经济实践活动的需求，沿着犹豫值、区间值、概率值以及自信水平度等方向构造和维续 Fermatean 模糊集。在群组评价中，评价指标相关性、评价主体非理性心理、评价主体信任交互以及评价方法自限性在评估信息科学集成角度影响着现实决策问题的测度结果。

我们需要对群组评价内涵进行科学界定。群组评价从未以满足所有的利益主体的诉求为其唯一的遵循，只是抛出一个评价目标供评价主体进行思维的碰撞，始终无法形成对事物的统一度量，在螺旋式上升的综合评价过程中寻求最大共识公约数。

本书的内在机理具体表现在：第 1 章绪论对群组评价研究背景和意义进行了充分论述，发现群组评价存在的四个方面的不足。第 2 章从相关理论基础角度分析群组评价的数据类型，主要基于 Fermatean 模糊数的区间值、犹豫值、概率值以及自信水平度构成的五类拓展信息表达形式，同时对本书拟拓展应用的 MULTIMOORA 方法、前景理论方法、CoCoSo 方法以及 MABAC 方法等综合评价方法进行介绍，集中解决数据可集成和数据科学集成两个技术问题。第 3 章至第 7 章是对前文群组评价理论的具体实施与应用，分别采用五类 Fermatean 模糊数，不断引入能解决现实评价局限性的影响因素，参与综合评价集成机制的构建，并对经济实践活动提供规范化指导。具体而言，在第 3 章犹豫 Fermatean 模糊 MULTIMOORA 群组综合评价集成机制基础上，第 4 章概率犹豫 Fermatean 模糊拓展 MULTIMOORA 群组综合评价集成机制进一步解决了指标相关性、MULTIMOORA 方法局限性以及评价主体的不同程度的犹豫心理等问题。在第 4 章涉及指标相关性以及综合评价方法提升的基础上，第 5 章区间 Fermatean 模糊前景理论群组综合评价集成机制和第 6 章概率区间 Fermatean 犹豫模糊 DNCoCoSo 群组综合评价集成机制在丰富评估信息表达形式基础上对评价主体的非理性心理展开群组评价机制设计。同时，第 6 章对第 5 章中评估信息可集成做了双重归一化的技术提升。在前述第 3 章至第 6 章的基础上，第 7 章 Fermatean 模糊社会网络的自信心共识 MABAC 群组综合评价集成机制对忽略的评价主体社会信任关系进行研究，实现群组评价质量的飞跃。第 8 章对全书研究进行总结与展望，厘清本书研究逻辑主线，加深群组评价研究对决策方法支持和实证分析的应用。相关程序化逻辑分析如图 2－1 所示。

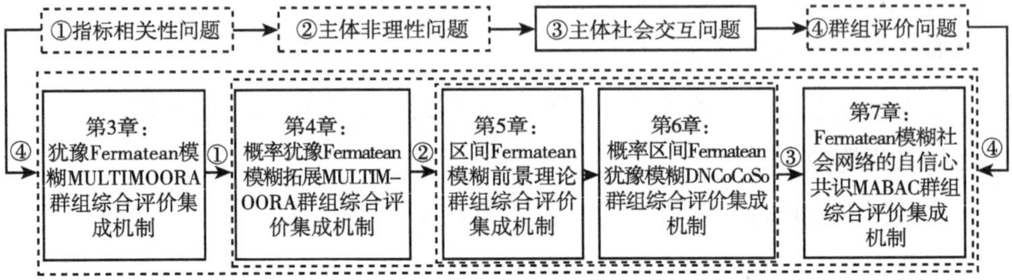

图 2－1　群组评价机制分析

本书研究的群组评价机制面向上述四类问题，并呈现递进的逻辑关系。为了应对更为复杂的决策环境，逐步建立不同数据形式的 Fermatean 模糊信息。考虑多类因素的不确定信息表达较单一数据形式更为贴合现实决策的复杂性，与问题研究导向的逻辑主线相呼应。从而，在研究架构层次上形成从评估信息可集成和评估信息科学集成两条并行逻辑。指标相关性问题在第 4 章、第 5 章、第 6 章和第 7 章均有所体现。主体的非理性问题在第 5 章和第 6 章得到解决。社会主体交互问题在第 7 章得到讨论。最后群组评价问题贯穿全书研究主体章节。创新发展的群组集成机制在纵向章节得到充分分析论证，同时，可拓展研究至各类经济实践活动中，具有示范性和可推广性。

本书在数据结构和综合评价方法的提升方面竭力为评价实践提供科学性。针对现有非确定性数据的群组综合评价面临的挑战和不足，本书将拓展的五类 Fermatean 模糊信息表达形式与前文回顾的综合评价方法有机融合，形成真正服务于现实决策需求的群组评价集成方法，并指导工业经济社会领域的评价问题。几类群组评价方法在应用中得到补充发展，在解决现有问题基础上，考虑新的因素不断优化提升准确决策的能力。在不断递进式发展中，群组评价过程更具针对性，加深了理论方法研究的可靠性，同时为科学有效算例分析形成统一的探究机制。本书将评估信息采集、评估信息集成以及评估测度在不同决策环境下针对不同问题提出了系统性解决方案，同时指导群组评价集成机制的准确应用。据此构建面向 Fermatean 模糊簇的群组评价集成机制及应用研究，分析群组评价的系统性，以期实现群组评价赋能经济活动的创新突破。

2.5　本章小结

本章对群组评价理论、Fermatean 模糊簇评价信息识别以及群组评价方法展开系统性阐述和分析，进一步明晰了本书主要解决的两个重要问题，第一个是评价信息可集成，第二个是评价信息科学集成。多方评价主体面临的经济实践活动并不具有单一性和确定性，给传统的综合评价理论、方法与应用体系带来不小的冲击。评价主体内在的认知局限性进一步加大了现实评价决策科学开展的难度，非确定性数据的群组评价技术需要与社会经济发展同频共振。非确定性评估信息呈现多元化发展，本章拓展了 Fermatean 模糊集隶属度与非隶属度的信息表达约束条件，发展了几类 Fermatean 模糊信息表达形式。同时，对综合评价集成方法进行回顾，总结评价方法的一般流程以及群组评价机制。上述工作均为后续章节研究面向 Fermatean 模糊环境下的群组集成机制打下坚实的理论基础。

第3章 犹豫 Fermatean 模糊 MULTIMOORA 群组综合评价集成机制

经济绿色发展日益受到重视，然而，其中的不确定性给决策评价过程带来了挑战，导致评价指标体系尚未达成共识。为了解决这一问题，本章在现有区域绿色发展水平评价研究的基础上，继承和发展了绿色发展水平测度体系。构建犹豫 Fermatean 模糊环境下的 MULTIMOORA 群组评价集成机制（HFFS - MULTIMOORA）开展区域绿色发展水平评价活动，所建立的群组综合评价集成机制与复杂不确定性的外部环境深度契合。通过级差最大化方法融合基于评价主体的平均主观指标权重和基于 Shannon 熵的客观指标权重，获得以适应具有认知复杂信息的区域绿色发展水平评价指标权重信息。此外，通过意见共识测度评价主体的权重信息。创新的区域绿色发展水平评价指标体系和 HFFS - MULTIMOORA 群组综合评价框架被进一步应用于评估我国长江经济带沿线5省（市）的绿色发展水平，综合评价测度结果显示了我国长江经济带沿线5个省（市）的绿色发展水平排序结果。此外，通过稳健性检验以及与现有方法对比分析，验证了模型框架的有效性和可行性。本章构建的群组综合评价集成机制不仅有助于区域绿色发展水平评价的文献研究，也为国内外的决策者和研究者提供宝贵的启发和参考，以提高评估效率并提出政策建议。

3.1 研究动机和思路

大数据的出现和兴起正改变着社会经济和日常生活的各个领域，决策过程的不确定性影响着区域绿色发展水平的评估结果。在此基础上，建立非确定性数据的区域绿色发展水平评价框架，探讨区域绿色发展程度的差异，可以显著提高绿色发展的竞争力；同时，也为政府部门制定促进生态文明建设政策提供参考。

由于综合评估数据的性质、测量误差或者研究对象潜在的问题，所考虑评估对象的性能评估信息通常不准确。传统的精确评价信息很难应用于不确定的多指标综合评价过程中，也无法描述评价主体对评价指标的偏好和评估对象未来前景的不确定性。面对复杂的经济实践活动，评价主体常常只能给出几个可能的评估信息。同时，评价指标的信息构成更加复杂，指标信息可能不完备和模糊。因此，在复杂不确定的决策环境中，评价主体尽可能地通过非确定性数据的评估信息值来描述他们的评价和偏好。学者们一直致力于探索更契合现实的非确定性数据来评估主观指标，提出了一个新的模糊集，即 Fermatean 模糊集（Senapati 和 Yager，2019）[158]，它削弱了隶属度和非隶属度的数值约束要求。Fermatean 模糊集与直觉模糊集（Atanassov，1986）[38]和毕达哥拉斯模糊集（Yager，2013）[193]相比，其可以包含更广泛的不确定性信息，在信息不完备的情形下具有显著优势。针对非确定性数据的多指标综合评价问题，Senapati 和 Yager（2019）探讨了 Fermatean 模糊环境下的一些新的信息集成算子[158]。Liu 等（2019）基于 Fermatean 模糊语言术语集，提出了新的聚合算子和新的相似性度量，以解决不确定决策问题[118]。尽管新理论已经成功地应用于各种综合评价问题，但它仍然存在一些局限性。随着全球经济的蓬勃发展，大量的不确定性和复杂性信息干扰了评价主体决策过程中的选择和判断。评价主体可能会根据自己的知识背景和指标的多样性给出多个可能的指标偏好评估值，而不是单一的 Fermatean 模糊数。因此，评价主体很难在几个潜在的 Fermatean 模糊元素中提供确切的评估结果。针对上述不足，犹豫模糊集（Torra，2010）[160]能很好地解决这一问题，它允许评价指标从属不同的隶属度资格，再现了评价主体的犹豫思维活动。基于这一动机，本章将犹豫模糊集与 Fermatean 模糊集结合，提出了一种新的模糊集，即犹豫 Fermatean 模糊集（HFFS），它综合了两者的优秀特性。多方评价主体使用犹豫 Fermatean 模糊形式的非确定性数据来刻画区域绿色发展水平的整体情况。

综合评价技术是群组综合评价决策过程中不可或缺的一部分。为了获得理想的评价结果，评价方法的选择是学者们深入研究的另一个领域。多年来，众多综合评价技术被提出并成功解决社会经济发展中的各种评价决策问题，这些技术在信息集成的基本原理上有所不同。一方面，针对评估对象排序方法本身而言，虽然国内外学者提出了许多行之有效的评估方案排序方法，但是在匹配区域绿色发展水平评价过程中的不确定因素上还存在差距，容易产生不合理的决策结果。另一方面，与传统的决策问题相比，区域绿色发展水平评价测度任务越来越重；同时，现有的单一综合评价技术适应复杂的决策问题的能力略显不足，一般得到鲁棒性较弱的评价结果。因此，评价主体仅使用单一类型的不确定性理论来解决区域绿色发展水平评价问题是不明智的。为了捕捉各种不确定性因素的影响，有必要结合多种不确定性理论的优点，构建稳健性更强的群组综合评价集成技术。基于比率分析的多目标优化（MOORA）方法[55]于 2006 年被 Brauers 和 Zavadskas 提出。随后，该方法得到了进一步扩展完善，将完全乘法模型引入规模分析的多目标优化中，并提出了完全乘法规模分析的多目标优化（MULTIMOORA）方法（Brauers 和 Zavadskas，2010）[56]。近年来，在方法理论体系发展中，学者将 MULTIMOORA 拓展至犹豫模糊集（Li，2014）[103]、区间数（Hafezalkotob 等，2016）[90]、picture 模糊集（Lin 等，2020）[108]等模糊环境中。在经济实践应用中，MULTIMOORA 方法已用于解决各种复杂的不确定群组综合评价问题，较好地印证了 MULTIMOORA 方法在灵活、高效、简单和数学计算方面的优越性。目前，基于犹豫 Fermatean 模糊的 MULTIMOORA 方法还没有扩展到求解区域绿色发展水平评价的群组综合决策框架中。

在现实的区域绿色发展水平评价问题中，基于犹豫 Fermatean 模糊的评估信息并非由单个评价主体获得，而是多方评价主体参与，极大地提高了决策过程的可靠性和准确性。评价主体的风险态度与内在知识背景有关，因此，有必要为每个评价主体赋予不同的权重，而不是对每个评估者设定相同的权重信息。本章基于评估信息构建各评价主体间的共识测度以获得评价主体的权重。在以往的综合评价中，一部分评价主体根据经验给出评价指标的重要性程度，未能考虑评估信息本身的权重信息，常常导致测度结果偏差较大。另一部分评价主体从评估信息本身出发，客观地运用数学建模方法计算得出各指标的权重信息，未能借鉴评价主体的知识经验，所测度的结果也是有偏差的。指标的主观权重反映了评价主体的主观意愿，而客观权重反映了评价指标的数据信息。一般很难判断主观权重更合理还是客观权重更有效，因此，采用级差最大化方法融合主观和客观权重的综合指标权重是值得尝试的。

区域绿色发展水平是国家和区域可持续发展能力的主要体现和基础，一直是经济发展的热点研究领域。基于以上讨论分析可知，仍有一些不足需要改进：

①由于经济实践活动的复杂性和不确定性，导致区域绿色发展评价指标体系尚未达成共识。②Fermatean 模糊信息表达形式刻画不确定性不足，使综合评价过程存在信息丢失现象。③决策过程中评价主体分配相同的权重是不现实的，与现实决策相悖。④从整体角度确定评价指标权重信息的方法单一。⑤现有的多指标综合评价方法在解决犹豫 Fermatean 模糊评价信息的复杂区域绿色发展水平评价问题存在局限性。

基于上述讨论，本章构建评价主体和评价指标权重信息完全未知的犹豫 Fermatean 模糊 MULTIMOORA（HFFS - MULTIMOORA）群组综合评价集成机制。具体而言，将犹豫 Fermatean 模糊集、意见共识测度群组成员权重和级差最大化指标权重方法融合到 MULTIMOORA 方法中，提出新的区域绿色发展水平评价框架。本章的贡献如下：

①评价主体采用犹豫 Fermatean 模糊数作为评估信息，这允许在不确定和模糊等不同模式下对所考虑的评估对象进行更全面的分析。②提出 Fermatean 模糊集的得分函数，将非确定性数转化为精确值。③在 MULTIMOORA 技术

框架下的三个子系统集成评估信息，这为大规模分析提供了一种更具操作性的多指标综合评估技术。④采用级差最大化法综合评价指标的主观权重和客观权重，可以最大限度地区分评价对象，解决不同权重求解方法导致的测度结果偏差问题。⑤建立一套新的全面评价区域绿色发展水平指标体系，使其评价指标尽可能达到学术共识，以支持区域经济实现高质量发展。

虽然本章采用的信息集成技术不是一种新颖的方法，但是 Fermatean 模糊评估信息和 MULTIMOORA 技术的扩展对经济和社会评估相关问题作出了学术贡献。

3.2 群组成员权重及指标权重

假设群组综合评价成员的集合为 $DM=(DM_1,\ DM_2,\ \cdots,\ DM_k)$，$k\geqslant 2$，评价指标集合为 $E=(E_1,\ E_2,\ \cdots,\ E_j,\ \cdots,\ E_m)$，$m\geqslant 2$，以及评估方案集合为 $A=(A_1,\ A_2,\ \cdots,\ A_i,\ \cdots,\ A_n)$，$n\geqslant 2$。设 s_{ij}^k 表示评价主体 k 对于评估方案 i 中评价指标 j 的评估信息得分值，可以通过等式（2.3）计算获得。评价主体的权重通过共识测度确定，表示为 ω_{ij}^k。评价指标的主观权重通过评价主体基于经验和偏好给出，表示为 $w^s=(w_1^s,\ w_2^s,\ \cdots,\ w_j^s,\ \cdots,\ w_m^s)$。评价指标的客观权重通过 Shannon 熵方法计算获得，表示为 $w^o=(w_1^o,\ w_2^o,\ \cdots,\ w_j^o,\ \cdots,\ w_m^o)$。采用级差最大化方法结合主观权重和客观权重获得综合指标权重表示为 $w^c=(w_1^c,\ w_2^c,\ \cdots,\ w_j^c,\ \cdots,\ w_m^c)$。

3.2.1 共识测度群组成员权重

群组评价过程中，$k=1,\ 2,\ \cdots,\ N$ 为主体的个数，s_{ij}^k 为评估信息值，测度评价主体对评估对象关于各评价指标的权重信息可归纳为以下 3 个步骤（Deng 等，2021）[65]：

步骤 1：基于优化的共识模型，将评估对象 i 关于评价指标 j 的共识定义为 $\overline{C}_{ij}$：

$$\overline{C}_{ij} = \frac{1}{N}\sum_{k=1}^{N} s_{ij}^{k} \tag{3.1}$$

步骤 2：共识测度用于计算评价主体和群组之间的距离，可以定义为 c_{ij}^{k}：

$$c_{ij}^{k} = \sqrt{(s_{ij}^{k} - \overline{C}_{ij})^{2}} \tag{3.2}$$

步骤 3：可以获得评价主体对于评估对象 i 关于评价指标 j 的权重 ω_{ij}^{k}：

$$\omega_{ij}^{k} = \frac{1}{N-1}\left(1 - \frac{c_{ij}^{k}}{\sum_{k=1}^{N} c_{ij}^{k}}\right) \tag{3.3}$$

3.2.2　级差最大化指标组合权重

根据评估对象的指标信息与评价主体经验之间的内在规律，对评价指标综合权重信息进行组合和加权。目前，这种用于确定权重的主客观信息融合方法已引起广泛关注，并取得了一些初步研究成果。

对评价指标进行加权的步骤如下：

步骤 1：评价主体根据个人知识背景和对评估对象认知情况给出指标主观权重，随后，计算得出评价指标的平均主观权重信息。

步骤 2：采用 Shannon 熵方法（Shannon，1948）[153] 获得评估对象指标的目标权重。

首先，对效益型和成本型的评价指标信息值进行标准化处理，其中，x_{ij} 表示评估对象 i 关于评价指标 j 的评估信息，s_{ij} 表示评估对象 i 关于评价指标 j 的标准化得分值。

$$s_{ij} = \begin{cases} \dfrac{x_{ij} - \min\limits_{1 \leqslant i \leqslant n}(x_{ij})}{\max\limits_{1 \leqslant i \leqslant n}(x_{ij}) - \min\limits_{1 \leqslant i \leqslant n}(x_{ij})}, c_j \text{ 为效益指标} \\ \dfrac{\max\limits_{1 \leqslant i \leqslant n}(x_{ij}) - x_{ij}}{\max\limits_{1 \leqslant i \leqslant n}(x_{ij}) - \min\limits_{1 \leqslant i \leqslant n}(x_{ij})}, c_j \text{ 为成本指标} \end{cases} \tag{3.4}$$

其次，通过以下等式计算评价指标 j 关于评估方案 i 的比例：

$$p_{ij} = \frac{s_{ij}}{\sum_{i=1}^{n} s_{ij}} \tag{3.5}$$

计算每个评价指标 j 的反熵值：

$$e_j = -k\sum_{i=1}^{n} P_{ij}\ln P_{ij} = -\frac{1}{\ln n}\sum_{i=1}^{n} P_{ij}\ln P_{ij} \tag{3.6}$$

最后，评价指标的客观权重 w^o 最终可通过以下等式计算：

$$w^o = \frac{1-e_j}{\sum_{j=1}^{m}(1-e_j)} \tag{3.7}$$

步骤 3：在犹豫 Fermatean 模糊环境下，结合基于平均值的指标主观权重和基于熵的指标客观权重，提出适合具有认知复杂信息的区域绿色发展水平评估的评价指标权重确定方法。

计算融合主观权重 w^s 和 Shannon 熵的客观权重 w^o 的综合权重 w^c，评价指标分别由主观权重和客观权重加权，权重矩阵可以用矩阵表示。

$$\mathbf{W} = \begin{bmatrix} w_{11} & w_{12} & \cdots & w_{1m} \\ w_{21} & w_{22} & \cdots & w_{2m} \end{bmatrix} \tag{3.8}$$

其中，主观权重表示为 $w^s = (w_{11}, w_{12}, \cdots, w_{1m})$，客观权重表示为 $w^o = (w_{21}, w_{22}, \cdots, w_{2m})$。

为了有效区分评估对象，将得分值的最大方差作为目标函数。计算步骤如下：

$$\mathbf{X} = \begin{bmatrix} x_{11} & x_{12} & \cdots & x_{1n} \\ x_{21} & x_{22} & \cdots & x_{2n} \\ \vdots & \vdots & \ddots & \vdots \\ x_{m1} & x_{m2} & \cdots & x_{mn} \end{bmatrix} = [\mathbf{x}_1, \mathbf{x}_2, \cdots, \mathbf{x}_n] \tag{3.9}$$

计算评价指标 m 和评价对象 n 的标准化矩阵为 $\mathbf{X}$，综合评价值为 Z，综合评价值的均值为 $w^c\overline{\mathbf{x}} = \frac{1}{n}(w^c\mathbf{x}_1, w^c\mathbf{x}_2, \cdots, w^c\mathbf{x}_n)$，综合评估值的方差为 s^2。

综合评价值：

$$Z = w^c\mathbf{X} = (w^c\,\mathbf{x}_1, w^c\,\mathbf{x}_2, \cdots, w^c\,\mathbf{x}_n) \tag{3.10}$$

综合评价值的平均值：

$$\frac{1}{n}(w^c\,\mathbf{x}_1, w^c\,\mathbf{x}_2, \cdots, w^c\,\mathbf{x}_n) = w^c\,\frac{1}{n}(\mathbf{x}_1 + \mathbf{x}_2 + \cdots + \mathbf{x}_n) = w^c\overline{\mathbf{x}} \tag{3.11}$$

综合评价值的方差：

$$\begin{aligned} s^2 &= \frac{1}{n-1}\sum\nolimits_{i=1}^{n}(w^c\,\mathbf{x}_i - w^c\overline{\mathbf{x}})^2 \\ &= \frac{1}{n-1}\sum\nolimits_{i=1}^{n}(w^c(\mathbf{x}_i - \overline{\mathbf{x}}))^2 \\ &= \frac{1}{n-1}w^c\mathbf{H}\,(w^c)^T \end{aligned} \tag{3.12}$$

为了方便 MATLAB 计算最优解，其中 $\mathbf{H} = (\mathbf{x}_i - \overline{\mathbf{x}})(\mathbf{x}_i - \overline{\mathbf{x}})^T$，计算以下组合权重优化模型：

$$\max \frac{1}{n-1}w^c\mathbf{H}(w^c)^T$$

$$s.\,t.\begin{cases} \sum\nolimits_{j=1}^{m} w_j^c = 1 \\ (w_j^c)^- \leqslant w_j^c \leqslant (w_j^c)^+ \end{cases} \tag{3.13}$$

其中，$(w_j^c)^- = \min w_j^c$，$(w_j^c)^+ = \max w_j^c$，通过求解上述优化模型，可以获得评价指标的最优组合的权重向量 $w^c = (w_1^c,\ w_2^c,\ \cdots,\ w_j^c,\ \cdots,\ w_m^c)$。上述流程确保组合权重能够使最终评价结果的方差最大化，并且评价对象的区分程度更大。

3.3　拓展的犹豫 Fermatean 模糊 MULTIMOORA 方法

通过上述建立的评价主体权重和评价指标的综合权重求解程序，将确定的评价主体权重、评价指标权重以及群组评价信息矩阵作为输入参数，进入拓展的犹豫 Fermatean 模糊 MULTIMOORA 群组评价集成技术框架中，获得评估方案的排序结果。

在本节中，构建基于 HFFS – MULTIMOORA 群组评价方法的区域绿色发展水平评价流程。具体步骤如下：

步骤 1：收集每个评价主体的犹豫 Fermatean 模糊评估信息。

每位专家根据认知情况给出了与区域绿色发展水平评价指标相对应的评估信息，其不确定表示为 $\{\langle x,\ \Lambda_{H_F}(x),\ \Gamma_{H_F}(x)\rangle \mid x \in X\}$。成本型的评价指标根据决策需要转化为效益型的评价指标。

步骤 2：根据等式（2.3）获得群组成员给出的评价信息得分矩阵。

步骤 3：集成群组成员信息得分值。

各区域绿色发展水平的得分值可以根据等式（3.3）中评价主体的权重 ω_{ij}^{k} 进行集成：

$$s_{ij} = \sum_{k=1}^{N} \omega_{ij}^{k} s_{ij}^{k} \tag{3.14}$$

步骤 4：获取犹豫 Fermatean 模糊比率系统。

综合评价值的归一化如下：

$$s_{ij}^{*} = \frac{s_{ij}}{\sqrt{\sum_{i=1}^{n} (s_{ij})^{2}}} \tag{3.15}$$

为了计算比率系统的效用值，将效益指标的加权标准化评级相加，并将成本指标的加权标准化评级相减，每个评估方案的加权比率 $U_S^1(i)$ 可以计算如下：

$$U_S^1(i) = \sum_{j=1}^{\theta} w_j^c s_{ij}^{*} - \sum_{j=\theta+1}^{m} w_j^c s_{ij}^{*} \tag{3.16}$$

其中，θ（$1 \leqslant \theta \leqslant m$）表示效益指标的个数，$m-\theta$ 表示成本指标的个数。然后，按照 $U_S^1(i)$，$i=1,\ 2,\ \cdots,\ n$ 降序获得所有评估方案的排序。

步骤 5：获取犹豫 Fermatean 模糊参考点。

在参考点法中，最优评估方案是在所有最差评价指标测度值中不是最差的那一个，可计算如下：

$$U_S^2(i) = \max_j w_j^c \mid r_j - s_{ij}^* \mid \tag{3.17}$$

评估方案排序按 $U_S^2(i)$，$i=1$，2，…，n 升序排列。

步骤 6：获取犹豫 Fermatean 模糊完全乘法形式。

将权重信息视为一个乘法系数对于完整的犹豫 Fermatean 模糊完全乘法形式是没有意义的，本章将评估方案的所有效益型指标标准化后的加权数值相乘，然后除以所有标准化成本型的指标加权数值的乘积。其无量纲数值表示如下：

$$U_S^3(i) = \frac{\prod_{j=1}^{\theta} (s_{ij}^*)^{w_j^c}}{\prod_{j=\theta+1}^{m} (s_{ij}^*)^{w_j^c}} \tag{3.18}$$

评估方案排序可以按 $U_S^3(i)$，$i=1$，2，…，n 降序排列。

步骤 7：根据序数占优理论获得最终评估方案排序结果。

序数优势理论可以综合犹豫 Fermatean 模糊 MULTIMOORA 方法的三个子系统的排序，以获得最终排名。图 3－1 显示了使用 HFFS－MULTIMOORA 方法评估区域绿色发展水平评价的过程。

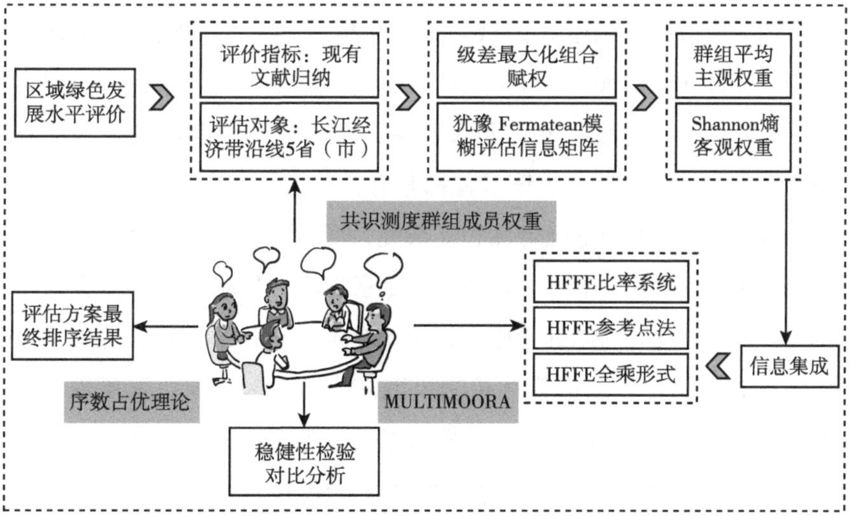

图 3－1　面向区域绿色发展水平评估的 HFFS－MULTIMOORA 群组评价集成框架

3.4 机制应用——以区域绿色发展水平评价为例

3.4.1 区域绿色发展评价背景与指标体系

长江是中华民族的母亲河，横跨中国东部、中部和西部三大地区，流经11个省（区、市），从宏观层面把握我国长江经济带沿线绿色发展水平的差异十分必要。从长江经济带沿线备选省份中选出绿色发展水平突出的省（市），为了应用上述提出的评估系统，邀请了5位可持续发展高级研究专家（DM_1、DM_2、DM_3、DM_4和DM_5）组成意见评价小组，长江经济带沿线5个评估省（市）设为A_1、A_2、A_3、A_4和A_5，评价主体采用犹豫Fermatean模糊信息表达对评估对象的偏好。

目前，尽管区域绿色发展的重要性已得到各国政府、专家学者的认可，但区域绿色发展涉及众多方面，使得评价体系尚未完全统一。区域绿色发展的理念和实践开始渗透到生态区域规划、金融贸易、工业经济、文化教育等社会生产生活的方方面面。同时，也对区域绿色发展的全面、系统和客观评估提出了挑战。使用区域绿色发展水平评价作为关键词对已发表的文献进行回顾发现，许多因素对整个决策过程都是有益的。

由于环境变化带来的不确定性和复杂性，区域绿色发展水平评价的重要性越来越受到国内外学者的重视。相关领域专家学者对其展开系统性研究，Wang等（2018）在绿色发展内涵的基础上，从5个维度构建了城市绿色发展评价指标体系[176]。同时，一些新的模糊控制模型，能够对区域绿色发展水平进行全面和灵活的评估，并为区域绿色产业规划提供参考（Wang等，2015）[173]。

对于生态建设的具体指标，这里选择了绿色技术（E_1）、稳健且资源充足的流程设计（E_2）、强有力的任务和目标（E_3）、气候变化（E_4）和生态工程（E_5）指标。绿色技术是指能够减少污染、减少消耗和改善生态的技术体系，以及由相关知识、能力和物质手段组成的动态系统（Tseng 等，2018）[162]。稳健且资源充足的流程设计主要由稳健且资源充足的工艺设计驱动（Guo 等，2018）[83]。强有力的任务和目标表明，关键的绿色发展论述应该将注意力从数量上转移到增长质量上，将物质和非物质产出的消费结合起来（Vazquez-Brust 等，2014）[163]。气候变化主要体现在全球变暖、酸雨、臭氧层破坏和气候极端事件的变化等现象中。如果气候变化以这种速度继续发展，将对绿色经济构成不可估量的威胁（Balachandran 和 Nguyen，2018）[51]。最后，生态工程有助于提高城市的可持续性，增加生物多样性，提供可衡量的非生物、生物和文化生态系统服务（Herzog 等，2016）[89]。

在绿色环境指标中，考虑了森林覆盖率（G_1）、环境成本（G_2）、环境服务和设施（G_3）、环境和健康风险（G_4）以及环境污染（G_5）。森林覆盖率是反映一个国家（或地区）森林资源和林地占有率实际水平的重要指标，直接反映绿色发展程度（Wang 等，2015）[173]。环境成本是指由于经济活动造成的环境污染而降低环境服务质量的成本，以及解决环境污染和生态破坏所需的所有成本（Xian 等，2019）[187]。环境服务和设施是指满足人民日常需求的各项事宜，包括生活污水处理、公园绿地以及公共交通等服务（Ding 等，2020）[69]。环境和健康风险是为了估计有害因素对人体产生不利影响的概率，并评估个人健康受到有害因素影响的风险（Ding 等，2020）[69]。环境污染是指对环境的自然或人为破坏，向环境中添加一些超出环境自我净化能力的物质并造成伤害（Xiao 和 Hu，2020）[182]。

最后，对于循环经济指标，选择了水循环（C_1）、稳定的经济增长（C_2）、减少能源消耗（C_3）、积极有效的利益相关者参与（C_4）和无害化处理垃圾（C_5）指标。保持健康的水循环与区域社会经济密切相关，可以实现经济绿色发展（Wang 等，2015）[173]。经济稳定增长是建设高质量现代经济体系的必然要求（Xiao 和 Hu，2020）[182]。减少能源消耗主要体现在保护生态环境，而不是以牺牲生态环境来实现暂时的增长（Weber 等，2006）[172]。积极有效的利益相关者参与旨在践行人与自然和谐共生和绿色发展的理念，共同履行环境责任，促进高质量发展（Lee 和 Kim，2016）[116]。最后，进一步加深对无害化处理垃圾的理解是对绿色发展的基本坚持（Li 等，2020）[104]。表 3 – 1 概述了本章选择的评估标准以及该标准的来源。

表 3 – 1　　区域绿色发展水平评价指标体系

评价内容	评估指标	文献来源
生态建设（E）	E_1：绿色技术	Tseng 等（2018）
	E_2：稳健且资源充足的流程设计	Guo 等（2018）
	E_3：强有力的任务和目标	Vazquez – Brust 等（2014）
	E_4：气候变化	Balachandran 和 Nguyen（2018）
	E_5：生态工程	Herzog 等（2016）
绿色环境（G）	G_1：森林覆盖率	Wang 等（2015）
	G_2：环境成本	Xian 等（2019）
	G_3：环境服务和设施	Ding 等（2020）
	G_4：环境和健康风险	Ding 等（2020）
	G_5：环境污染	Xiao 和 Hu（2020）
循环经济（C）	C_1：水循环	Wang 等（2015）
	C_2：经济稳步增长	Xiao 和 Hu（2020）
	C_3：减少能量消耗	Weber 等（2006）
	C_4：积极有效的利益相关者参与	Lee 和 Kim（2016）
	C_5：无害处理垃圾	Li 等（2020）

根据表 3 – 1 可知，存在两种类型的指标，即 E_4、G_2、G_4和 G_5为成本型的评价指标，其余的为效益型的评价指标。

3.4.2　群组综合评价应用框架

根据上述建立的区域绿色发展评估体系和模型，对我国长江经济带沿线 5 省（市）绿色发展水平进行测度。具体步骤如下：

步骤 1：根据犹豫 Fermatean 模糊信息获得原始评估结果。

群组评估专家 5 名成员来自 4 个相关领域：经济、环境、回收和绿色制造，评价主体研究并收集了各备选省（市）不同评价指标的犹豫 Fermatean 模糊评价信息，具体数据见表 3－2 至表 3－6。例如，评估专家 DM_1 对长江经济带沿线备选省（市）A_1 关于评价指标 E_1 的评估值表示为 {(0.52, 0.63), (0.38, 0.72)}。

表 3－2　　基于 HFFEs 的专家 DM_1 原始评价值

	A_1	A_2	A_3	A_4	A_5
E_1	{(0.52, 0.63), (0.38, 0.72)}	{(0.41, 0.63), (0.43, 0.51)}	{(0.32, 0.50), (0.33, 0.45)}	{(0.85, 0.28), (0.65, 0.42)}	{(0.81, 0.45), (0.78, 0.56)}
E_2	{(0.51, 0.82), (0.33, 0.75)}	{(0.84, 0.62), (0.45, 0.71)}	{(0.53, 0.62), (0.41, 0.54)}	{(0.72, 0.49), (0.76, 0.23)}	{(0.59, 0.61), (0.64, 0.70)}
E_3	{(0.84, 0.67), (0.90, 0.71)}	{(0.88, 0.63), (0.72, 0.17)}	{(0.73, 0.23), (0.71, 0.42)}	{(0.87, 0.61), (0.23, 0.55)}	{(0.52, 0.83), (0.31, 0.96)}
E_4	{(0.42, 0.63), (0.38, 0.71)}	{(0.38, 0.52), (0.62, 0.22)}	{(0.73, 0.27), (0.86, 0.18)}	{(0.87, 0.23), (0.72, 0.08)}	{(0.57, 0.44), (0.77, 0.67)}
E_5	{(0.24, 0.80), (0.35, 0.46)}	{(0.25, 0.47), (0.17, 0.57)}	{(0.21, 0.65), (0.46, 0.48)}	{(0.52, 0.63), (0.38, 0.72)}	{(0.42, 0.51), (0.38, 0.76)}
G_1	{(0.51, 0.47), (0.38, 0.35)}	{(0.23, 0.63), (0.43, 0.79)}	{(0.65, 0.34), (0.38, 0.45)}	{(0.50, 0.63), (0.32, 0.52)}	{(0.29, 0.63), (0.84, 0.91)}
G_2	{(0.62, 0.38), (0.76, 0.24)}	{(0.42, 0.63), (0.48, 0.72)}	{(0.72, 0.83), (0.78, 0.92)}	{(0.82, 0.63), (0.98, 0.72)}	{(0.56, 0.38), (0.78, 0.34)}
G_3	{(0.76, 0.38), (0.77, 0.24)}	{(0.32, 0.85), (0.11, 0.95)}	{(0.25, 0.78), (0.36, 0.74)}	{(0.76, 0.18), (0.86, 0.24)}	{(0.65, 0.48), (0.76, 0.33)}
G_4	{(0.63, 0.38), (0.76, 0.24)}	{(0.77, 0.38), (0.86, 0.34)}	{(0.93, 0.12), (0.78, 0.34)}	{(0.82, 0.38), (0.76, 0.44)}	{(0.72, 0.34), (0.86, 0.25)}
G_5	{(0.82, 0.34), (0.75, 0.32)}	{(0.82, 0.28), (0.74, 0.22)}	{(0.82, 0.18), (0.86, 0.24)}	{(0.92, 0.08), (0.86, 0.14)}	{(0.13, 0.94), (0.31, 0.86)}
C_1	{(0.82, 0.28), (0.75, 0.20)}	{(0.87, 0.48), (0.86, 0.14)}	{(0.72, 0.23), (0.76, 0.14)}	{(0.42, 0.56), (0.65, 0.87)}	{(0.35, 0.76), (0.23, 0.77)}

续表

	A_1	A_2	A_3	A_4	A_5
C_2	{(0.92, 0.18), (0.86, 0.34)}	{(0.12, 0.88), (0.35, 0.74)}	{(0.92, 0.09), (0.86, 0.04)}	{(0.82, 0.37), (0.86, 0.34)}	{(0.78, 0.31), (0.76, 0.18)}
C_3	{(0.65, 0.43), (0.79, 0.33)}	{(0.68, 0.38), (0.86, 0.25)}	{(0.60, 0.28), (0.71, 0.32)}	{(0.75, 0.38), (0.89, 0.25)}	{(0.87, 0.18), (0.85, 0.23)}
C_4	{(0.62, 0.38), (0.76, 0.24)}	{(0.82, 0.35), (0.86, 0.22)}	{(0.75, 0.48), (0.80, 0.21)}	{(0.65, 0.37), (0.79, 0.34)}	{(0.42, 0.78), (0.26, 0.74)}
C_5	{(0.89, 0.12), (0.40, 0.24)}	{(0.82, 0.31), (0.86, 0.29)}	{(0.52, 0.48), (0.89, 0.54)}	{(0.66, 0.36), (0.72, 0.28)}	{(0.42, 0.88), (0.16, 0.84)}

表 3-3　基于 HFFEs 的专家 DM_2 原始评价值

	A_1	A_2	A_3	A_4	A_5
E_1	{(0.92, 0.43), (0.88, 0.22)}	{(0.81, 0.13), (0.73, 0.41)}	{(0.22, 0.80), (0.23, 0.71)}	{(0.95, 0.18), (0.92, 0.34)}	{(0.61, 0.41), (0.88, 0.36)}
E_2	{(0.81, 0.20), (0.79, 0.15)}	{(0.41, 0.89), (0.24, 0.81)}	{(0.55, 0.92), (0.31, 0.84)}	{(0.22, 0.79), (0.33, 0.75)}	{(0.59, 0.71), (0.24, 0.87)}
E_3	{(0.89, 0.17), (0.75, 0.31)}	{(0.86, 0.13), (0.74, 0.27)}	{(0.83, 0.13), (0.77, 0.32)}	{(0.89, 0.21), (0.83, 0.25)}	{(0.82, 0.23), (0.81, 0.26)}
E_4	{(0.72, 0.23), (0.88, 0.22)}	{(0.48, 0.62), (0.32, 0.71)}	{(0.83, 0.17), (0.96, 0.48)}	{(0.87, 0.13), (0.68, 0.02)}	{(0.17, 0.84), (0.31, 0.87)}
E_5	{(0.34, 0.81), (0.25, 0.76)}	{(0.14, 0.67), (0.15, 0.87)}	{(0.11, 0.75), (0.26, 0.78)}	{(0.62, 0.93), (0.58, 0.92)}	{(0.22, 0.61), (0.32, 0.86)}
G_1	{(0.50, 0.27), (0.68, 0.25)}	{(0.13, 0.53), (0.21, 0.69)}	{(0.75, 0.14), (0.68, 0.25)}	{(0.90, 0.23), (0.92, 0.42)}	{(0.19, 0.93), (0.24, 0.98)}
G_2	{(0.72, 0.18), (0.76, 0.14)}	{(0.32, 0.73), (0.41, 0.82)}	{(0.81, 0.13), (0.78, 0.12)}	{(0.92, 0.43), (0.98, 0.32)}	{(0.86, 0.35), (0.78, 0.24)}
G_3	{(0.76, 0.48), (0.87, 0.14)}	{(0.92, 0.45), (0.91, 0.24)}	{(0.15, 0.78), (0.26, 0.74)}	{(0.78, 0.17), (0.88, 0.23)}	{(0.75, 0.43), (0.76, 0.31)}

续表

	A_1	A_2	A_3	A_4	A_5
G_4	{(0.62, 0.48), (0.79, 0.28)}	{(0.79, 0.33), (0.87, 0.33)}	{(0.90, 0.18), (0.77, 0.31)}	{(0.89, 0.31), (0.78, 0.34)}	{(0.70, 0.24), (0.87, 0.15)}
G_5	{(0.80, 0.24), (0.79, 0.22)}	{(0.81, 0.27), (0.84, 0.20)}	{(0.84, 0.14), (0.89, 0.22)}	{(0.90, 0.12), (0.86, 0.24)}	{(0.17, 0.84), (0.21, 0.76)}
C_1	{(0.92, 0.18), (0.85, 0.10)}	{(0.86, 0.41), (0.89, 0.12)}	{(0.77, 0.13), (0.79, 0.14)}	{(0.47, 0.76), (0.45, 0.87)}	{(0.45, 0.76), (0.23, 0.87)}
C_2	{(0.72, 0.18), (0.86, 0.24)}	{(0.22, 0.88), (0.35, 0.84)}	{(0.82, 0.19), (0.86, 0.24)}	{(0.89, 0.27), (0.96, 0.34)}	{(0.88, 0.35), (0.86, 0.28)}
C_3	{(0.75, 0.33), (0.79, 0.23)}	{(0.69, 0.48), (0.86, 0.55)}	{(0.80, 0.18), (0.81, 0.22)}	{(0.85, 0.38), (0.89, 0.35)}	{(0.97, 0.18), (0.85, 0.13)}
C_4	{(0.61, 0.28), (0.76, 0.14)}	{(0.92, 0.65), (0.86, 0.52)}	{(0.85, 0.38), (0.80, 0.23)}	{(0.65, 0.27), (0.89, 0.44)}	{(0.32, 0.78), (0.26, 0.64)}
C_5	{(0.85, 0.22), (0.48, 0.14)}	{(0.82, 0.39), (0.86, 0.19)}	{(0.82, 0.38), (0.89, 0.24)}	{(0.69, 0.36), (0.72, 0.18)}	{(0.49, 0.78), (0.36, 0.74)}

表 3-4　　基于 HFFEs 的专家 DM_3 原始评价值

	A_1	A_2	A_3	A_4	A_5
E_1	{(0.82, 0.23), (0.88, 0.23)}	{(0.81, 0.14), (0.83, 0.21)}	{(0.32, 0.86), (0.23, 0.81)}	{(0.94, 0.14), (0.91, 0.23)}	{(0.76, 0.21), (0.82, 0.16)}
E_2	{(0.91, 0.12), (0.96, 0.15)}	{(0.21, 0.79), (0.24, 0.87)}	{(0.93, 0.23), (0.91, 0.14)}	{(0.22, 0.78), (0.43, 0.75)}	{(0.69, 0.31), (0.74, 0.27)}
E_3	{(0.91, 0.47), (0.85, 0.31)}	{(0.89, 0.23), (0.84, 0.27)}	{(0.85, 0.13), (0.77, 0.22)}	{(0.79, 0.21), (0.83, 0.15)}	{(0.83, 0.24), (0.82, 0.26)}
E_4	{(0.82, 0.17), (0.87, 0.22)}	{(0.38, 0.67), (0.31, 0.71)}	{(0.87, 0.17), (0.86, 0.28)}	{(0.81, 0.23), (0.78, 0.12)}	{(0.27, 0.84), (0.32, 0.86)}
E_5	{(0.64, 0.31), (0.78, 0.36)}	{(0.74, 0.17), (0.75, 0.20)}	{(0.11, 0.85), (0.26, 0.88)}	{(0.78, 0.23), (0.88, 0.32)}	{(0.12, 0.71), (0.32, 0.96)}

续表

	A_1	A_2	A_3	A_4	A_5
G_1	{(0.81, 0.27), (0.78, 0.25)}	{(0.19, 0.53), (0.21, 0.79)}	{(0.79, 0.14), (0.68, 0.22)}	{(0.93, 0.23), (0.92, 0.32)}	{(0.14, 0.83), (0.24, 0.88)}
G_2	{(0.82, 0.18), (0.86, 0.14)}	{(0.37, 0.73), (0.43, 0.82)}	{(0.86, 0.13), (0.78, 0.22)}	{(0.90, 0.33), (0.94, 0.31)}	{(0.87, 0.25), (0.78, 0.29)}
G_3	{(0.76, 0.35), (0.87, 0.26)}	{(0.87, 0.35), (0.83, 0.24)}	{(0.23, 0.78), (0.26, 0.84)}	{(0.79, 0.27), (0.81, 0.23)}	{(0.75, 0.21), (0.76, 0.32)}
G_4	{(0.72, 0.34), (0.75, 0.22)}	{(0.77, 0.31), (0.82, 0.29)}	{(0.88, 0.28), (0.79, 0.31)}	{(0.82, 0.31), (0.78, 0.36)}	{(0.82, 0.24), (0.87, 0.26)}
G_5	{(0.80, 0.27), (0.79, 0.21)}	{(0.83, 0.21), (0.85, 0.20)}	{(0.88, 0.13), (0.89, 0.12)}	{(0.91, 0.22), (0.86, 0.14)}	{(0.16, 0.84), (0.21, 0.78)}
C_1	{(0.91, 0.28), (0.85, 0.19)}	{(0.87, 0.31), (0.89, 0.22)}	{(0.87, 0.23), (0.79, 0.17)}	{(0.37, 0.76), (0.35, 0.89)}	{(0.45, 0.76), (0.33, 0.82)}
C_2	{(0.74, 0.18), (0.83, 0.28)}	{(0.21, 0.86), (0.25, 0.81)}	{(0.85, 0.17), (0.86, 0.25)}	{(0.87, 0.23), (0.86, 0.24)}	{(0.87, 0.25), (0.86, 0.28)}
C_3	{(0.76, 0.31), (0.77, 0.23)}	{(0.79, 0.32), (0.87, 0.45)}	{(0.86, 0.24), (0.81, 0.22)}	{(0.88, 0.27), (0.89, 0.26)}	{(0.87, 0.25), (0.85, 0.23)}
C_4	{(0.71, 0.24), (0.76, 0.14)}	{(0.82, 0.45), (0.86, 0.32)}	{(0.85, 0.36), (0.81, 0.33)}	{(0.75, 0.37), (0.79, 0.34)}	{(0.32, 0.68), (0.27, 0.64)}
C_5	{(0.85, 0.21), (0.78, 0.14)}	{(0.81, 0.29), (0.84, 0.19)}	{(0.81, 0.28), (0.82, 0.27)}	{(0.73, 0.31), (0.72, 0.28)}	{(0.29, 0.78), (0.27, 0.75)}

表 3-5　　基于 HFFEs 的专家 DM_4 原始评价值

	A_1	A_2	A_3	A_4	A_5
E_1	{(0.82, 0.42), (0.86, 0.22)}	{(0.80, 0.17), (0.83, 0.21)}	{(0.72, 0.30), (0.81, 0.41)}	{(0.85, 0.28), (0.82, 0.31)}	{(0.66, 0.31), (0.78, 0.36)}
E_2	{(0.77, 0.21), (0.79, 0.15)}	{(0.31, 0.82), (0.27, 0.81)}	{(0.54, 0.82), (0.31, 0.87)}	{(0.25, 0.73), (0.33, 0.71)}	{(0.54, 0.73), (0.24, 0.89)}

续表

	A_1	A_2	A_3	A_4	A_5
E_3	{(0.79, 0.27), (0.75, 0.33)}	{(0.83, 0.12), (0.74, 0.24)}	{(0.83, 0.23), (0.79, 0.32)}	{(0.83, 0.21), (0.83, 0.22)}	{(0.79, 0.23), (0.81, 0.21)}
E_4	{(0.77, 0.21), (0.89, 0.22)}	{(0.49, 0.72), (0.32, 0.70)}	{(0.88, 0.16), (0.92, 0.46)}	{(0.81, 0.12), (0.78, 0.09)}	{(0.19, 0.82), (0.31, 0.85)}
E_5	{(0.44, 0.81), (0.35, 0.79)}	{(0.24, 0.67), (0.15, 0.77)}	{(0.13, 0.65), (0.26, 0.79)}	{(0.32, 0.83), (0.41, 0.82)}	{(0.25, 0.71), (0.32, 0.82)}
G_1	{(0.51, 0.17), (0.68, 0.12)}	{(0.12, 0.51), (0.21, 0.63)}	{(0.71, 0.13), (0.68, 0.16)}	{(0.86, 0.23), (0.82, 0.32)}	{(0.14, 0.83), (0.24, 0.88)}
G_2	{(0.82, 0.14), (0.79, 0.11)}	{(0.30, 0.73), (0.41, 0.72)}	{(0.71, 0.14), (0.78, 0.19)}	{(0.94, 0.46), (0.96, 0.33)}	{(0.76, 0.34), (0.79, 0.24)}
G_3	{(0.77, 0.45), (0.87, 0.24)}	{(0.82, 0.35), (0.90, 0.26)}	{(0.16, 0.68), (0.26, 0.70)}	{(0.79, 0.12), (0.85, 0.23)}	{(0.74, 0.42), (0.79, 0.31)}
G_4	{(0.72, 0.41), (0.77, 0.29)}	{(0.71, 0.31), (0.87, 0.27)}	{(0.81, 0.18), (0.77, 0.21)}	{(0.89, 0.41), (0.88, 0.34)}	{(0.74, 0.24), (0.87, 0.13)}
G_5	{(0.90, 0.31), (0.89, 0.27)}	{(0.84, 0.21), (0.86, 0.20)}	{(0.84, 0.13), (0.89, 0.21)}	{(0.84, 0.12), (0.86, 0.27)}	{(0.24, 0.86), (0.21, 0.71)}
C_1	{(0.81, 0.17), (0.85, 0.13)}	{(0.81, 0.43), (0.89, 0.16)}	{(0.77, 0.14), (0.79, 0.21)}	{(0.47, 0.81), (0.45, 0.84)}	{(0.32, 0.76), (0.23, 0.89)}
C_2	{(0.78, 0.19), (0.86, 0.27)}	{(0.21, 0.89), (0.32, 0.87)}	{(0.87, 0.11), (0.86, 0.20)}	{(0.86, 0.23), (0.91, 0.31)}	{(0.82, 0.32), (0.86, 0.27)}
C_3	{(0.79, 0.32), (0.73, 0.21)}	{(0.79, 0.43), (0.86, 0.51)}	{(0.82, 0.15), (0.91, 0.27)}	{(0.87, 0.30), (0.89, 0.32)}	{(0.92, 0.11), (0.85, 0.15)}
C_4	{(0.81, 0.22), (0.76, 0.19)}	{(0.90, 0.67), (0.86, 0.62)}	{(0.82, 0.21), (0.80, 0.26)}	{(0.72, 0.23), (0.89, 0.41)}	{(0.30, 0.77), (0.26, 0.84)}
C_5	{(0.71, 0.24), (0.48, 0.16)}	{(0.86, 0.34), (0.86, 0.18)}	{(0.86, 0.31), (0.89, 0.22)}	{(0.73, 0.37), (0.76, 0.17)}	{(0.44, 0.78), (0.36, 0.84)}

表 3-6　　基于 HFFEs 的专家 DM_5 原始评价值

	A_1	A_2	A_3	A_4	A_5
E_1	{(0.91, 0.46), (0.88, 0.32)}	{(0.80, 0.23), (0.73, 0.41)}	{(0.72, 0.30), (0.83, 0.41)}	{(0.85, 0.14), (0.92, 0.34)}	{(0.61, 0.41), (0.78, 0.31)}
E_2	{(0.81, 0.21), (0.79, 0.23)}	{(0.32, 0.83), (0.24, 0.81)}	{(0.35, 0.92), (0.34, 0.81)}	{(0.21, 0.79), (0.35, 0.77)}	{(0.39, 0.75), (0.24, 0.84)}
E_3	{(0.83, 0.16), (0.75, 0.21)}	{(0.82, 0.11), (0.75, 0.24)}	{(0.81, 0.12), (0.77, 0.30)}	{(0.87, 0.23), (0.83, 0.24)}	{(0.72, 0.23), (0.81, 0.21)}
E_4	{(0.77, 0.20), (0.88, 0.26)}	{(0.43, 0.82), (0.32, 0.75)}	{(0.89, 0.14), (0.96, 0.43)}	{(0.84, 0.15), (0.68, 0.12)}	{(0.16, 0.83), (0.31, 0.88)}
E_5	{(0.36, 0.81), (0.25, 0.76)}	{(0.17, 0.67), (0.15, 0.82)}	{(0.31, 0.85), (0.26, 0.79)}	{(0.42, 0.93), (0.51, 0.92)}	{(0.37, 0.61), (0.32, 0.81)}
G_1	{(0.56, 0.17), (0.69, 0.25)}	{(0.15, 0.57), (0.21, 0.63)}	{(0.73, 0.12), (0.68, 0.20)}	{(0.90, 0.22), (0.92, 0.41)}	{(0.17, 0.91), (0.23, 0.94)}
G_2	{(0.71, 0.17), (0.76, 0.15)}	{(0.32, 0.81), (0.34, 0.82)}	{(0.81, 0.12), (0.78, 0.17)}	{(0.92, 0.37), (0.93, 0.30)}	{(0.83, 0.35), (0.78, 0.26)}
G_3	{(0.79, 0.43), (0.87, 0.17)}	{(0.82, 0.34), (0.91, 0.24)}	{(0.17, 0.78), (0.26, 0.77)}	{(0.79, 0.12), (0.88, 0.21)}	{(0.79, 0.36), (0.76, 0.30)}
G_4	{(0.71, 0.39), (0.79, 0.23)}	{(0.79, 0.27), (0.87, 0.31)}	{(0.84, 0.14), (0.77, 0.36)}	{(0.83, 0.21), (0.78, 0.24)}	{(0.79, 0.22), (0.87, 0.17)}
G_5	{(0.85, 0.27), (0.79, 0.25)}	{(0.91, 0.25), (0.84, 0.26)}	{(0.81, 0.13), (0.89, 0.26)}	{(0.94, 0.16), (0.86, 0.21)}	{(0.15, 0.83), (0.21, 0.75)}
C_1	{(0.90, 0.14), (0.85, 0.13)}	{(0.88, 0.46), (0.89, 0.22)}	{(0.83, 0.14), (0.79, 0.19)}	{(0.45, 0.72), (0.47, 0.83)}	{(0.47, 0.76), (0.23, 0.90)}
C_2	{(0.78, 0.13), (0.86, 0.21)}	{(0.21, 0.85), (0.35, 0.81)}	{(0.82, 0.17), (0.87, 0.14)}	{(0.80, 0.24), (0.91, 0.35)}	{(0.78, 0.31), (0.86, 0.25)}
C_3	{(0.77, 0.031), (0.79, 0.26)}	{(0.62, 0.44), (0.86, 0.35)}	{(0.87, 0.15), (0.81, 0.28)}	{(0.91, 0.38), (0.89, 0.45)}	{(0.91, 0.14), (0.85, 0.17)}
C_4	{(0.69, 0.08), (0.76, 0.11)}	{(0.92, 0.35), (0.86, 0.59)}	{(0.85, 0.38), (0.90, 0.13)}	{(0.69, 0.17), (0.89, 0.41)}	{(0.22, 0.79), (0.26, 0.64)}
C_5	{(0.75, 0.12), (0.58, 0.14)}	{(0.72, 0.39), (0.86, 0.16)}	{(0.89, 0.33), (0.75, 0.26)}	{(0.64, 0.06), (0.72, 0.17)}	{(0.42, 0.79), (0.36, 0.54)}

步骤2：获取群组评估成员的评价信息得分值矩阵。

出于计算目的，通常需要将犹豫 Fermatean 模糊数转化为精确的数值，这一过程称为去模糊化。可以基于等式（2.3）中的得分函数来计算每个评估者的得分值。

例如，评价主体 DM_1 对评估对象 A_1 关于评价指标 E_1 得分可以计算为：

$$\left[\frac{1}{2}(0.52+0.38)\right]^3-\left[\frac{1}{2}(0.63+0.72)\right]^3=-0.2164$$

鉴于篇幅，群组评价主体的评价信息得分值在此不详细显示。

步骤3：计算评估方案的综合得分。

首先，根据等式（3.3）计算评价主体的个人权重 ω_{ij}^k。具体计算过程如下：

通过等式（3.1）计算评估者个人的平均得分值，作为评估对象 A_1 关于评价指标 E_1 的平均得分值：$(-0.2164+0.6947+0.6020+0.5599+0.6576)\div 3=0.4596$。

其他群组成员的计算过程相同，平均得分结果见表3-7。

表3-7　　长江经济带沿线5省（市）的平均得分值

	A_1	A_2	A_3	A_4	A_5
E_1	0.4596	0.3642	-0.0459	0.6400	0.3456
E_2	0.3357	-0.4425	-0.2107	-0.2584	-0.1994
E_3	0.4592	0.5080	0.4720	0.4568	0.2693
E_4	0.3964	-0.2331	0.6554	0.4797	-0.4562
E_5	-0.3075	-0.1906	-0.4238	-0.2889	-0.3765
G_1	0.2091	-0.2429	0.3007	0.5326	-0.6618
G_2	0.4203	-0.3753	0.3414	0.7043	0.4824
G_3	0.4995	0.3650	-0.4265	0.5412	0.3968
G_4	0.3545	0.5044	0.5457	0.5194	0.5047
G_5	0.5306	0.5701	0.6330	0.6792	-0.5195
C_1	0.6129	0.6348	0.4862	-0.4007	-0.4656

续表

	A_1	A_2	A_3	A_4	A_5
C_2	0.5513	-0.5828	0.6293	0.6436	0.5778
C_3	0.4181	0.4140	0.5117	0.6227	0.6827
C_4	0.3713	0.5248	0.5320	0.4219	-0.3329
C_5	0.2668	0.5545	0.5021	0.3377	-0.3882

其次，通过等式（3.2）计算个人意见和群体共识 c_{ij}^k 之间的距离，并通过等式（3.3）获得评估者个人的权重 ω_{ij}^k。例如，评价主体 DM_1 对评估对象 A_1 关于评价指标 E_1 的权重信息可计算如下：

$$\omega_{11}^1 = \frac{1}{5-1}(1 - \sqrt{(-0.2164 - 0.4596)^2} / (\sqrt{(-0.2164 - 0.4596)^2} + \sqrt{(0.6947 - 0.4596)^2} + \sqrt{(0.6020 - 0.4596)^2} + \sqrt{(0.5599 - 0.4596)^2} + \sqrt{(0.6576 - 0.4596)^2})) = 0.1250$$

其他评价主体对评估对象关于评价指标的权重信息的计算过程相同，考虑文章篇幅，在此不列出详细的计算过程。

最后，根据等式（3.14）计算长江经济带沿线 5 个评估省（市）的综合得分值，评估对象 A_1 关于评价指标 E_1 的综合评价信息得分值计算如下：

$$s_{11} = -0.2164 \times 0.1250 + 0.6947 \times 0.2065 + 0.6020 \times 0.2237 + 0.5599 \times 0.2314 + 0.6576 \times 0.2134 = 0.5210$$

其他评估对象在评价指标下的综合评价信息得分值计算过程相同。表 3-8 显示了基于评估人员输入的长江经济带沿线 5 个评估省（市）的综合得分值。

表 3-8　　长江经济带沿线 5 省（市）的综合得分值

	A_1	A_2	A_3	A_4	A_5
E_1	0.5210	0.4053	-0.0478	0.6497	0.3378
E_2	0.4037	-0.4808	-0.2755	-0.3150	-0.2232

续表

	A_1	A_2	A_3	A_4	A_5
E_3	0.4654	0.4980	0.4836	0.5008	0.3560
E_4	0.4546	-0.2529	0.6635	0.4818	-0.5078
E_5	-0.3274	-0.2311	-0.4327	-0.3461	-0.3750
G_1	0.2096	-0.2405	0.3208	0.5896	-0.6633
G_2	0.4213	-0.3800	0.3945	0.7297	0.4839
G_3	0.5059	0.4653	-0.4293	0.5422	0.3970
G_4	0.3560	0.5034	0.5458	0.5158	0.5094
G_5	0.5185	0.5743	0.6324	0.6837	-0.5137
C_1	0.6199	0.6368	0.4866	-0.4107	-0.4731
C_2	0.5411	-0.5806	0.6255	0.6403	0.5767
C_3	0.4257	0.4141	0.5321	0.6292	0.6814
C_4	0.3690	0.5295	0.5290	0.4244	-0.3263
C_5	0.2715	0.5579	0.5237	0.3360	-0.3970

基于长江经济带沿线5个评估省（市）的综合信息得分值，根据等式（3.15）导出归一化信息得分值矩阵。

步骤4：获取犹豫 Fermatean 模糊比率系统。

在采用 HFFS - MULTIMOORA 群组评价集成方法框架解决区域绿色发展水平评估之前，必须获得评价指标的权重信息。评价主体根据自己的经验，给出指标主观平均权重：

$$\begin{aligned} w^s &= (w_1^s, w_2^s, \cdots, w_j^s, \cdots, w_m^s) \\ &= (0.1126, 0.1068, 0.2136, 0.0712, 0.1210, 0.0556, 0.0380, 0.0796, \\ &\quad 0.0178, 0.0262, 0.0390, 0.0412, 0.0330, 0.0222, 0.0222) \end{aligned}$$

根据等式（3.4）至等式（3.6），采用 Shannon 熵权的方法获得区域绿色发展水平评价指标的目标权重，获得评价指标对于评估方案的评价指标的比例以及各个指标的反熵值，结果见表3-9。

表 3-9　　计算每个指标的反熵值

指标	反熵值	指标	反熵值	指标	反熵值
C_1	0.9720	G_1	0.8176	C_1	0.7670
C_2	0.7673	G_2	0.7028	C_2	0.8612
C_3	0.9992	G_3	0.8646	C_3	0.9979
C_4	0.7344	G_4	0.9538	C_4	0.9569
C_5	0.5851	G_5	0.4731	C_5	0.9423

最后，基于等式（3.7），评价指标的客观权重可计算为：

$$w^o = (w_1^o, w_2^o, \cdots, w_j^o, \cdots, w_m^o)$$
$$= (0.0107, 0.0893, 0.0003, 0.1020, 0.1593, 0.0700, 0.1141, 0.0520, 0.0177, 0.2023, 0.0895, 0.0533, 0.0008, 0.0166, 0.0222)$$

根据等式（3.8）至等式（3.13），通过评价指标的主观和客观权重相结合的级差最大化方法获得综合指标权重如下所示：

$$w^c = (w_1^c, w_2^c, \cdots, w_j^c, \cdots, w_m^c)$$
$$= (0.0311, 0.1045, 0.0682, 0.1008, 0.1296, 0.0694, 0.0380, 0.0574, 0.0177, 0.2010, 0.0859, 0.0489, 0.0055, 0.0198, 0.0222)$$

基于上述评价指标的组合权重 w_j^c。通过指标分析，发现 E_4、G_2、G_4 和 G_5 是成本型指标，需要最小化。其余指标是效益型，需要最大化。为了计算比率系统的效用，根据等式（3.15），长江经济带沿线各评估省市的犹豫 Fermatean 模糊比率系统结果如下：

$U_1(1) = 0.0274, U_1(2) = -0.0580, U_1(3) = -0.1760, U_1(4) = -0.1443, U_1(5) = -0.0075$

长江经济带沿线 5 省（市）区域绿色发展水平的排序为：$A_1 > A_5 > A_2 > A_4 > A_3$。

步骤 5：获取犹豫 Fermatean 模糊参考点。

通过等式（3.16），获得从每个评估方案到参考点的距离，到参考点的最短距离是最佳选择。长江经济带沿线各评估省市的犹豫 Fermatean 模糊参考点结果如下：

$U_2(1)=0.1636, U_2(2)=0.2106, U_2(3)=0.2082, U_2(4)=0.1937, U_2(5)=0.1346$

长江经济带沿线5省（市）区域绿色发展水平的排序为：$A_5>A_1>A_4>A_3>A_2$。

步骤6：获取犹豫 Fermatean 模糊完全乘法形式。

根据等式（3.17），计算各个评估方案的犹豫 Fermatean 模糊完全乘法形式的效用值。由于计算结果是复数，很难直接进行排序和比较，因此通过间接比较复数的大小的方式确定评估对象的得分值排序。长江经济带沿线各评估省市的犹豫 Fermatean 模糊完全乘法形式结果如下：

$U_3(1)=0.7964, U_3(2)=0.8287, U_3(3)=0.6998, U_3(4)=0.7670, U_3(5)=0.7632$

长江经济带沿线5省（市）区域绿色发展水平的排序为：$A_2>A_1>A_4>A_5>A_3$。

步骤7：根据 HFFS - MULTIMOORA 计算排名结果。

最后，根据步骤4至步骤6中三个子系统的排序结果，可以确定长江经济带沿线绿色发展水平最突出省市排序结果，基于序数优势理论的排序如下：

$A_1(1,2,2), A_2(3,5,1), A_3(5,4,5), A_4(4,3,3), A_5(5,1,4)$

根据绝对优势关系，将评估对象进行两两优势对比分析，对所有其他备选方案进行排名时，A_1具备绝对优势条件，因此A_1最终排名第一，其次是A_5。根据一般优势关系，A_5在两个子系统中的排名超过A_2。同时，A_2通常优于A_4，处于第三位置。同样，在三个子系统排名中，A_4优于A_3，因此A_4通常优于A_3，排名第四。经过综合分析，长江经济带沿线5省（市）绿色发展水平的最终排序如下：$A_1>A_5>A_2>A_4>A_3$。因此，可以认为A_1是最杰出绿色发展省（市）。

3.4.3 稳健性检验和对比分析

在本章构建的 HFFS - MULTIMOORA 群组综合评价集成方法中，评价指标权重作为决策框架最重要输入参数之一。指标的组合权重通过级差最大化方法水平融合主观和客观权重可能的区间值，以最大限度区分评估对象为目标函数求解确定。为了讨论组合指标权重对评价结果的影响，本节对指标的组合权重的稳健性进行了分析。由于每个评价指标的组合权重具有由主观权重和客观权重确定的合理值区间，因此同时取所有组合权重区间的下限和上限，并将其代入 HFFS－MULTIMOORA 群组评价模型框架中，以获得两个新的长江经济带沿线 5 省（市）最突出绿色发展省市排序结果。通过比较和分析，评估组合权重变化对区域绿色发展水平评价结果的影响。组合权重上下限在 HFFS－MULTIMOORA 模型三个子系统的具体结果如表 3－10 和图 3－2 所示。

评价指标综合权重下限值：

$$w_{\min}^{c} = (0.0107, 0.0893, 0.0003, 0.0712, 0.1210, 0.0556, 0.0380, 0.0520, 0.0177, 0.0262, 0.0390, 0.0412, 0.0008, 0.0166, 0.0222)$$

评价指标综合权重上限值：

$$w_{\max}^{c} = (0.1126, 0.1068, 0.2136, 0.1020, 0.1593, 0.0700, 0.1141, 0.0796, 0.0178, 0.2023, 0.0895, 0.0533, 0.0330, 0.0222, 0.0222)$$

表 3－10　基于 HFFS－MULTIMOORA 方法三个子系统的权重下限和权重上限结果

	w	A_1	A_2	A_3	A_4	A_5	排序结果
RS	lw	0.0273	－0.0417	－0.1234	－0.0790	－0.0904	$A_1>A_2>A_4>A_5>A_3$
	uw	0.1195	0.0809	－0.1499	－0.0577	0.0464	$A_1>A_2>A_5>A_4>A_3$
RP	lw	0.1147	0.1063	0.1404	0.1333	0.1256	$A_2>A_1>A_5>A_4>A_3$
	uw	0.1855	0.2331	0.2181	0.1979	0.2155	$A_1>A_4>A_5>A_3>A_2$
FMF	lw	0.7158	0.6500	0.4888	0.5503	0.5558	$A_1>A_2>A_5>A_4>A_3$
	uw	0.5868	0.5873	0.0645	0.2824	0.5159	$A_2>A_1>A_5>A_4>A_3$

采用评价指标综合权重下限值的长江经济带沿线 5 省（市）绿色发展水平结果如下：

$A_1(1,2,1)$，$A_2(2,1,2)$，$A_3(5,5,5)$，$A_4(3,4,4)$，$A_5(4,3,3)$

根据序数占优理论，评价指标下限权重的长江经济带沿线 5 省（市）的最终排名如下：

$A_1 > A_2 > A_5 > A_4 > A_3$

采用评价指标综合权重上限值的长江经济带沿线 5 省（市）绿色发展水平结果如下：

$A_1(1,1,2)$，$A_2(2,5,1)$，$A_3(5,4,5)$，$A_4(4,2,4)$，$A_5(3,3,3)$

根据序数占优理论，评价指标上限权重的长江经济带沿线 5 省（市）的最终排名如下：

$A_1 > A_2 > A_5 > A_4 > A_3$

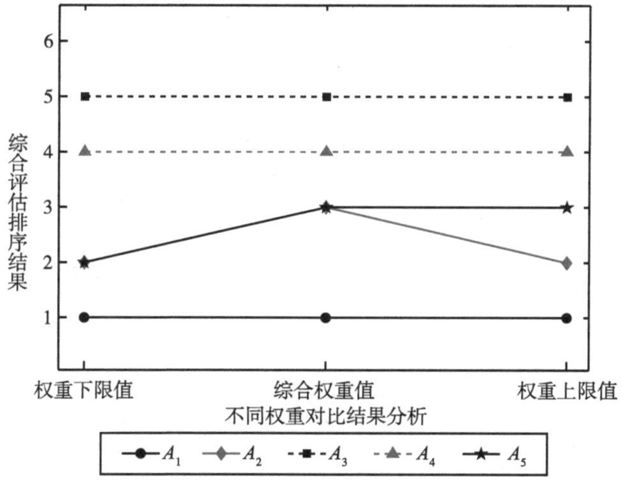

图 3－2　下限权重、综合权重和上限权重下区域绿色发展水平测度结果

根据表 3－10 和图 3－2，可以得出以下结论：

（1）在评价指标组合权重这一重要参数的变化下，长江经济带沿线 5 省（市）绿色发展水平排序结果变化情况很直观。

（2）当输入评价指标组合权重的合理区间范围的上限和下限时，两者的最终排序结果保持一致，但 A_5 的排序发生了变化，并与 A_2 进行了交换。

(3) 还可以发现，不论评价指标的组合权重在合理区间范围内如何变化，A_1都是最突出的绿色发展省市。

此外，为了进一步验证 HFFS - MULTIMOORA 群组综合评价方法的有效性，将其与 Fermatean 模糊环境下其他多指标综合评价方法进行对比分析。为了保证对比分析的科学性，将犹豫 Fermatean 模糊评估信息值改造为 Fermatean 模糊数。首先，采用隶属度（非隶属度）的平均值来代替隶属度（非隶属度）的犹豫。其次，在相同的评价主体权重下集成综合评估信息，具体见表 3 - 11。最后，采用相同方法获取指标权重，根据 Senapati 和 Yager 提供的几类 Fermatean 模糊信息集成算子，即 Fermatean 模糊加权平均（FFWA）算子、Fermatean 模糊加权几何（FFWG）算子、Fematean 模糊加权幂平均（FFWPA）算子，Fermatean 模糊加权幂几何（FFWPG）算子（Senapati 和 Yager，2019）[158]。获得长江经济带沿线 5 个备选省（市）的得分函数值与排序如表 3 - 12 所示。

表 3 - 11　　基于 FFEs 的专家综合评价值

	A_1	A_2	A_3	A_4	A_5
E_1	(0.8176, 0.3337)	(0.7444, 0.2837)	(0.4630, 0.5504)	(0.8705, 0.2622)	(0.7438, 0.3626)
E_2	(0.7754, 0.2374)	(0.3255, 0.8079)	(0.4888, 0.7022)	(0.3486, 0.7082)	(0.4805, 0.6854)
E_3	(0.8217, 0.3294)	(0.8015, 0.2342)	(0.7917, 0.2346)	(0.8008, 0.2599)	(0.7524, 0.3162)
E_4	(0.7714, 0.2498)	(0.3969, 0.6641)	(0.8804, 0.2773)	(0.7851, 0.1285)	(0.3070.0.8119)
E_5	(0.3797, 0.7012)	(0.2562, 0.6146)	(0.2304, 0.7541)	(0.5171, 0.7553)	(0.3026, 0.7357)
G_1	(0.6081, 0.2146)	(0.2039, 0.6275)	(0.6871, 0.1975)	(0.8336, 0.3318)	(0.2560, 0.8729)
G_2	(0.7622, 0.1656)	(0.3778, 0.7555)	(0.7828, 0.2428)	(0.9311, 0.3948)	(0.7826, 0.3028)
G_3	(0.8126, 0.2822)	(0.7897, 0.3822)	(0.2376, 0.7613)	(0.8194, 0.1980)	(0.7524, 0.3456)
G_4	(0.7272, 0.3309)	(0.8118, 0.3163)	(0.8244, 0.2466)	(0.8201, 0.3248)	(0.8106, 0.2174)
G_5	(08121, 0.2586)	(0.8360, 0.2270)	(0.8608, 0.1773)	(0.8829, 0.1682)	(0.1972, 0.8108)
C_1	(0.8542, 0.1707)	(0.8720, 0.2954)	(0.7883, 0.1693)	(0.4522, 0.7954)	(0.3333, 0.8070)
C_2	(0.8160, 0.2020)	(0.2590, 0.8421)	(0.8575, 0.1658)	(0.8721, 0.2865)	(0.8326, 0.2804)

续表

	A_1	A_2	A_3	A_4	A_5
C_3	(0.7620, 0.2328)	(0.7871, 0.4119)	(0.8118, 0.2243)	(0.8745, 0.3372)	(0.8776, 0.1735)
C_4	(0.7223, 0.1923)	(0.8662, 0.4630)	(0.8220, 0.2977)	(0.7728, 0.3359)	(0.2864, 0.7228)
C_5	(0.6824, 0.1770)	(0.8329, 0.2735)	(0.8219, 0.3146)	(0.7077, 0.2522)	(0.3548, 0.7779)

表 3－12　基于 FFWA、FFWG、FFWPA 和 FFWPG 方法得出的结果

	FFWA		FFWG		FFWPA		FFWPG	
	得分值	排序	得分值	排序	得分值	排序	得分值	排序
A_1	0.3618	1	0.3378	1	0.3730	1	0.3871	1
A_2	0.0698	4	0.0437	4	0.1139	4	0.1429	4
A_3	0.2416	3	0.1892	3	0.2686	3	0.2983	3
A_4	0.3016	2	0.2836	2	0.2908	2	0.3198	2
A_5	−0.2043	5	−0.1721	5	−0.2126	5	−0.2182	5

为了提供更直观的比较，基于 HFFS－MULTIMORA、FFWA、FFWG、FFWPA 和 FFWPG 的比较分析排名如图 3－3 所示。根据表 3－12 和图 3－3，可以得出以下结论。

（1）在长江经济带沿线 5 个省（市）中，A_1 的绿色发展水平排序与上述 Fermatean 模糊信息集成算子评价结果一致。表明了本章构建的 HFFS－MULTIMORA 群组综合评价方法的有效性，能够真正解决现实社会经济问题。

（2）虽然与 FFWA、FFWG、FFWPA 和 FFWPG 信息集成算子相比，其他省市绿色发展水平排序结果存在一定偏差。然而，Senapati 和 Yager 提出的信息集成算子得到的长江经济带沿线 5 省（市）绿色发展水平评价结果一致。

（3）根据对比分析的排序结果，HFFS－MULTUIMOORA 群组综合评价方法分为三个子系统，较单一结构化评价方法更稳健。

（4）传统信息集成算子在聚合评估信息时通常需要特定的算子运算法则，而忽略了评价主体的偏好信息，容易导致信息集成过程的信息损失，得到偏离常识的综合评价结果。

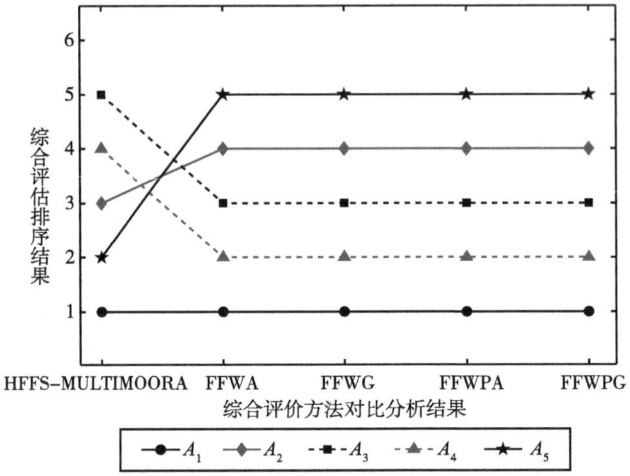

图 3-3　长江经济带沿线 5 省（市）比较分析排名

上述稳健性检验和对比分析的结果表明，所提出的 HFFS - MULTIMORA 决策框架具有可行性和有效性。与 FFWA、FFWG、FFWPA 和 FFWPG 信息集成算子相比，当评价指标组合权重参数在可能值范围变化时，A_1是排序第一的区域绿色发展省（市）。这验证了本章构建的绿色发展水平评估模型的鲁棒性，上述结果使群组评价主体能够从经济高质量发展的角度做出科学有效的决策，以实现可持续的绿色发展目标。

通过以上讨论，HFFS - MULTIMORA 群组评价集成技术的优越性可总结如下：

（1）该集成技术将犹豫 Fermatean 模糊不确定信息引入 MULTIMOORA 方法中，通过这种方式，评价主体能更精细地表达对评估对象的偏好和犹豫。

（2）显然，描述和处理评价指标的主观方法和客观方法都有其自身的局限性。因此，结合主观和客观加权方法来确定每个指标的重要性，对提高评估结果的科学性和稳健性意义重大。

（3）该集成技术能够解决社会经济问题，进一步验证了我国长江经济带沿线省（区、市）绿色发展水平评价体系的合理性，为测度区域的绿色发展水平提供了有力理论依据和方法指导。

（4）该集成技术可以在输入指标权重参数波动的情况下保持一致的综合评价结果，并与现有评价模型进行对比分析，表明其具有较强的鲁棒性。

同时，不能忽视构建 HFFS – MULTIMORA 框架的局限性，可总结如下：

（1）在现实经济实践活动中，评价指标间广泛存在的相关性没有得到较好的解决。

（2）HFFS – MULTIMORA 信息集成框架中参考点法仅考虑到负理想解的距离，然而，到正理想解距离同样重要，需要多角度拓展参考点法。

综上所述，本章构建的 HFFS – MULTIMORA 决策模型的成功应用，将有助于我国长江经济带沿线各省市更好地实现经济高质量绿色发展，并为后续研究工作提供理论与技术支撑。不仅如此，HFFS – MULTIMOORA 框架的优良特性还可以被广泛应用于区域绿色发展水平评估的其他情况。例如，可持续供应链的评估和选择、医疗诊断评估、失效模式和影响分析（FMEA）、财务风险评估等社会经济热点领域的多指标综合评价问题。

3.5　本章小结

本章建立了更接近现代经济高质量发展的综合评价体系，全面评价了区域绿色发展水平，弥补了现有研究的不足，具有重要的研究意义。

①所采用的犹豫 Fermatean 模糊集细腻刻画了评估主体的个人偏好，同时，更深入地描述了评估过程中的不确定性和评估主体的犹豫心理。②级差最大化方法将评价指标的主观权重和客观权重相结合，并使用共识测度群组评价主体的权重信息，使评价结果更加科学可靠。③建立了基于 HFFS – MULTIMORA 的区域绿色发展水平综合评价模型，并以长江经济带沿线 5 省（市）的绿色发展水平评价为例，验证了群组评价集成机制的有效性。④模型评价指标权重和输入指标的波动有效地验证了本章建立的模型的鲁棒性。

本章建立的评价体系完整、科学、有效，可为各国和地区评估区域绿色发展水平和其他可持续性评估问题提供参考和指导。HFFS - MULTIMORA 方法比单一的多指标综合评价模型更实用。展望未来，推动世界各国和地区绿色发展的任务艰巨而富有挑战性，需要科学评估，为理论分析和实践决策提供了基本遵循。然而，未来的研究仍可围绕几个有趣的问题展开。

①传统的综合评价方法因忽视评价指标的相关性而受到批评，可以开发相关矩阵来弥补刻画评价指标之间相关性的不足。②鉴于所提出方法的缺点，未来可以扩展和改进 MULTIMOORA 方法的比率系统、参考点方法和完全乘法形式，使整个 MULTIMOORA 模型更加稳健可靠。③此外，关于群组评价的外部研究，可以尝试将 MULTIMOORA 与传统的决策方法相结合，如 TOPSIS、VIKOR、ELECTRE - Ⅱ等，更能适应现实的综合评价问题。④区域绿色发展水平评价过程中的不确定性与日俱增，需要更多评价主体参与群组评价。因此，如何处理具有模糊信息的大规模群组综合评价问题也可能是未来研究的另一个重要方向。⑤针对绿色发展问题，持续开展 Fermatean 模糊拓展信息形式的拓展 MULTIMOORA 方法研究。上述几点思考在后文中作了积极的尝试。

第4章　概率犹豫 Fermatean 模糊拓展 MULTIMOORA 群组综合评价集成机制

第3章主要解决了犹豫 Fermatean 模糊评价信息环境下的区域绿色发展水平评价问题，并得到了较为稳健的测度结果。然而，前文对多个可能的 Fermatean 模糊评价信息没有作重要程度区分，所构建的 MULTIMOORA 群组综合评价集成机制未考虑评价指标相关性问题，以及传统 MULTIMOORA 方法的局限性未解决。同时，绿色发展是高质量发展的题中应有之义，区域绿色修复是当前绿色可持续发展的必要环节，如何科学评判绿色修复水平成了一项重要工作，评价过程中的复杂性和不确定性给绿色修复水平带来挑战。基于此，本章在概率犹豫 Fermatean 模糊环境下，拟提出拓展 MULTIMOORA 方法开发一种面向区域绿色修复水平评价的框架。采用概率犹豫 Fermatean 模糊集（PHFFS）表达综合评价信息值，多个可能的评估值包含着复杂决策环境下的不确定信息因素。通过 Dombi 运算融合 Choquet 积分几何算子聚合评价信息比其他运算方法更为合格，Dombi - T 模和 Dombi - T 余模具有一般运算方法的相同属性，可以通过调整参数来增强信息聚合过程中的灵活性。接着，将传统 MULTIMOORA 方法子系统中的参照点法进行完善，并结合 Choqurt 积分，提出了一种改进的 MULTIMOORA 方法对区域绿色修复水平评价指标间的相互作用进行建模，从而捕获其重要性权重。在此基础上，综合 Borda 规则来确定区域绿色修复水平的优先级。最后，长江经济带沿线5省（市）绿色修复水平评价的案例分析研究和灵敏度分析测试有效印证了本章所建立模型框架的准确性、有效性和实用性。这项工作提出了一种新颖的区域绿色修复水平评价系统的设计、实施和分析，给新时期高质量发展注入不竭动力。

4.1 研究动机和思路

新时期的经济由高速发展转为高质量发展，是践行习近平总书记关于新时代经济发展的科学部署。为了实现区域经济高质量发展，必须进行生态环境整治，进行系统科学性修复，防止“头痛医头，脚痛医脚”，协同经济绿色发展。科学有效评价区域绿色修复水平是指导区域绿色可持续发展不可或缺的重要组成部分，为推进更高水平发展、实现生态环境共享提供基本理论遵循。本章拟在概率犹豫 Fermatean 模糊环境下，建立面向区域绿色修复水平评价的模型，更好支持区域绿色发展开放水平的提升。

面对复杂难以决断的评价问题，评价主体在评价过程中往往表现得犹豫不决，若继续采用单个隶属度与非隶属度就有一定的局限性。犹豫模糊集使得评价信息值包含多个可能的隶属度与非隶属度，但面对多个可能的函数值，评价者很难持有相同的偏好，为多个可能的函数值赋予不同的概率使得问题迎刃而解。为此，本章率先提出概率犹豫 Fermatean 模糊集（PHFFS），用于评估区域绿色修复水平，相较于已有第 3 章提出的犹豫 Fermatean 模糊集，PHFFS 涵盖了更为丰富的不确定信息。

聚集各种来源的评价值得到综合评价值以获得结果或者结论是评价（决策）问题中的主要关注点，学者通过考虑运算规则并利用不同的技术，采用了各种方法来达到最佳的聚合效果。其中，信息集成算子显得尤为重要，它们用于将输入信息统一为一个综合评价信息值。现有平均算子和几何算子，以及对应的加权算子、有序加权算子和混合算子，广泛应用于各种模糊环境中，促进了信息集成算子方法的发展。与此同时，有关聚合运算符的相关研究也成为一个热点，包括 Einstein、Hamacher、Frank、Product、Lukasiewicz、

Azcel－Alsina 和 Dombi 运算符。目前模糊信息聚合方法主要基于代数积和代数和，而 Dombi（1982）建立了更具灵活操作参数的 Dombi 运算符，能较好地辨别聚合算子是析取型还是合取型[64]。Dombi 运算符在实际应用中通过改变参数建立不同的逻辑模型，并能找到合适的参数和算子。Dombi 运算符已成功解决多领域复杂环境中的不确定性决策问题。

现有研究未考虑评价对象指标间的相互关系，直接聚集各指标的评价信息值难以获得准确的评价结果。Choquet 积分是一种有效的处理指标间相互作用的方法，它不仅解决了风险因素之间的可能存在的相关性，也体现了从冗余到协同的非线性关系（罗世华和刘俊，2020）[11]。Choquet 积分被广泛应用于处理不同类型的多准则决策问题。

多指标综合评估方法的选择也是评估者决策过程中不可或缺的一部分，影响着评价的结果。国内外学者提出多种被证明有效的评价技术，包括 TOPSIS、VIKOR、DEMATEL 和 AHP 等。一方面，上述方法均基于效用价值理论，有着决策者完全理智的前提，另一方面，上述方法过于单一，需要减少评价结果的偏差提高评价结果的鲁棒性。再者，已有评价技术计算过程过于纷繁复杂。完全乘法规模分析的多目标优化（MULTIMOORA）作为一种全新的评价技术，它涵盖比率系统、参考点和完全乘法形式三种子系统。该方法是迄今为止最稳健的多目标优化方法，具有简单、有效以及便捷的优点，使其具有广泛的应用场景。但其不足之处在于忽略了负向理想方案、各指标间相关性和评价结果的效用值影响，在 TOPSIS 方法的基础上，结合 Choqurt 积分和 Borda 规则，本章提出了一种改进的 MULTIMOORA 方法。

基于上述探讨，模糊环境下的区域绿色修复水平评价作为一个全新的研究视角，有以下问题需要解决：①评价者对各指标的不确定偏好。②评价信息的缺失。③各指标之间的相互关系。④传统 MULTIMOORA 方法的局限。尽管一些学者针对特定评价目标分别提出将平均算子和几何算子以及衍生的算子、Choquet 积分和 MULTIMOORA 方法应用于多场景决策过程中的研究设想，但尚未有学术成果将这些方法集成到区域绿色修复水平评价，尤其是概率犹豫 Fermatean 模糊环境下的相关研究。本章的动机和目标如下：

①由于区域绿色修复水平评价环境的不确定性和复杂性，Fermatean 的 Dombi 模糊聚合算子可能会导致信息丢失，为此，本章提出概率犹豫 Fermatean 模糊环境下的 Dombi 运算符。②利用 Choquet 积分处理各指标间可能存在的相关性，并将其融入所提出的算子中。③拓展的 MULTIMOORA 方法综合考虑了参考点法中方案分别与正负理想方案之间的距离、指标相关性和结果的鲁棒性。

本章的主要贡献如下：

①具有灵活操作参数的 Dombi T 模和 T 余模具有重要意义，它们融合了其他几种广泛使用的算子的属性。②在 PHFFS 环境下提出 Dombi 模糊 Choquet 加权算术平均算子和加权几何平均算子，并讨论了这些算子的某些基本属性，包括幂等性、单调性和有界性。③拓展了 MULTIMOORA 方法，使得区域绿色修复水平评价过程更加便捷，评价结果更加科学可靠。④讨论了 Dombi 运算符中参数变化对评价的影响，最后进行了比较分析，有力论证了面向区域绿色修复水平评价模型框架的可行性和有效性，以期支持区域经济实现绿色可持续高质量发展。

4.2 概率犹豫 Fermatean 模糊 Dombi Choquet 集成算子

Dombi（1982）提出了 Dombi 和$\oplus$与 Dombi 积$\otimes$，分别是 T 模和 T 余模的特例[64]。

定义 4.1 设 g 和 h 为两个实数，Dombi 的 T 模和 T 余模定义如下：

$$D^*(g,h)=g\oplus h=1-\left(1+\left(\left(\frac{g}{1-g}\right)^{\delta}+\left(\frac{h}{1-h}\right)^{\delta}\right)^{1/\delta}\right)^{-1} \tag{4.1}$$

$$D(g,h)=g\otimes h=\left(1+\left(\left(\frac{1-g}{g}\right)^{\delta}+\left(\frac{1-h}{h}\right)^{\delta}\right)^{1/\delta}\right)^{-1} \tag{4.2}$$

其中，$(g, h) \in [0, 1] \times [0, 1]$，参数 $\delta \geqslant 1$。

定义 4.2 （Sugeno，1974）[155] 设在集合 X 中存在一个模糊测度 ρ，$P(X)$ 是 X 的幂集，函数 ρ：$P(X) \to [0, 1]$ 满足条件：①$\rho(\varnothing) = 0$，$\rho(X) = 1$；②$\forall B$，$C \subseteq X$，若 $B \subseteq C$，则 $\rho(B) \leqslant \rho(C)$；③$\rho(B \cup C) = \rho(B) + \rho(C) + \tau\rho(B)\rho(C)$，对所有 B，$C \subseteq X$ 且 $B \cap C = \varnothing$，其中 $\tau > -1$。

在群组综合评价中，模糊测度 ρ 能生动地刻画指标间的相互关系，正因为 ρ 为非负非可加集合函数。集合 X 可表示为指标集，指标子集 B，C 的重要程度 $\rho(B)$，$\rho(C)$ 可表示为集合 B，$C \in X$ 的模糊测度。

若 C 为有限集，则 $\cup_{i=1}^{n} c_i = C$，ρ 的 τ 测度定义如下：

$$\rho(C) = \begin{cases} \dfrac{1}{\tau}\prod_{i=1}^{n}(1 + \tau\rho(c_i)) - 1, & \tau \neq 0 \\ \sum_{i=1}^{n}\rho(c_i), & \tau = 0 \end{cases} \tag{4.3}$$

其中，$c_i \cap c_j = \varnothing$，$i \neq j$ 对只有一个元素 c_i 的子集合，$\rho(c_i)$ 称为模糊测度，$\rho_i = \rho(c_i)$，当 $\rho(c) = 1$ 时，可得：

$$\tau + 1 = \prod_{i=1}^{n}(1 + \tau\rho(c_i)) \tag{4.4}$$

定义 4.3 （Grabisch 等，2000）[85] 设 f 是 X 上的正实值函数，ρ 是 X 上的模糊测度，则 f 相对于 ρ 离散 Choquet 积分定义为：

$$C_\rho(f_{c(1)}, f_{c(2)}, \cdots, f_{c(n)}) = \sum_{i=1}^{n} f_{c(i)}(\rho(A_{(i)}) - \rho(A_{(i+1)})) \tag{4.5}$$

其中，(i) 表示 X 上的置换，$f_{c(1)} \leqslant f_{c(2)} \leqslant \cdots \leqslant f_{c(n)}$，$A_{(i)} = \{c_{(i)}, c_{(i+1)}, \cdots, c_{(n)}\}$，$A_{(n+1)} = \varnothing$。

定义 4.4 设 $P_{F_1} = [(\Lambda_{1_l}(x), \Gamma_{1_l}(x)), p_{1_l}]$ 和 $P_{F_2} = [(\Lambda_{2_l}(x), \Gamma_{2_l}(x)), p_{2_l}]$ 为两个概率犹豫 Fermatean 模糊元素，$\gamma \in (0, +\infty)$，$\lambda > 0$，概率犹豫 Fermatean 模糊 Dombi 运算定义如下：

$$(1)\ P_{F_1} \oplus P_{F_2} = \left[\left(\sqrt[3]{1 - \left(1 + \left(\left(\frac{\Lambda_{1_l}}{1 - \Lambda_{1_l}}\right)^{\delta} + \left(\frac{\Lambda_{2_l}}{1 - \Lambda_{2_l}}\right)^{\delta}\right)^{1/\delta}\right)^{-1}}\right.\right.,$$

$$\left.\left.\sqrt[3]{\left(1 + \left(\left(\frac{1 - \Gamma_{1_l}}{\Gamma_{1_l}}\right)^{\delta} + \left(\frac{1 - \Gamma_{2_l}}{\Gamma_{2_l}}\right)^{\delta}\right)^{1/\delta}\right)^{-1}}\right), p_{1,2}\right];$$

(2) $P_{F_1} \otimes P_{F_2} = \left[\left(\sqrt[3]{\left(1 + \left(\left(\frac{1-\Lambda_{1_l}}{\Lambda_{1_l}}\right)^{\delta} + \left(\frac{1-\Lambda_{2_l}}{\Gamma_{2_l}}\right)^{\delta}\right)^{1/\delta}\right)^{-1}}, \right. \right.$

$\left. \left. \sqrt[3]{1 - \left(1 + \left(\left(\frac{\Gamma_{1_l}}{1-\Gamma_{1_l}}\right)^{\delta} + \left(\frac{\Gamma_{2_l}}{1-\Gamma_{2_l}}\right)^{\delta}\right)^{1/\delta}\right)^{-1}} \right), p_{1,2} \right]$;

(3) $\lambda P_F = \left[\left(\sqrt[3]{1 - \left(1 + \left(\lambda \left(\frac{\Lambda_l}{1-\Lambda_l}\right)^{\delta}\right)^{1/\delta}\right)^{-1}}, \right. \right.$

$\left. \left. \sqrt[3]{\left(1 + \left(\lambda \left(\frac{1-\Gamma_l}{\Gamma_l}\right)^{\delta}\right)^{1/\delta}\right)^{-1}} \right), \ p_l \right]$;

(4) $P_F^{\lambda} = \left[\left(\sqrt[3]{\left(1 + \left(\lambda \left(\frac{1-\Lambda_l}{\Lambda_l}\right)^{\delta}\right)^{1/\delta}\right)^{-1}}, \right. \right.$

$\left. \left. \sqrt[3]{1 - \left(1 + \left(\lambda \left(\frac{\Gamma_l}{1-\Gamma_l}\right)^{\delta}\right)^{1/\delta}\right)^{-1}} \right), \ p_l \right]$.

其中，$p_{1,2} = (p_{1_l} + p_{2_l}) / \left(\sum_{l=1}^{\#P_F} p_{1_l} + \sum_{l=1}^{\#P_F} p_{2_l} \right)$。

定理 4.1 设 P_{F_1}、P_{F_2} 和 P_{F_3} 为三个概率犹豫 Fermatean 模糊元素，λ，λ_1，$\lambda_2 > 0$，则概率犹豫 Fermatean 模糊 Dombi 运算满足：

(1) $P_{F_1} \oplus P_{F_2} = P_{F_2} \oplus P_{F_1}$；

(2) $P_{F_1} \otimes P_{F_2} = P_{F_2} \otimes P_{F_1}$；

(3) $\lambda(P_{F_1} \oplus P_{F_2}) = \lambda P_{F_1} \oplus \lambda P_{F_2}$；

(4) $(P_{F_1} \otimes P_{F_2})^{\lambda} = P_{F_1}^{\lambda} \otimes P_{F_2}^{\lambda}$。

上述定理显示 Dombi 和$\oplus$与 Dombi 积$\otimes$具备可交换和关联的性质，即它们保留了经典加法和乘法运算的最理想特性，定理 4.1 证明与 Aydemir 和 Yilmaz Gunduz（2020）给出的 Fermatean 模糊 Dombi 运算证明类似[45]，在此不展开论证。下面提出基于概率犹豫 Fermatean 模糊 Dombi 运算，Choquet 积分考虑各因素间相互关系的平均和几何算子。

定义 4.5 设 X 为一个有限集，$P_{F_i} = [(\Lambda_{i_l}(x), \Gamma_{i_l}(x)), p_{i_l}]$ 是一组与 X 相关的有限概率犹豫 Fermatean 模糊元素，其中 $i = 1, 2, \cdots, n$，$l = 1, 2, \cdots, \#P_F$，ρ 为模糊测度，概率犹豫 Fermatean 模糊 Dombi Choquet 积分平

均（PHFFDCIA）算子和概率犹豫 Fermatean 模糊 Dombi Choquet 积分几何（PHFFDCIG）算子分别定义如下：

$$PHFFDCIA(P_{F_1},P_{F_2},\cdots,P_{F_n}) = \bigoplus_{i=1}^{n} w_i P_{F_i} \tag{4.6}$$

$$PHFFDCIG(P_{F_1},P_{F_2},\cdots,P_{F_n}) = \bigotimes_{i=1}^{n} P_{F_i}^{w_i} \tag{4.7}$$

其中，$w_i=\rho(A_i)-\rho(A_{i+1})$，$\rho(A_i)$ 可由等式（4.4）和等式（4.5）计算得出，(i) 是 P_{F_i} 的一个置换，使得 $P_{F_1}\leqslant P_{F_2}\leqslant\cdots\leqslant P_{F_n}$，$A_i=(c_i,\ c_{i+1},\ \cdots,\ c_n)$，且 $A_{n+1}=0$。基于上述讨论，PHFFDCIA 和 PHFFDCIG 算子的聚集结果依然为概率犹豫 Fermatean 模糊集，本章主要采用 PHFFDCIG 算子集成评估信息，而 PHFFDCIA 算子相关性质与 PHFFDCIG 算子类似。定理 4.2 和定理 4.3 的证明可参考 Ayub 等（2021）给出的关于 Dombi 算子运算和集成的证明[39]，在此不多做赘述。

定理 4.2　设 PHFFDCIG 为概率犹豫 Fermatean 模糊 Dombi Choquet 积分几何算子，$w_i=\rho\ (A_i)\ -\rho\ (A_{i+1})$，$\overline{\sum_{i=1}^{n} p_{i_l}} = \sum_{i=1}^{n} p_{i_l} / \sum_{l=1}^{\#P_F} \sum_{i=1}^{n} p_{i_l}$，可得

$$PHFFDCIG(P_{F_1},P_{F_2},\cdots,P_{F_n})$$

$$= \left\langle \left(\sqrt[3]{\left(1+\left(\sum_{i=1}^{n} w_i\left(\frac{1-\Lambda_{i_l}}{\Lambda_{i_l}}\right)^{\delta}\right)^{1/\delta}\right)^{-1}}, \right.\right.$$

$$\left. \sqrt[3]{1-\left(1+\left(\sum_{i=1}^{n} w_i\left(\frac{\Gamma_{i_l}}{1-\Gamma_{i_l}}\right)^{\delta}\right)^{1/\delta}\right)^{-1}} \right), \overline{\sum_{i=1}^{n} p_{i_l}} \right\rangle \tag{4.8}$$

定理 4.3　设 PHFFDCIG 为概率犹豫 Fermatean 模糊 Dombi Choquet 积分几何算子，它们满足以下性质：

（1）（幂等性）设 $P_{F_i}=[(\Lambda_{i_l}(x),\ \Gamma_{i_l}(x)),\ p_{i_l}]$，$i=1,\ 2,\ \cdots,\ n$，$l=1,\ 2,\ \cdots,\ \#P_F$ 为一组概率犹豫 Fermatean 模糊元素，$P_{F_i}=P_F$，有 $PHFFDCIG(P_{F_1},\ P_{F_2},\ \cdots,\ P_{F_n})=PHFFDCIG(P_F,\ P_F,\ \cdots,\ P_F)$。

（2）（单调性）设 $P'_{F_i}=[(\Lambda'_{i_l}(x),\ \Gamma'_{i_l}(x)),\ p'_{i_l}]$，$i=1,\ 2,\ \cdots,\ n$，$l=1,\ 2,\ \cdots,\ \#'P_F$ 为一组概率犹豫 Fermatean 模糊元素，满足 $\Lambda'_{i_l}(x)\leqslant\Lambda_{i_l}(x)$，$\Gamma'_{i_l}(x)\leqslant\Gamma_{i_l}(x)$，则有 $PHFFDCIG(P_{F_1},P_{F_2},\cdots,P_{F_n})\leqslant PHFFDCIG(P'_{F_1},P'_{F_2},\cdots,P'_{F_n})$。

(3)(有界性)设 $P_{F_i}^{-}=[(\Lambda_{i_l}^{-}(x),\ \Gamma_{i_l}^{-}(x)),\ p_{i_l}]$ 和 $P_{F_i}^{+}=[(\Lambda_{i_l}^{+}(x),\ \Gamma_{i_l}^{+}(x)),\ p_{i_l}]$ 均为概率犹豫 Fermatean 模糊元素,$i=1,\ 2,\ \cdots,\ n$,$l=1,\ 2,\ \cdots,\ \#P_F$,$\Lambda_{i_l}^{-}(x)=\min\limits_i\{\Lambda_{i_l}(x)\}$,$\Gamma_{i_l}^{-}(x)=\max\limits_i\Gamma_{i_l}(x)$,$\Lambda_{i_l}^{+}(x)=\max\limits_i\{\Lambda_{i_l}(x)\}$,$\Gamma_{i_l}^{+}(x)=\min\limits_i\Gamma_{i_l}(x)$,则有 $P_{F_i}^{-}\leqslant PHFFDCIG(P_{F_1},\ P_{F_2},\ \cdots,\ P_{F_n})\leqslant P_{F_i}^{+}$。

(4)(交换性)设 $(\tilde{P}_{F_1},\ \tilde{P}_{F_2},\ \cdots,\ \tilde{P}_{F_n})$ 是 $(P_{F_1},\ P_{F_2},\ \cdots,\ P_{F_n})$ 的任意排列,则有 $PHFFDCIG(P_{F_1},P_{F_2},\cdots,P_{F_n})=PHFFDCIG(\tilde{P}_{F_1},\tilde{P}_{F_2},\cdots,\tilde{P}_{F_n})$。

4.3 拓展的概率犹豫 Fermatean 模糊 MULTIMOORA 方法

经典的 MULTIMOORA 方法由三个部分组成:比值系统、参考点法和完全相乘形式,分别得到三个子系统的排序,最后利用序数占优理论得到最终排名。为消除经典 MULTIMOORA 方法的局限性,本章增加参考点法中方案与负理想方案之间的距离,结合 Choquet 积分,以及考虑排序结果效用值的 Borda 规则(Wu 等,2018)[169],提出一种新的聚集方法以及排序的拓展 MULTIMOORA 方法。决策矩阵 $\mathbf{X}=(x_{ij})_{m\times n}$表示评估方案 i 相对于评价指标 j 的评价信息值,采用 n 个评估方案 a_i($i=1,\ 2,\ \cdots,\ n$)和 m 个评价指标 c_j($j=1,\ 2,\ \cdots,\ m$)解决群组综合评价问题。对于基于效用值的排序方法,归一化是将 x_{ij}转化为无量纲 x_{ij}^* 的基本过程。$\omega_j=\rho(A_i)-\rho(A_{i+1})$ 表示评价指标 j 的权重,$\rho(A_i)$ 可由等式(4.4)和等式(4.5)获得,接着,直接聚合评估方案下的不同评价指标。

对于每一个评价指标,评价信息值 x_{ij}可被标准化如下:

$$x_{ij}^{*}=\frac{x_{ij}}{\sqrt{\sum_{i=1}^{n}(x_{ij})^{2}}} \tag{4.9}$$

拓展的 PHFFS-MULTIMOORA 方法如下所示:

步骤 1：概率犹豫 Fermatean 模糊比值系统。

使用加权算术平均算子计算归一化效用值：

$$U_1(i) = \sum_{j=1}^{\theta} \omega_j x_{ij}^* - \sum_{j=\theta+1}^{n} \omega_j x_{ij}^* \tag{4.10}$$

其中，θ（$1 \leqslant \theta \leqslant n$）表示必须最大化的正向型指标，$n-\theta$ 表示必须最小化的负向型指标，备选方案的排序按 $U_1(i)$（$i=1, 2, \cdots, n$）的降序进行。

步骤 2：拓展的概率犹豫 Fermatean 模糊参照点法。

MULTIMOORA 方法的参考点法是基于比值系统的，其目的是找出每个备选方案的最差性能。但经典的参考点法只考虑了与正向理想点之间的距离，受 TOPSOS 方法的启发，本章提出同时考虑最短正向理想点距离和最长负向理想点距离的计算公式寻求最佳选择。

$$U_2(i) = \sum_{j=1}^{m} \omega_j \frac{d(r_j^-, x_{ij}^*)}{d(r_j^+, x_{ij}^*) + d(r_j^-, x_{ij}^*)} \tag{4.11}$$

其中，$d(a,b) = \frac{1}{2}|a^3 - b^3|$，$a$、$b$ 为综合评分值，满足以下条件：

$r_j^+ = (\max\limits_i x_{ij}^*, j=1,2,\cdots,\theta; \min\limits_i x_{ij}^*, j=\theta+1,\theta+2,\cdots,m)$，

$r_j^- = (\min\limits_i x_{ij}^*, j=1,2,\cdots,\theta; \max\limits_i x_{ij}^*, j=\theta+1,\theta+2,\cdots,m)$。

评估方案的排序按 $U_2(i)$（$i=1, 2, \cdots, n$）的降序进行。

步骤 3：改进的概率犹豫 Fermatean 模糊完全乘法形式。

参考点法能保证所选方案的表现在所有指标下都不是最差的，但当两种方案的参考点法的效用值相同时，不能较好地区分两者。完全乘法能反映出决策者对方案的偏好，替代方案的良好表现不能完全弥补较差的表现。采用基于加权几何算子的严格单调递增函数定义完全乘法形式，即

$$U_3(i) = \frac{\sqrt[\theta]{\prod_{j=1}^{\theta}(1-(x_{ij}^*)^{\omega_j})}}{\sqrt[n-\theta]{\prod_{j=\theta+1}^{\theta}(1-(x_{ij}^*)^{\omega_j})}} \tag{4.12}$$

此处使用 $1-(x_{ij}^*)^{\omega_j}$ 来刻画 x_{ij}^* 加权值，而不是 $(x_{ij}^*)^{\omega_j}$，主要考虑当 $x_{ij}^* \in [0, 1]$ 和 $\omega_j \in (0, 1)$ 时，$(x_{ij}^*)^{\omega_j} \in (0, 1)$ 为减函数，而 $1-(x_{ij}^*)^{\omega_j}$ 确保了函

数值严格单调递增，也确保其满足等式成立条件。备选方案的排序按 $U_3(i)$ ($i=1, 2, \cdots, n$) 的降序进行。

步骤4：基于改进 Borda 规则的最终排序。

改进的 Borda 规则克服经典的 MULTIMOORA 方法的两个限制，不能完全考虑不同子系统下每个备选方案 a_i ($i=1, 2, \cdots, n$) 的排序效用值 $U_\kappa(i)$ ($\kappa=1, 2, 3$) 以及大量复杂计算过程。采用加权平均算子聚集每个备选方案的 Borda 得分值得到最终的函数值 Φ_i 确定最优排序，具体过程如下：

标准化三个 MULTIMOORA 子系统排序得分值 $U_\kappa(i)$，

$$U_\kappa^N(i) = \frac{U_\kappa(i)}{\sqrt{\sum_{i=1}^{n}(U_\kappa(i))^2}} \tag{4.13}$$

最优排序方法如下所示，其中 $\vartheta_\kappa(i)$ 表示各子系统排列序数，

$$\Phi_i = U_1^N(i)\frac{n-\vartheta_1(i)}{n(n+1)/2} - U_2^N(i)\frac{\vartheta_2(i)}{n(n+1)/2} + U_3^N(i)\frac{n+1-\vartheta_3(i)}{n(n+1)/2},$$

$$i=1,2,\cdots,n \tag{4.14}$$

最终所有备选方案的最优排序按 Φ_i ($i=1, 2, \cdots, n$) 的降序进行。

基于以上拓展 MULTIMOORA 方法，构建了概率犹豫 Fermatean 模糊环境下的区域绿色修复水平评价模型。具体而言，采用 PHFFDCIG 算子聚集群组内多个专家的评价值，各区域绿色修复水平评价指标的综合评价值由拓展的 MULTIMOORA 方法获得。模型可视化过程如下：

步骤1：获取群组内各评价专家的原始概率犹豫 Fermatean 模糊评价值。

每个评价者都给出与区域绿色修复水平评价指标体系相对应的评估值，并生成原始评价矩阵，不确定地表示为 $\{\langle x, [(\Lambda_{P_F}(x), \Gamma_{P_F}(x)), p]\rangle \mid x \in X\}$，若有需要，成本型的指标需要转化为效益型的指标。

步骤2：采用 PHFFDCIG 算子聚集群组内各评价专家在同一指标下的综合评价值，具体采用等式（4.8）。

步骤3：采用 PHFFS 比值系统，得到排序结果。

步骤4：采用拓展的 PHFFS 参照点法，得到排序结果。

步骤5：采用 PHFFS 完全乘法形式，得到排序结果。

步骤6：采用改进 Borda 规则，获得最终最优排序。

本章具体的区域绿色修复水平群组综合评价框架如图 4－1 所示。

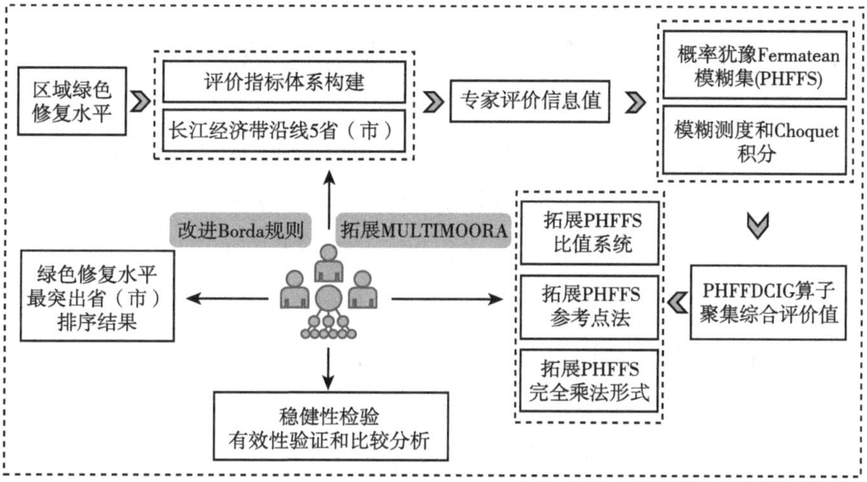

图 4－1　区域绿色修复水平评价的 PHFFS－MULTIMOORA 群组评价集成机制拓扑图

本章所建立的面向区域绿色修复水平评价的 PHFFS－MULTIMOORA 算法框架具有如下优势：

（1）群组专家在概率犹豫 Fermatean 模糊环境下给出评价信息值，有效刻画了决策过程中的复杂性与不确定性。

（2）PHFFDCIG 算子聚集各专家评价值的应用可以减少群组综合评价中不确定偏好带来的偏差，聚集的结果可以更好地反映真实的评价值。

（3）Choquet 积分是 Lebesgue 积分的推广，它考虑了由模糊测度刻画的各指标的重要性，从而获取较为客观的权重信息，并且模拟了多指标综合评价问题中各指标间的相互作用关系。

（4）拓展的 MULTIMOORA 方法弥补了经典 MULTIMOORA 方法忽略指标间的冗余关系、参考点法中方案与负向理想解间的距离，以及最终确定最优方案排序结果的序数占优理论未能考虑排序结果效用值的影响等不足。

4.4 机制应用——以区域绿色修复水平评价为例

4.4.1 区域绿色修复水平评价背景与指标体系

长江经济带沿线区域的绿色生态修复一直以来都是习近平总书记牵挂的头等大事，针对全面推动长江经济带发展开展多次座谈会，对生态修复的具体实施路径发表重要讲话。长江经济带覆盖沿江 11 个省（市），横跨我国东中西三大板块，将加强生态环境系统保护修复摆在压倒性位置。长江经济带沿线区域的绿色修复水平评价具有重大的现实意义与深远的历史意义。

区域绿色修复是当前修复发展的新阶段和新趋势，能够提升修复的环境、经济、社会综合效益。目前，绿色可持续修复工作的开展亟须一套标准化评估体系。不仅需要考虑眼前，还要着眼于未来，留住绿水青山以避免损害后代的幸福。依据 Kandakoglu 等（2019）对可持续发展多准则的系统综述[99]，综合考虑绿色环境、和谐社会以及循环经济 3 个维度，本节建立关于概率犹豫 Fermatean 模糊环境下区域绿色修复水平评价指标体系，见表 4－1。由表 4－1 可知，G_1、H_1、H_3和 C_1为成本型（负向）指标，其余指标均为效益型（正向）指标。

表 4－1　　　　区域绿色修复水平评价指标体系

评价内容	评估指标
绿色环境（G）	G_1：污染风险
	G_2：服务设施
	G_3：生态系统
和谐社会（H）	H_1：健康风险
	H_2：生态宜居
	H_3：物理干扰
循环经济（C）	C_1：资源损耗
	C_2：资源效率
	C_3：废物能源

为了让保护修复生态环境获得合理回报，从长江经济带沿线5个评估省（市）（A_1，A_2，A_3，A_4，A_5）中选出绿色修复最突出的省（市），作为推介生态修复的典范。为了适应上文提出的群组评估集成机制，邀请3名资深相关背景专家（DM_1，DM_2，DM_3），基于概率犹豫 Fermatean 模糊评价环境，评价主体针对绿色修复水平给出各评估对象各指标下的评价值，参与综合评价过程。

4.4.2 群组综合评价应用框架

根据前文建立的评价体系和区域绿色修复水平群组综合评价机制方法，评估长江经济带沿线省（市）绿色修复水平，具体步骤如下所示：

步骤1：获得群组专家概率犹豫 Fermatean 模糊评价矩阵。

评价专家组的3名成员来自经济、环境、回收和绿色制造4个相关领域。以概率犹豫 Fermatean 模糊数的形式研究并收集了各省（市）关于生态修复评价指标的模糊评价信息，并根据专家组提供的评价信息生成了概率犹豫 Fermatean 模糊评价矩阵。评价主体相互独立给出评估信息，例如，评价主体 DM_1 对长江经济带沿线的评估省（市）A_1 关于评价指标 G_1 的评估值表示为 $\{[(0.57, 0.65), 0.4], [(0.38, 0.72), 0.6]\}$。3位评价主体的原始评价信息值具体见表4－2至表4－4。

步骤2：采用 PHFFDCIG 算子聚集群组内各评价专家评价信息值。

评价主体根据各自知识背景，模糊测度定义为 $\rho(d_1)=0.2$，$\rho(d_2)=0.4$，$\rho(d_3)=0.3$。由等式（4.4），参数 $\tau_1=0.3719$，根据等式（4.3），可得 $\rho(d_1, d_2)=0.6298$，$\rho(d_1, d_3)=0.5223$，$\rho(d_2, d_3)=0.7446$，$\rho(d_1, d_2, d_3)=1$。采用前文建立的 PHFFDCIG 算子聚集群组内3位评价专家的综合评估值，并将成本型指标转化为效益型指标，最终结果如表4－5所示。

表 4-2　基于 PHFFEs 的专家 DM_1 原始评价值

	A_1	A_2	A_3	A_4	A_5
G_1	{[(0.57, 0.65), 0.4], [(0.38, 0.72), 0.6]}	{[(0.37, 0.69), 0.3], [(0.48, 0.79), 0.7]}	{[(0.37, 0.63), 0.4], [(0.31, 0.78), 0.6]}	{[(0.15, 0.65), 0.2], [(0.22, 0.42), 0.8]}	{[(0.47, 0.55), 0.5], [(0.30, 0.42), 0.5]}
G_2	{[(0.59, 0.80), 0.1], [(0.32, 0.45), 0.9]}	{[(0.77, 0.32), 0.4], [(0.81, 0.43), 0.6]}	{[(0.45, 0.63), 0.3], [(0.61, 0.87), 0.7]}	{[(0.76, 0.32), 0.2], [(0.84, 0.34), 0.8]}	{[(0.21, 0.45), 0.3], [(0.34, 0.67), 0.7]}
G_3	{[(0.63, 0.91), 0.2], [(0.60, 0.92), 0.8]}	{[(0.34, 0.64), 0.4], [(0.45, 0.72), 0.6]}	{[(0.13, 0.56), 0.3], [(0.11, 0.45), 0.7]}	{[(0.67, 0.87), 0.3], [(0.42, 0.76), 0.7]}	{[(0.32, 0.56), 0.1], [(0.34, 0.54), 0.9]}
H_1	{[(0.23, 0.89), 0.3], [(0.34, 0.92)], 0.7}	{[(0.12, 0.90), 0.5], [(0.34, 0.87), 0.5]}	{[(0.45, 0.76), 0.2], [(0.54, 0.78), 0.8]}	{[(0.67, 0.87), 0.4], [(0.59, 0.78), 0.6]}	{[(0.42, 0.56), 0.2], [(0.56, 0.87), 0.8]}
H_2	{[(0.74, 0.23), 0.4], [(0.68, 0.35), 0.6]}	{[(0.34, 0.54), 0.3], [(0.43, 0.61), 0.7]}	{[(0.65, 0.98), 0.2], [(0.53, 0.67), 0.8]}	{[(0.53, 0.56), 0.4], [(0.43, 0.62), 0.6]}	{[(0.22, 0.45), 0.3], [(0.34, 0.56), 0.7]}
H_3	{[(0.54, 0.36), 0.2], [(0.50, 0.46), 0.8]}	{[(0.72, 0.34), 0.4], [(0.76, 0.43), 0.6]}	{[(0.78, 0.23), 0.5], [(0.69, 0.43), 0.5]}	{[(0.89, 0.32), 0.3], [(0.79, 0.28), 0.7]}	{[(0.71, 0.34), 0.5], [(0.69, 0.23), 0.5]}
C_1	{[(0.67, 0.14), 0.1], [(0.63, 0.15), 0.9]}	{[(0.76, 0.26), 0.3], [(0.89, 0.30), 0.7]}	{[(0.91, 0.14), 0.4], [(0.89, 0.22), 0.6]}	{[(0.62, 0.19), 0.2], [(0.69, 0.18), 0.8]}	{[(0.75, 0.18), 0.2], [(0.78, 0.17), 0.8]}
C_2	{[(0.23, 0.78), 0.4], [(0.19, 0.56), 0.6]}	{[(0.54, 0.78), 0.3], [(0.50, 0.79), 0.7]}	{[(0.39, 0.87), 0.2], [(0.41, 0.90), 0.8]}	{[(0.33, 0.85), 0.3], [(0.29, 0.98), 0.7]}	{[(0.28, 0.84), 0.4], [(0.31, 0.79), 0.6]}
C_3	{[(0.36, 0.64), 0.2], [(0.43, 0.66), 0.8]}	{[(0.43, 0.76), 0.1], [(0.39, 0.82), 0.9]}	{[(0.21, 0.54), 0.4], [(0.19, 0.57), 0.6]}	{[(0.31, 0.59), 0.2], [(0.39, 0.69), 0.8]}	{[(0.41, 0.78), 0.2], [(0.48, 0.69), 0.8]}

表 4－3　基于 PHFFEs 的专家 DM_2 原始评价值

	A_1	A_2	A_3	A_4	A_5
G_1	{[(0.82, 0.61), 0.3], [(0.88, 0.72), 0.7]}	{[(0.86, 0.67), 0.3], [(0.98, 0.79), 0.7]}	{[(0.87, 0.61), 0.5], [(0.91, 0.71), 0.5]}	{[(0.75, 0.35), 0.3], [(0.82, 0.47), 0.7]}	{[(0.77, 0.35), 0.2], [(0.90, 0.42), 0.8]}
G_2	{[(0.32, 0.84), 0.2], [(0.39, 0.49), 0.8]}	{[(0.47, 0.82), 0.5], [(0.41, 0.73), 0.5]}	{[(0.31, 0.74), 0.3], [(0.65, 0.89), 0.7]}	{[(0.16, 0.32), 0.2], [(0.14, 0.35), 0.8]}	{[(0.11, 0.46), 0.4], [(0.24, 0.61), 0.6]}
G_3	{[(0.76, 0.95), 0.2], [(0.67, 0.93), 0.8]}	{[(0.44, 0.69), 0.3], [(0.47, 0.78), 0.7]}	{[(0.34, 0.58), 0.3], [(0.21, 0.55), 0.7]}	{[(0.62, 0.84), 0.4], [(0.47, 0.77), 0.6]}	{[(0.42, 0.59), 0.1], [(0.24, 0.52), 0.9]}
H_1	{[(0.23, 0.71), 0.4], [(0.35, 0.90)], 0.6}	{[(0.42, 0.91), 0.5], [(0.44, 0.97), 0.5]}	{[(0.41, 0.74), 0.2], [(0.51, 0.75), 0.8]}	{[(0.57, 0.83), 0.4], [(0.52, 0.79), 0.6]}	{[(0.32, 0.57), 0.1], [(0.46, 0.67), 0.9]}
H_2	{[(0.74, 0.33), 0.3], [(0.78, 0.39), 0.7]}	{[(0.24, 0.55), 0.3], [(0.48, 0.65), 0.7]}	{[(0.67, 0.92), 0.1], [(0.59, 0.77), 0.9]}	{[(0.54, 0.59), 0.2], [(0.49, 0.72), 0.8]}	{[(0.20, 0.49), 0.4], [(0.31, 0.56), 0.6]}
H_3	{[(0.61, 0.37), 0.1], [(0.59, 0.26), 0.9]}	{[(0.66, 0.31), 0.4], [(0.72, 0.40), 0.6]}	{[(0.74, 0.21), 0.3], [(0.68, 0.45), 0.7]}	{[(0.86, 0.30), 0.2], [(0.78, 0.26), 0.8]}	{[(0.80, 0.44), 0.3], [(0.67, 0.29), 0.7]}
C_1	{[(0.69, 0.13), 0.2], [(0.67, 0.19), 0.8]}	{[(0.71, 0.20), 0.4], [(0.89, 0.33), 0.6]}	{[(0.81, 0.11), 0.3], [(0.85, 0.23), 0.7]}	{[(0.72, 0.21), 0.4], [(0.69, 0.19), 0.6]}	{[(0.79, 0.13), 0.3], [(0.78, 0.16), 0.7]}
C_2	{[(0.21, 0.75), 0.3], [(0.13, 0.59), 0.7]}	{[(0.55, 0.79), 0.2], [(0.52, 0.72), 0.8]}	{[(0.42, 0.89), 0.1], [(0.47, 0.93), 0.9]}	{[(0.33, 0.89), 0.4], [(0.29, 0.91), 0.6]}	{[(0.24, 0.81), 0.5], [(0.21, 0.79), 0.5]}
C_3	{[(0.31, 0.66), 0.3], [(0.23, 0.56), 0.7]}	{[(0.41, 0.74), 0.2], [(0.39, 0.81), 0.8]}	{[(0.23, 0.58), 0.4], [(0.19, 0.59), 0.6]}	{[(0.20, 0.59), 0.1], [(0.39, 0.79), 0.9]}	{[(0.40, 0.79), 0.4], [(0.48, 0.72), 0.6]}

表 4-4　基于 PHFFEs 的专家 DM_3 原始评价值

	A_1	A_2	A_3	A_4	A_5
G_1	{[(0.67, 0.61), 0.3], [(0.38, 0.70), 0.7]}	{[(0.35, 0.39), 0.2], [(0.48, 0.50), 0.8]}	{[(0.77, 0.63), 0.4], [(0.71, 0.60), 0.6]}	{[(0.55, 0.65), 0.5], [(0.52, 0.42), 0.5]}	{[(0.47, 0.45), 0.5], [(0.50, 0.42), 0.5]}
G_2	{[(0.51, 0.84), 0.2], [(0.32, 0.46), 0.8]}	{[(0.71, 0.32), 0.5], [(0.81, 0.46), 0.5]}	{[(0.55, 0.61), 0.3], [(0.60, 0.88), 0.7]}	{[(0.72, 0.31), 0.4], [(0.84, 0.44), 0.6]}	{[(0.27, 0.44), 0.3], [(0.34, 0.61), 0.7]}
G_3	{[(0.61, 0.87), 0.4], [(0.60, 0.91), 0.6]}	{[(0.31, 0.65), 0.3], [(0.45, 0.70), 0.7]}	{[(0.43, 0.56), 0.5], [(0.31, 0.55), 0.5]}	{[(0.60, 0.83), 0.4], [(0.42, 0.79), 0.6]}	{[(0.30, 0.59), 0.2], [(0.34, 0.54), 0.8]}
H_1	{[(0.29, 0.84), 0.3], [(0.34, 0.90)], 0.7}	{[(0.19, 0.80), 0.2], [(0.31, 0.84), 0.8]}	{[(0.49, 0.77), 0.4], [(0.54, 0.79), 0.6]}	{[(0.61, 0.84), 0.3], [(0.59, 0.71), 0.7]}	{[(0.40, 0.51), 0.4], [(0.56, 0.89), 0.6]}
H_2	{[(0.74, 0.29), 0.3], [(0.68, 0.37), 0.7]}	{[(0.29, 0.51), 0.3], [(0.43, 0.64), 0.7]}	{[(0.61, 0.93), 0.4], [(0.53, 0.69), 0.6]}	{[(0.50, 0.56), 0.2], [(0.43, 0.69), 0.8]}	{[(0.29, 0.43), 0.4], [(0.34, 0.51), 0.6]}
H_3	{[(0.56, 0.32), 0.4], [(0.50, 0.47), 0.6]}	{[(0.70, 0.39), 0.2], [(0.76, 0.47), 0.8]}	{[(0.71, 0.25), 0.5], [(0.69, 0.49), 0.5]}	{[(0.84, 0.30), 0.4], [(0.79, 0.38), 0.6]}	{[(0.65, 0.32), 0.3], [(0.69, 0.29), 0.7]}
C_1	{[(0.61, 0.22), 0.2], [(0.63, 0.16), 0.8]}	{[(0.71, 0.25), 0.4], [(0.89, 0.36), 0.6]}	{[(0.94, 0.16), 0.4], [(0.89, 0.26), 0.6]}	{[(0.61, 0.13), 0.3], [(0.69, 0.11), 0.7]}	{[(0.72, 0.19), 0.2], [(0.78, 0.13), 0.8]}
C_2	{[(0.22, 0.68), 0.3], [(0.19, 0.51), 0.7]}	{[(0.50, 0.71), 0.2], [(0.50, 0.73), 0.8]}	{[(0.34, 0.82), 0.3], [(0.41, 0.80), 0.7]}	{[(0.35, 0.82), 0.4], [(0.29, 0.91), 0.6]}	{[(0.25, 0.89), 0.5], [(0.31, 0.73), 0.5]}
C_3	{[(0.32, 0.69), 0.4], [(0.43, 0.61), 0.6]}	{[(0.40, 0.66), 0.2], [(0.35, 0.82), 0.8]}	{[(0.31, 0.54), 0.3], [(0.19, 0.59), 0.7]}	{[(0.34, 0.59), 0.5], [(0.39, 0.64), 0.5]}	{[(0.45, 0.79), 0.3], [(0.44, 0.68), 0.7]}

表 4-5　采用 PHFFDCIG 算子聚集专家综合评价信息值

	A_1	A_2	A_3	A_4	A_5
G_1	{[(0.85, 0.90), 0.3], [(0.89, 0.90), 0.7]}	{[(0.83, 0.89), 0.3], [(0.89, 0.98), 0.7]}	{[(0.85, 0.92), 0.4], [(0.89, 0.93), 0.6]}	{[(0.79, 0.84), 0.3], [(0.76, 0.87), 0.7]}	{[(0.75, 0.86), 0.4], [(0.74, 0.91), 0.6]}
G_2	{[(0.75, 0.94), 0.2], [(0.70, 0.78), 0.8]}	{[(0.84, 0.86), 0.5], [(0.85, 0.84), 0.5]}	{[(0.74, 0.88), 0.3], [(0.85, 0.96), 0.7]}	{[(0.71, 0.68), 0.5], [(0.71, 0.72), 0.5]}	{[(0.55, 0.77), 0.3], [(0.66, 0.86), 0.7]}
G_3	{[(0.88, 0.97), 0.3], [(0.86, 0.97), 0.7]}	{[(0.72, 0.87), 0.3], [(0.77, 0.91), 0.7]}	{[(0.65, 0.83), 0.4], [(0.58, 0.81), 0.6]}	{[(0.86, 0.95), 0.3], [(0.76, 0.91), 0.7]}	{[(0.71, 0.84), 0.1], [(0.67, 0.81), 0.9]}
H_1	{[(0.93, 0.63), 0.3], [(0.97, 0.70)], 0.7}	{[(0.96, 0.65), 0.4], [(0.97, 0.72), 0.6]}	{[(0.91, 0.76), 0.3], [(0.92, 0.81), 0.7]}	{[(0.95, 0.85), 0.4], [(0.92, 0.82), 0.6]}	{[(0.82, 0.72), 0.2], [(0.94, 0.80), 0.8]}
H_2	{[(0.90, 0.66), 0.3], [(0.90, 0.72), 0.7]}	{[(0.65, 0.81), 0.3], [(0.77, 0.86), 0.7]}	{[(0.86, 0.98), 0.2], [(0.82, 0.90), 0.8]}	{[(0.81, 0.83), 0.3], [(0.77, 0.88), 0.7]}	{[(0.61, 0.77), 0.4], [(0.69, 0.82), 0.6]}
H_3	{[(0.71, 0.83), 0.2], [(0.71, 0.82), 0.8]}	{[(0.70, 0.88), 0.4], [(0.75, 0.91), 0.6]}	{[(0.61, 0.91), 0.4], [(0.77, 0.88), 0.6]}	{[(0.67, 0.95), 0.3], [(0.67, 0.92), 0.7]}	{[(0.72, 0.90), 0.4], [(0.65, 0.88), 0.6]}
C_1	{[(0.54, 0.87), 0.2], [(0.55, 0.87), 0.8]}	{[(0.61, 0.90), 0.4], [(0.69, 0.96), 0.6]}	{[(0.51, 0.96), 0.4], [(0.62, 0.96), 0.6]}	{[(0.56, 0.87), 0.4], [(0.55, 0.88), 0.6]}	{[(0.54, 0.91), 0.2], [(0.53, 0.92), 0.8]}
C_2	{[(0.60, 0.90), 0.3], [(0.54, 0.82), 0.7]}	{[(0.81, 0.92), 0.2], [(0.80, 0.91), 0.8]}	{[(0.73, 0.95), 0.2], [(0.76, 0.97), 0.8]}	{[(0.70, 0.95), 0.2], [(0.66, 0.98), 0.8]}	{[(0.63, 0.94), 0.5], [(0.64, 0.92), 0.5]}
C_3	{[(0.69, 0.87), 0.3], [(0.69, 0.84), 0.7]}	{[(0.74, 0.90), 0.2], [(0.72, 0.93), 0.8]}	{[(0.63, 0.82), 0.4], [(0.57, 0.84), 0.6]}	{[(0.64, 0.84), 0.2], [(0.73, 0.90), 0.8]}	{[(0.75, 0.92), 0.3], [(0.78, 0.89), 0.7]}

出于计算目的，需要将概率犹豫 Fermatean 模糊元素进行模糊处理以得到清晰的值，此过程称为“去模糊化处理”。基于等式（2.3）中的得分函数计算群组内综合评估得分值。根据等式（4.9），对 PHFFDCIG 算子聚合综合评价得分值标准化如表 4-6 所示。

表 4-6　　采用 PHFFDCIG 算子聚合标准化综合评价得分值

	G_1	G_2	G_3	H_1	H_2	H_3	C_1	C_2	C_3
A_1	-0.1160	-0.3584	-0.4356	0.6219	0.6850	-0.2341	-0.3765	-0.4070	-0.3896
A_2	-0.4716	-0.0244	-0.4516	0.6286	-0.3790	-0.3922	-0.4173	-0.2176	-0.5440
A_3	-0.3177	-0.5963	-0.4991	0.2912	-0.3531	-0.4384	-0.5364	-0.4338	-0.4777
A_4	-0.4403	0.0180	-0.4661	0.2394	-0.3153	-0.6124	-0.4026	-0.5803	-0.4427
A_5	-0.6851	-0.7177	-0.3741	0.2757	-0.4039	-0.4734	-0.4839	-0.5119	-0.3579

由于群组综合评价问题的复杂性，由群组专家给出的满足加性的权重的假设是无效的。此外，权向量归一化的过程忽略了各指标之间的相互依赖性。因此，有必要使用 Choquet 积分在通常彼此不独立的条件下集成评估信息。值得注意的是，在这项研究中，单个模糊测度 $\rho(c_i)$（$i=1, 2, \cdots, 9$）由一组专家直接提供。根据群组专家的意见，每个评价指标的模糊测度：$\rho(c_1)=0.5$，$\rho(c_2)=0.4$，$\rho(c_3)=0.75$，$\rho(c_4)=0.5$，$\rho(c_5)=0.4$，$\rho(c_6)=0.3$，$\rho(c_7)=0.35$，$\rho(c_8)=0.6$，$\rho(c_9)=0.25$。由等式（4.4），参数 $\tau_2=-0.9968$，根据等式（4.3），分别计算对应 $\rho(A_i)-\rho(A_{i+1})$ 的值，结果如下所示：

$$\rho(A_1)-\rho(A_2)=0.0032, \rho(A_2)-\rho(A_3)=0.0043, \rho(A_3)-\rho(A_4)=0.0312,$$
$$\rho(A_4)-\rho(A_5)=0.0414, \rho(A_5)-\rho(A_6)=0.0551, \rho(A_6)-\rho(A_7)=0.0589,$$
$$\rho(A_7)-\rho(A_8)=0.1056, \rho(A_8)-\rho(A_9)=0.4505, \rho(A_9)-\rho(A_{10})=0.2500。$$

步骤 3：计算概率犹豫 Fermatean 模糊比值系统。

使用等式（4.10）计算长江经济带沿线 5 省（市）概率犹豫 Fermatean 模糊比值系统结果为：$U_1(1)=-0.2300$，$U_1(2)=-0.2265$，$U_1(3)=-0.2809$，$U_1(4)=-0.3338$，$U_1(5)=-0.2873$。长江经济带沿线 5 省（市）绿色修复

水平排序为：$A_2 > A_1 > A_3 > A_5 > A_4$。

步骤 4：计算拓展的概率犹豫 Fermatean 模糊参照点。

正负理想点方案结果如下：

$\mathbf{r}_j^+ = [-0.6851; 0.0180; -0.3741; 0.2394; 0.6850; -0.6124; -0.5364; -0.2176; -0.3579]$；

$\mathbf{r}_j^- = [-0.1160; -0.7177; -0.4991; 0.6286; -0.4039; -0.2341; -0.3765; -0.5803; -0.5440]$。

使用等式（4.11）计算长江经济带沿线 5 省（市）概率犹豫 Fermatean 模糊参考点结果如下：$U_2(1) = 0.6107$，$U_2(2) = 0.5044$，$U_2(3) = 0.5595$，$U_2(4) = 0.2939$，$U_2(5) = 0.5615$。长江经济带沿线 5 省（市）绿色修复水平排序为：$A_1 > A_5 > A_3 > A_2 > A_4$。

步骤 5：计算概率犹豫 Fermatean 模糊完全乘法。

使用等式（4.12），长江经济带沿线 5 省（市）概率犹豫 Fermatean 模糊完全乘法结果如下：$U_3(1) = 1.8926$，$U_3(2) = 2.3943$，$U_3(3) = 2.3943$，$U_3(4) = 2.4627$，$U_3(5) = 2.4099$。长江经济带沿线 5 省（市）绿色修复水平排序为：$A_2 > A_4 > A_5 > A_3 > A_1$。

步骤 6：根据改进 Borda 规则，获得最终最优排序。

使用等式（4.13）标准化三个 MULTIMOORA 子系统排序得分矩阵 $\mathbf{U}_\kappa(i)$，有

$$\mathbf{U}_\kappa(i) = \begin{bmatrix} -0.3745 & 0.5272 & 0.0049 \\ -0.3688 & 0.4354 & 0.6685 \\ -0.4575 & 0.4830 & 0.4820 \\ -0.5437 & 0.2537 & 0.4937 \\ -0.4678 & 0.4847 & 0.4884 \end{bmatrix}$$

基于改进的 Borda 理论计算 $\boldsymbol{\Phi}_i$（$i = 1, 2, \cdots, n$），由于结果为复数，将其转化为实数后比较大小，并获得长江经济带沿线备选 5 省（市）的绿色修复水平最优排序结果：

$$\Phi_1 = (-0.3745) \times \frac{5-1}{5(5+1)/2} - 0.5272 \times \frac{1}{5(5+1)/2} + 0.0049 \times \frac{5+1-2}{5(5+1)/2}$$
$$= 0.1377$$

同理计算其他 4 省（市）结果，$\Phi_2 = 0.0173$，$\Phi_3 = 0.0927$，$\Phi_4 = 0.0248$，$\Phi_5 = 0.0621$，即 $\Phi_1 > \Phi_3 > \Phi_5 > \Phi_4 > \Phi_2$。

故 $A_1 > A_3 > A_5 > A_4 > A_2$，则 A_1 为长江经济带沿线绿色修复水平最突出的省市。

4.4.3 稳健性检验和对比分析

本书率先提出概率犹豫 Fermatean 模糊环境下的 Dombi 聚合运算法则，能使 PHFFDCIG 算子聚合过程更加灵活。为了进一步讨论参数 δ 对长江经济带沿线省市绿色修复水平排序的影响，本节在确保其他条件一致下，对绿色修复水平突出省（市）进行排序。

从表 4－7 可以看出，关于不同的参数 δ，排序结果略有不同。但是，绿色修复水平最突出的省（市）始终是 A_1，证明了所提出方法的鲁棒性。为了更加直观地反映参数变化对绿色修复水平突出的备选省（市）排序结果的影响，将表 4－7 得到的结果以图形呈现。由图 4－2 可知，随着参数变化，长江经济带沿线绿色修复水平最突出省（市）一直为 A_1，说明了模型的稳健性。此外，参数 δ 表示决策者的态度，尤其是当 $\delta \to \infty$ 时，决策者是最乐观的。

表 4－7　采用 Dombi 聚合运算参数变化下的排序

序号	参数 δ	排序结果
1	0.1	$A_1 > A_4 > A_3 > A_2 > A_5$
2	0.2	$A_1 > A_4 > A_3 > A_2 > A_5$
3	1	$A_1 > A_3 > A_5 > A_2 > A_4$
4	5	$A_1 > A_3 > A_5 > A_2 > A_4$
5	10	$A_1 > A_5 > A_2 > A_4 > A_3$
6	20	$A_1 > A_5 > A_4 > A_3 > A_2$

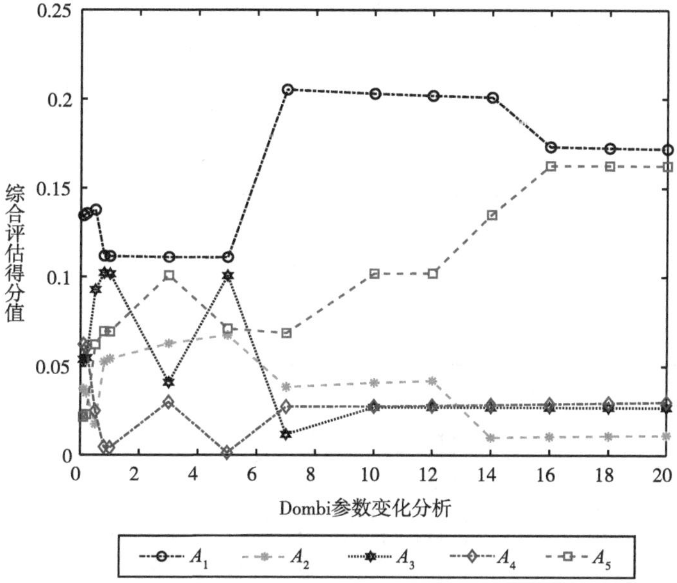

图 4-2　采用 Dombi 聚合运算参数变化下的排序趋势

通过将一些经典且通用的方法与概率犹豫 Fermatean 模糊评估信息对比，分析上述长江经济带沿线绿色修复水平评价问题，以获得突出省（市）排名结果，以确认前文建立拓展 PHFFS - MULTIMOORA 方法的有效性和优越性。

前文建立的区域绿色修复水平评价算法模型包括两部分：①PHFFDCIG 算子聚合群组内各专家的评价信息值；②改进 PHFFS - MULTIMOORA 方法对综合评价值进行集成测算绿色修复水平最突出省市排序结果。针对第二部分，采用 PHFFDCIG、PHFFDCIA 信息集成算子以及 TODIM（Kahneman 和 Tversky，1979）[102]、TOPSIS（Hwang 和 Yoon，1981）[95]和经典 MULTIMOORA（Brauers 和 Zavadskas，2010）[56]方法进行对照仿真实验，获得最终排序结果如表 4-8 所示，同时将不同综合评价方法的对比结果在图 4-3 中直观展示。

表 4 - 8　　不同决策方法排序结果

综合评价方法	排序结果
PHFFDCIG	$A_2 > A_1 > A_5 > A_3 > A_4$
PHFFDCIA	$A_2 > A_1 > A_3 > A_5 > A_4$
TODIM	$A_1 > A_5 > A_3 > A_4 > A_2$
TOPSIS	$A_1 > A_5 > A_3 > A_2 > A_4$
VIKOR	$A_1 > A_5 > A_3 > A_4 > A_2$
MULTIMOORA	$A_1 > A_5 > A_3 > A_2 > A_4$
PHFFS - MULTIMOORA	$A_1 > A_3 > A_5 > A_4 > A_2$

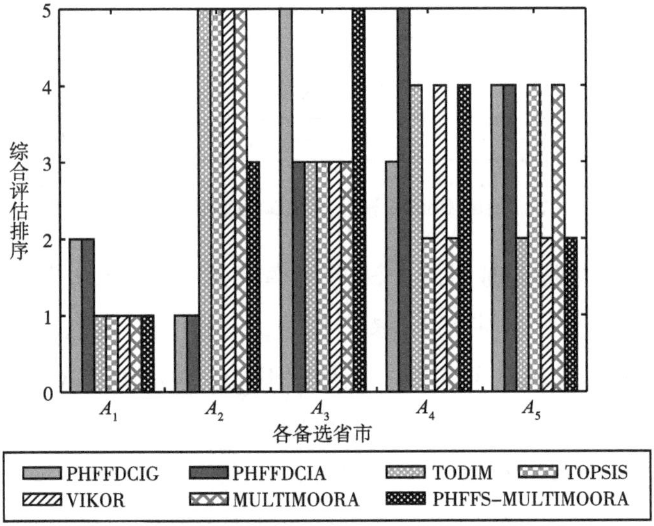

图 4 - 3　不同综合评价方法下的各省市排序趋势

通过表 4 - 8 和图 4 - 3 显示的数值比较分析可知，基于不同综合评价方法的绿色修复水平排序结果有所不同。具体表现在，基于 PHFFDCIG、PHFFDCIA 信息集成算子，两者排序结果保持一致，A_2 为最优选择，对 A_1 的排序有局限性，侧面反映了信息集成算子的方法存在测度结果有偏的不足。基于距离测度的三种传统方法中，A_1 最优选择排序与本章构建模型保持一致。由于折中理论和优势理论的局限性无法有效地计算最终的排序，TODIM 方法无法获得属性之间的特定相互关系。由于忽略个人后悔值的限制，TOPSIS 方法确定 A_2 优于 A_4。改进 PHFFS – MULTIMOORA 方法，得到 A_5 劣于 A_3。显然，该排序结果符合一般人的心理预期，有力地说明了本章模型的可行性和有效性。

4.5　本章小结

本章建立了一个概率犹豫 Fermatean 模糊环境下改进 MULTIMOORA 方法的区域绿色修复水平群组综合评价模型，并以长江经济带沿线 5 省（市）为评估对象进行算例分析，同时验证了该模型的有效性和可行性，弥补了现有研究的不足。本章的贡献总结如下：

①所采用的 PHFFS 更加完美地体现了群组内评价过程中决策者的犹豫和个人偏好以及评价过程的不确定性。②Dombi 运算和 Choquet 积分的结合，使得 PHFFDCIG 算子聚合评估信息更加灵活，也解决了第 3 章中未考虑的评价指标间的相关性问题。③拓展的 PHFFS – MULTIMOORA 模型考虑了正负理想解的距离；用加权信息集成算子拓展完全乘法形式，并采用严格单调递增函数作为加权值；采用 Borda 规则综合考虑排序效用值。

总而言之，本章构建群组综合评价集成技术提高了区域绿色修复水平评价结果的鲁棒性和效率。然而，针对复杂的经济发展结构，需要发展描述更大范围内的 Fermatean 模糊信息表达形式，后文对此展开深入研究。

第5章 区间 Fermatean 模糊前景理论群组综合评价集成机制

第3章和第4章对区域绿色发展与修复水平评价均进行了深入研究，对非确定性数据的群组集成机制理论的边界进行了拓展。然而，群组成员在信息不完备情形下难以给出精确的 Fermatean 模糊的隶属度与非隶属度值。同时，前文在群组成员是完全理性的假设下开展研究，事实上，群组成员很难对不同风险的实践活动作出统一的判断。再者，全面脱贫以来，乡村振兴战略深入推进，巩固拓展脱贫成果尤为重要，科学有效地评判乡村振兴赋能脱贫攻坚的成效能为乡村振兴持续发力保驾护航。复杂不确定环境下的脱贫攻坚绩效评价需要引入新的综合评价理论与方法，为此，本章拟基于区间 Fermatean 模糊集，拓展乡村振兴区域赋能脱贫攻坚绩效评价的区间 Fermatean 模糊方法研究。采用区间 Fermatean 模糊集（IVFFS）表征群组专家的评价信息值，在更大范围内囊括偏好信息。同时，为了处理输入指标的交互关系及整体均衡性，提出广义区间 Fermatean 模糊加权幂 Heronian 平均（IVFFWPHM）算子。随后，定义了群组内各评价者的前景权重以及两个区间 Fermatean 模糊数间的相关系数以确定指标的客观权重。此外，基于前景理论建立了一种考虑群组专家有限理性的群组综合评价流程框架。最后，选取5个区域乡村振兴赋能脱贫攻坚的成效评价作为算例来说明所提出的方法，并进行了一些分析和讨论以验证本章方法的有效性和可行性。

5.1　研究动机和思路

现行标准下，区域性整体贫困得到解决，但脱贫摘帽不是终点，而是新生活、新奋斗的起点。中央科学部署全面推进乡村振兴巩固脱贫攻坚成果，坚守不发生规模性返贫底线。乡村振兴赋能脱贫攻坚成果可持续化；反之，脱贫攻坚成果又与乡村振兴有效衔接，对更深层次和更大范围内的减贫甄别具有重大战略意义。如今脱贫后的中国乡村正在进行美丽乡村建设，经济持续快速发展，一大批优势产业持续发力。由此，亟待构建一套评判乡村振兴赋能区域脱贫攻坚的成效的方法框架，为乡村振兴展开一幅底色更亮、成色更足以及质量更优的农村画卷提供基本遵循。

传统综合评价框架基于精确数值的评价意见，但随着社会经济高速发展，以及乡村振兴赋能区域脱贫攻坚中难以逾越的复杂性和不确定性，在现实中评价者很难针对所有指标准确、清晰地给出评估态度。随着大批学者持续深入研究模糊综合评价，现有表达评价信息的固有缺陷显现出来，信息缺失问题亟待解决。为使评估值的表达更为全面而准确，本章提出一种新型不确定数据形式，区间 Fermatean 模糊集（IVFFS），基于 Fermatean 模糊集（FFS），融合区间模糊集（IVFS），突破传统模糊集完整刻画研究对象的全部信息受到的制约与挑战，成为解决复杂评价（决策）问题的新型评价信息值。区间值具有精确值难以媲美度量不确定信息的能力，IVFFS 能高效灵活刻画评价者的偏好信息，由此，本章拟在区间 Fermatean 模糊环境下架构乡村振兴赋能区域脱贫攻坚绩效评价框架，为新时期稳步推进乡村振兴政策，实现人民高质量幸福生活添砖加瓦。

聚合算子在多指标综合评价过程中将群组内各专家的评估值聚合为综合评价值，最常用的聚合算子是加权平均算子和加权几何算子。此外，评价过程中评估值的相互关系应该被考虑，这对综合评价结果的准确性尤为重要。几种解决这一问题的信息集成算子，Bonferroni 平均（BM）算子（Bonferroni，1950）[46]、Maclaurin 对称平均（MSM）算子（罗世华等，2021）[10]、Choquet 积分算子（Luo 和 Liu，2019）[113]等被提出并成功应用于各类指标相关性的综合评价问题。Heronian 平均（HM）算子（Beliakov 等，2007）[52]具有同样的功能，引起大量学者对 Heronian 平均算子的广泛关注，将其不断拓展契合实际的评价问题。群组综合评价将一群各领域不同知识背景的评价专家召集在一起对某一社会经济问题进行综合分析评判，组内评判专家不可避免地会因各自主观偏好和对评价对象认知不足而给出“奇异值”（即评价信息中过大或过小的值），从而导致评价信息值的整体均衡性得不到保证。幂平均算子（Yager，2001）[190]具有刻画评价信息值间支撑度的优良性质，尽可能避免了异常评估信息值对评估结果的不良影响。随后，被广泛拓展到直觉模糊、犹豫模糊、语言术语模糊等不确定综合评价环境中。

评价指标相关性是对两个或多个具备关联性的指标进行统计分析的技术手段，已广泛应用于不确定综合评价过程。从统计学的角度，Huang（2001）[88]定义了两个直觉模糊数间的相关系数。此外，学者将模糊数间相关系数的研究拓展至区间直觉模糊集、Pythagorean 模糊集、q 阶正交模糊集等模糊集中。相关系数弥补了距离测度造成的评价信息缺失的不足，能通过构建并求解模糊数间的相关系数模型获得指标客观权重信息，而区间 Fermatean 模糊数相关系数的研究鲜有文献发表。

不确定环境下的综合评价尽管取得了进展，但仍存在一些不足。研究者采用模糊数刻画评价者对评价对象的偏好信息有时显得不够灵活。更重要的是，评价过程中因脱贫攻坚的复杂环境以及评价者认知缺陷导致的非理性评价不容忽视，评价者的心理特征深刻影响着决策过程。现有综合评价方法广泛应用于社会经济各领域，然而大多数评价方法均为经典期望效用理论，基于评价者完全理性的假设，由此得到不具科学性的评价结果。而前景理论（Kahneman 和 Tversky，1979）[102]能细腻刻画评价者在面对脱贫攻坚评价的风险态度和心理行为，较好契合了评价者的有限理性。由于前景理论与人的心理特征联系密切，通过梳理相关文献可知，现有大量前景理论与其他模糊评价方法的拓展研究。然而，现有研究中的大多数只是简单地遵循前景理论，将评价信息代入前景理论的价值和权重函数中。大部分学者在评价过程中仅采用前景理论的价值函数，极少学者同时采用价值函数与权重函数。前者的评价方法通常将评价信息值转换为前景价值函数值，评价结果完全基于前景值。后者为了同时使用价值函数和权重函数，常见的方法是采用价值函数刻画评估信息，而权重函数导出各指标权重，最后计算两者的乘积作为前景值输入综合评价过程中。评价主体的心理行为特征应体现于评价的全过程，现有研究主要将前景理论应用于评估结果阶段，而聚合信息过程的非理性行为同样不容忽视。与此同时，关于区间 Fermatean 模糊评价信息的前景理论问题鲜有研究，为此，本章考虑到综合评价过程中专家的风险态度，结合拓展的前景理论研究区间 Fermatean 模糊环境下指标权重未知的乡村振兴赋能脱贫攻坚绩效评价问题。

综合现有聚集算子的相关研究，可见聚集综合评价信息视角都比较单一，少有通盘考虑日益复杂的评价问题外部环境，多角度分析成为确保获取稳健评价结果的必然选择。本章拟在挖掘社会经济综合评价指标相关性的同时，弱化评价者因个人原因给出异常偏好评价信息值的影响，并将评价者的非理性心理考虑在内，多尺度评判乡村振兴赋能区域脱贫攻坚绩效。具体地，本章依托区间 Fermatean 模糊评价环境，将 Heronian 平均算子和幂平均算子有机融合聚集群组专家的评价信息，提出区间 Fermatean 模糊加权幂 Heronian 平均算子；在算子集结和合理评价过程中，采用前景理论再现了群组专家的非完全理性行为；丰富了评判乡村振兴赋能区域脱贫攻坚成效的技术手段。

本章研究的主要创新之处如下所示：①拓展提出了区间 Fermatean 模糊集的概念使其更加契合愈加复杂的决策环境。②考虑多输入指标的相互关系和异常评估信息值对综合评价的影响，定义了区间 Fermatean 模糊加权幂 Heronian平均算子。③定义了区间值 Fermatean 模糊集的得分函数和 Euclidean 距离。④考虑聚集评估信息过程中的行为特征，定义了参与者的群组前景权重。⑤定义了区间 Fermatean 模糊数的相关系数确定各指标权重信息。⑥基于拓展前景理论改进评价方法中考虑评价者的行为特征，构建评价者心理认知的乡村振兴赋能区域脱贫攻坚绩效评价算法模型。

5.2 区间 Fermatean 模糊加权幂 Heronian 平均集成算子

为了更准确刻画评价者的偏好信息，体现个体和群组综合评价间的多元性，拟在区间 Fermatean 模糊环境下发展聚集评价信息算子，为后文区间 Fermatean 模糊决策方法的提出奠定基础。

定义 5.1 （Beliakov 等，2007）[52] 设 a_i（$i=1, 2, \cdots, n$）是一组非负实数，若

$$HM=(a_1,a_2,\cdots,a_n)=\frac{2}{n(n+1)}\sum_{i=1}^{n}\sum_{j=i}^{n}\sqrt{a_ia_j} \tag{5.1}$$

则称其为 Heronian 平均（HM）算子。

定义 5.2 设 a_i（$i=1, 2, \cdots, n$）是一组非负实数，p，$q\geqslant 0$，且不同时为 0，若

$$GHM^{p,q}=(a_1,a_2,\cdots,a_n)=\left(\frac{2}{n(n+1)}\sum_{i=1}^{n}\sum_{j=i}^{n}a_i^pa_j^q\right)^{\frac{1}{p+q}} \tag{5.2}$$

则称 $GHM^{p,q}$ 为广义 Heronian 平均（GHM）算子。

定义 5.3 （Yager，2001）[190] 设 a_i（$i=1, 2, \cdots, n$）是一组非负实数，若

$$PA(a_1,a_2,\cdots,a_n)=\frac{\sum_{i=1}^{n}(1+T(a_i))a_i}{\sum_{i=1}^{n}(1+T(a_i))} \tag{5.3}$$

则称 PA 为幂平均算子，其中，$T(a_i)=\sum_{j=1,j\neq i}^{n}Sup(a_i,a_j)$，$Sup(a, b)$ 表示 a 和 b 的支撑度，并满足下列条件：

（1）$Sup(a, b) \in [0, 1]$；

（2）$Sup(a, b) = Sup(b, a)$；

（3）$Sup(a, b) \geqslant Sup(x, y)$，若 $|a-b| \leqslant |x-y|$。

定义 5.4 令 $F_{IV_i} = ([\mu_{F_{IV_i}^L}, \mu_{F_{IV_i}^U}], [\nu_{F_{IV_i}^L}, \nu_{F_{IV_i}^U}])(i=1, 2)$ 和 $F_{IV} = ([\mu_{F_{IV}^L}, \mu_{F_{IV}^U}], [\nu_{F_{IV}^L}, \nu_{F_{IV}^U}])$ 为三个 IVFFNs，且 $\kappa > 0$，则区间 Fermatean 模糊运算定义如下：

（1）$F_{IV_1} \oplus F_{IV_2} = ([\sqrt[3]{\mu_{F_{IV_1}^L}^3 + \mu_{F_{IV_2}^L}^3 - \mu_{F_{IV_1}^L}^3 \mu_{F_{IV_2}^L}^3}, \sqrt[3]{\mu_{F_{IV_1}^U}^3 + \mu_{F_{IV_2}^U}^3 - \mu_{F_{IV_1}^U}^3 \mu_{F_{IV_2}^U}^3}], [\nu_{F_{IV_1}^L} \nu_{F_{IV_2}^L}, \nu_{F_{IV_1}^U} \nu_{F_{IV_2}^U}])$；

（2）$F_{IV_1} \otimes F_{IV_2} = ([\nu_{F_{IV_1}^L} \nu_{F_{IV_2}^L}, \nu_{F_{IV_1}^U} \nu_{F_{IV_2}^U}], [\sqrt[3]{\mu_{F_{IV_1}^L}^3 + \mu_{F_{IV_2}^L}^3 - \mu_{F_{IV_1}^L}^3 \mu_{F_{IV_2}^L}^3}, \sqrt[3]{\mu_{F_{IV_1}^U}^3 + \mu_{F_{IV_2}^U}^3 - \mu_{F_{IV_1}^U}^3 \mu_{F_{IV_2}^U}^3}])$；

（3）$\kappa F_{IV} = ([\sqrt[3]{1-(1-\mu_{F_{IV}^L}^3)^\kappa}, \sqrt[3]{1-(1-\mu_{F_{IV}^U}^3)^\kappa}], [\nu_{F_{IV}^L}^\kappa, \nu_{F_{IV}^U}^\kappa])$；

（4）$F_{IV}^\kappa = ([\nu_{F_{IV}^L}^\kappa, \nu_{F_{IV}^U}^\kappa], [\sqrt[3]{1-(1-\mu_{F_{IV}^L}^3)^\kappa}, \sqrt[3]{1-(1-\mu_{F_{IV}^U}^3)^\kappa}])$。

定理 5.1 设 F_{IV_1} 和 F_{IV_2} 为两个区间 Fermatean 模糊数，则区间 Fermatean 模糊运算满足以下运算：

（1）$F_{IV_1} \oplus F_{IV_2} = F_{IV_2} \oplus F_{IV_1}$；

（2）$F_{IV_1} \otimes F_{IV_2} = F_{IV_2} \otimes F_{IV_1}$；

（3）$\kappa(F_{IV_1} \oplus F_{IV_2}) = \kappa F_{IV_2} \oplus \kappa F_{IV_1}$；

（4）$(F_{IV_1} \otimes F_{IV_2})^\kappa = F_{IV_1}^\kappa \otimes F_{IV_2}^\kappa$。

定理 5.1 的相关证明可参考 Senapati 和 Yager（2019）给出的关于 Fermatean 模糊数的运算法则的证明[158]，在此不展开论述。

定义 5.5 设 X 为一个有限集，$F_{IV_i} = ([\mu_{F_{IV_i}^L}, \mu_{F_{IV_i}^U}], [\nu_{F_{IV_i}^L}, \nu_{F_{IV_i}^U}])$（$i = 1, 2, \cdots, n$）是一系列与 X 相关的有限区间 Fermatean 模糊数，则 F_{IV_i} 对应的权重向量为 $w = (w_1, w_2, \cdots, w_n)^T$，其中 $w_i \geqslant 0$ 且 $\sum_{i=1}^{n} w_i = 1$。广义区间 Fermatean 模糊加权幂 Heronian 平均（GIVFFWPHM）算子定义如下：

$$GIVFFWPHM^{p,q}(F_{IV_1},F_{IV_2},\cdots,F_{IV_n})$$
$$=\left(\frac{2}{n(n+1)}\bigoplus_{\substack{i,j\in n\\ j=i}}^{n}\left(\left(n\frac{w_i(1+T(F_{IV_i}))}{\sum_{t=1}^{n}w_t(1+T(F_{IV_t}))}F_{IV_i}\right)^p\right.\right.$$
$$\left.\left.\otimes\left(n\frac{w_i(1+T(F_{IV_j}))}{\sum_{t=1}^{n}w_t(1+T(F_{IV_t}))}F_{IV_j}\right)^q\right)\right)^{\frac{1}{p+q}} \tag{5.4}$$

其中，p，$q\geqslant 0$ 且不同时为 0，$T(F_{IV_i})=\sum_{j=1,j\neq i}^{n}Sup(F_{IV_i},F_{IV_j})(i=1,2,\cdots,n)$，满足的约束条件与定义 5.4 相同，$Sup(F_{IV_i},F_{IV_j})=1-D_{F_{IV}}$。为简便计算，令

$$\varsigma_t=\frac{1+T(F_{IV_i})}{\sum_{t=1}^{n}(1+T(F_{IV_t}))} \tag{5.5}$$

其中，$\sum_{t=1}^{n}\varsigma_t=1$，则 GIVFFWPHM 算子的定义等同于下式：

$$GIVFFWPHM^{p,q}(F_{IV_1},F_{IV_2},\cdots,F_{IV_n})$$
$$=\left(\frac{2}{n(n+1)}\bigoplus_{\substack{i,j\in n\\ j=i}}^{n}\left(\left(\frac{nw_i\varsigma_i}{\sum_{t=1}^{n}w_t\varsigma_t}F_{IV_i}\right)^p\otimes\left(\frac{nw_i\varsigma_i}{\sum_{t=1}^{n}w_t\varsigma_t}F_{IV_j}\right)^q\right)\right)^{\frac{1}{p+q}} \tag{5.6}$$

下文给出广义区间 Fermatean 模糊加权幂 Heronian 平均算子集成评估信息的规则以及算子具备的幂等性、单调性、有界性和交换性。具体内容见定理 5.2 和定理 5.3，证明过程可参考 Deveci 等（2021）对模糊幂 Heronian 算子集成信息规则和算子性质的详细描述[68]，在此不作过多论述。

定理 5.2 设 p，$q\geqslant 0$，且不同时为 0，$F_{IV_i}=([\mu_{F^L_{IV_i}},\mu_{F^U_{IV_i}}],[\nu_{F^L_{IV_i}},\nu_{F^U_{IV_i}}])$（$i=1$，2，…，$n$）是一系列与 X 相关的有限区间 Fermatean 模糊数，由定义 5.4 可知，IVFFWPHM 算子集成后仍为区间 Fermatean 模糊数。且

$$
\begin{aligned}
&GIVFFWPHM^{p,q}(F_{IV_1},F_{IV_2},\cdots,F_{IV_n})\\
&=\Bigg(\Bigg[\Bigg(1-\Bigg(\prod_{i=1,j=i}^{n}\Bigg(1-\Bigg(1-(1-\mu_{F_{IV_i}^L}^3)^{\frac{nw_i\varsigma_i}{\sum_{t=1}^n w_t\varsigma_t}}\Bigg)^p\\
&\Bigg(1-(1-\mu_{F_{IV_j}^L}^3)^{\frac{nw_i\varsigma_i}{\sum_{t=1}^n w_t\varsigma_t}}\Bigg)^q\Bigg)\Bigg)^{2/n(n+1)}\Bigg)^{1/3(p+q)},\\
&\Bigg(1-\Bigg(\prod_{i=1,j=i}^{n}\Bigg(1-\Bigg(1-(1-\mu_{F_{IV_i}^U}^3\Bigg)^{\frac{nw_i\varsigma_i}{\sum_{t=1}^n w_t\varsigma_t}}\Bigg)^p\\
&\Bigg(1-\Bigg(1-\mu_{F_{IV_j}^U}^3\Bigg)^{\frac{nw_i\varsigma_i}{\sum_{t=1}^n w_t\varsigma_t}}\Bigg)^q\Bigg)\Bigg)^{2/n(n+1)}\Bigg)^{1/3(p+q)}\Bigg],\\
&\Bigg[\Bigg(1-\Bigg(1-\Bigg(\prod_{i=1,j=i}^{n}\Bigg(1-\Bigg(1-(\nu_{F_{IV_i}^L}^3)^{\frac{nw_i\varsigma_i}{\sum_{t=1}^n w_t\varsigma_t}}\Bigg)^p\\
&\Bigg(1-(\nu_{F_{IV_j}^L}^3)^{\frac{nw_i\varsigma_i}{\sum_{t=1}^n w_t\varsigma_t}}\Bigg)^q\Bigg)\Bigg)^{2/n(n+1)}\Bigg)^{1/(p+q)}\Bigg)^{1/3},\\
&\Bigg(1-\Bigg(1-\Bigg(\prod_{i=1,j=i}^{n}\Bigg(1-\Bigg(1-(\nu_{F_{IV_i}^U}^3)^{\frac{nw_i\varsigma_i}{\sum_{t=1}^n w_t\varsigma_t}}\Bigg)^p\\
&\Bigg(1-(\nu_{F_{IV_j}^U}^3)^{\frac{nw_i\varsigma_i}{\sum_{t=1}^n w_t\varsigma_t}}\Bigg)^q\Bigg)\Bigg)^{2/n(n+1)}\Bigg)^{1/(p+q)}\Bigg)^{1/3}\Bigg]\Bigg)。
\end{aligned}
\tag{5.7}
$$

定理5.3　设 X 为一个有限集，$F_{IV_i}=([\mu_{F_{IV_i}^L},\ \mu_{F_{IV_i}^U}],\ [\nu_{F_{IV_i}^L},\ \nu_{F_{IV_i}^U}])$（$i=1,\ 2,\ \cdots,\ n$）是一系列与 X 相关的有限区间 Fermatean 模糊数，根据区间 Fermatean 模糊数的运算规则，GIVFFWPHM 算子满足以下性质

（1）（幂等性）若 $F_{IV_1}=F_{IV_2}=\cdots=F_{IV_n}=F_{IV}$，则 $GIVFFWPHM^{p,q}(F_{IV_1},\ F_{IV_2},\ \cdots,\ F_{IV_n})=F_{IV}$。

（2）（单调性）设 $F'_{IV_i}=([\mu'_{F_{IV_i}^L},\ \mu'_{F_{IV_i}^U}],\ [\nu'_{F_{IV_i}^L},\ \nu'_{F_{IV_i}^U}])$（$i=1,\ 2,\ \cdots,\ n$）是一系列与 X 相关的区间 Fermatean 模糊数，若 $\mu_{F_{IV_i}^L}\leqslant\mu'_{F_{IV_i}^L}$，$\mu_{F_{IV_i}^U}\leqslant\mu'_{F_{IV_i}^U}$，$\nu_{F_{IV_i}^L}\leqslant\nu'_{F_{IV_i}^L}$ 和 $\nu_{F_{IV_i}^U}\leqslant\nu'_{F_{IV_i}^U}$，且 $T(F_{IV_i})=T(F'_{IV_i})$，则 $GIVFFWPHM^{p,q}(F_{IV_1},\ F_{IV_2},\ \cdots,\ F_{IV_n})\leqslant GIVFFWPHM^{p,q}(F'_{IV_1},\ F'_{IV_2},\ \cdots,\ F'_{IV_n})$。

（3）（有界性）若 $F_{IV}^-=(\min\mu_{F_{IV_i}},\min\nu_{F_{IV_i}})$ 和 $F_{IV}^+=(\max\mu_{F_{IV_i}},\ \max\nu_{F_{IV_i}})$，

则 $F_{IV}^{-} \leqslant GIVFFWPHM^{p,q}(F_{IV_1}, F_{IV_2}, \cdots, F_{IV_n}) \leqslant F_{IV}^{+}$。

(4)(交换性)设($\tilde{F}_{IV_1}$, $\tilde{F}_{IV_2}$, …, $\tilde{F}_{IV_n}$)是(F_{IV_1}, F_{IV_2}, …, F_{IV_n})的任意排列,则 $GIVFFWPHM^{p,q}(F_{IV_1}, F_{IV_2}, \cdots, F_{IV_n}) = GIVFFWPHM^{p,q}(\tilde{F}_{IV_1}, \tilde{F}_{IV_2}, \cdots, \tilde{F}_{IV_n})$。

基于上述对 GIVFFWPHM 算子相关性质的分析,信息集成算子在信息不完备和信息模糊情形下对评价指标间的相关性、非理性心理给出的异常偏好信息等问题均得到较好解决,使得信息科学集成得以实现。

5.3 拓展区间 Fermatean 模糊前景理论方法

对于不确定多指标综合评价问题,假设 $D = \{d_1, d_2, \cdots, d_k\}$ $(k = 1, 2, \cdots, n)$ 为群组专家的集合,$A = \{a_1, a_2, \cdots, a_i, a_m\}$ 为评价对象的集合,$C = \{c_1, c_2, \cdots, c_j, c_n\}$ 为评价指标的集合。评价矩阵 $\mathbf{X} = (x_{ij})_{m \times n}$ 表示评价对象 i 相对于评价指标 j 的评价信息值,用来解决多指标综合评价问题。

在群组评价过程中,群组专家和各指标权重均未知。首先确定评价主体的前景权重信息;然后采用 GIVFFWPHM 信息集成算子综合群组评价值;接着考虑各指标间相关性获得指标权重信息;最后给出拓展区间 Fermatean 模糊前景理论决策算法流程。

5.3.1 群组前景权重

群组专家在评价过程中,因其知识背景以及偏好不同,对相同评价对象的指标给出有别于其他评价主体的评估信息,此时群组内评价者基于心理活动赋予不同前景权重意义重大,评估的结果依据各指标在参考点的变化来衡量。基于 Liao 等(2020)Pythagorean 模糊前景权重测算的思想[122],本章建

立参与者 d_k 对各评价对象 a_m 关于评价指标 c_n 的区间 Fermatean 模糊前景权重方法体系。

$F_{IV_{ij}}^k = ([\mu_{F_{IV_{ij}}^L}^k, \mu_{F_{IV_{ij}}^U}^k], [\nu_{F_{IV_{ij}}^L}^k, \nu_{F_{IV_{ij}}^U}^k])$ 为群组内评价者 d_k 原始评价矩阵，标准化处理如下：

$$\hat{F}_{IV_{ij}}^k = \begin{cases} ([\mu_{F_{IV_{ij}}^L}^k, \mu_{F_{IV_{ij}}^U}^k], [\nu_{F_{IV_{ij}}^L}^k, \nu_{F_{IV_{ij}}^U}^k]), c_j \text{ 为效益指标} \\ ([\nu_{F_{IV_{ij}}^L}^k, \nu_{F_{IV_{ij}}^U}^k], [\mu_{F_{IV_{ij}}^L}^k, \mu_{F_{IV_{ij}}^U}^k]), c_j \text{ 为成本指标} \end{cases} \tag{5.8}$$

根据等式（2.11）计算各区间 Fermatean 模糊评估信息与参考点的 Euclidean 距离 $D_{F_{IV}^k}$，由等式（2.10）计算得分函数差 ΔS 判别价值函数中的收益和损失，则区间 Fermatean 模糊价值函数值定义为：

$$\chi_{ij}^k = \begin{cases} (D_{F_{IV}^k})^{\alpha}, \Delta S \geqslant 0 \\ -\lambda(-D_{F_{IV}^k})^{\beta}, \Delta S < 0 \end{cases} \tag{5.9}$$

考虑到价值函数值可能为负，将 χ_{ij}^k 标准化：

$$\hat{\chi}_{ij}^k = \frac{\chi_{ij}^k - (-\lambda)}{1 - (-\lambda)} \tag{5.10}$$

群组成员对评估对象关于评价指标的前景权重 ω_{ij}^k，满足 $\sum_{i=1}^m \omega_{ij}^k = 1$，则

$$\omega_{ij}^k = \frac{\hat{\chi}_{ij}^k}{\sum_{i=1}^m \hat{\chi}_{ij}^k} \tag{5.11}$$

5.3.2　区间 Fermatean 模糊数相关系数指标权重

不确定综合评价过程中，不同指标对评价对象的重要程度一般各不相同，根据各评价者的评价信息获取指标的客观权重信息成为一种主流方法。当指标间具有相关性时，相关系数可以反映两个变量之间的关系程度，作为一个概率参数，已广泛应用于解决众多复杂问题中。

根据等式（2.11）求得指标 c_j 和 c_t 的相关系数 K_{jt}：

$$K_{jt} = \frac{1}{m}\sum_{i=1}^{m} \frac{C(F_{IV_j}, F_{IV_t})}{\sqrt{E(F_{IV_j})E(F_{IV_t})}} \tag{5.12}$$

一般地，与其他指标相关性较大的指标应赋予较小的权重，则 c_j 的外部权重可以通过规范化（$1 - K_{jt}$）获得：

$$w_j = \frac{\sum_{t=1}^{n}(1 - K_{jt})}{\sum_{j=1}^{n}\left(\sum_{t=1}^{n}(1 - K_{jt})\right)} \tag{5.13}$$

5.3.3　拓展区间 Fermatean 模糊前景理论算法流程

前景理论作为一种有效地刻画评价者心理活动的评价方法，一方面，已被广泛应用于各种模糊环境中，但少有研究将前景理论应用于具有区间 Fermatean 模糊信息下的综合评价过程。另一方面，现有研究都过于直截了当地运用前景理论，且少有综合运用价值函数和权重函数进行科学决策。本章拟拓展前景理论的价值函数和权重函数，使其更加契合复杂不确定性环境下的综合评价过程。

通过前文提出的 GIVFFWPHM 信息集成算子聚合群组内评估信息，得到综合评价值。随后，在合理评价决策阶段，依据前景理论的定义，参考点影响着前景值，需要找到合适的参考点，受 TOPSIS 方法启发，本章将正向理想解和负向理想解作为前景参考点。设 $X^+ = (x_1^+, x_2^+, \cdots, x_j^+, x_n^+)$ 和 $X^- = (x_1^-, x_2^-, \cdots, x_j^-, x_n^-)$ 分别为所有评价指标的正向和负向参考点，较原始前景理论寻找参考点更加科学有效，根据等式（2.11），则损失和收益的 Euclidean 距离为：

$$D_{F_{IV_{ij}}} = \begin{cases} D^+_{F_{IV_{ij}}} = D_{F_{IV_{ij}}}(X, X^+) \\ D^-_{F_{IV_{ij}}} = D_{F_{IV_{ij}}}(X, X^-) \end{cases} \tag{5.14}$$

当评价者选择正向参考点时，均优于综合评价值，此时评价对象可视为损失，评价者偏好风险规避；反之，当选择负向参考点时，均劣于综合评价值，评价对象可视为收益，评价者偏好风险。根据等式（2.25），分别计算损失和收益的前景价值函数值：

$$\vartheta(D_{F_{IV_{ij}}}) = \begin{cases} \vartheta(D^+_{F_{IV_{ij}}}) = -\lambda(D^+_{F_{IV_{ij}}})^{\beta} \\ \vartheta(D^-_{F_{IV_{ij}}}) = (D^-_{F_{IV_{ij}}})^{\alpha} \end{cases} \tag{5.15}$$

根据等式（2.27），分别计算基于损失 ξ^+_{ij} 的概率权重函数和基于收益 ξ^-_{ij} 的概率权重函数：

$$\xi(x_{ij}) = \begin{cases} \xi(x^+_{ij}) = \dfrac{w^{\delta}_j}{(w^{\delta}_j + (1 - w_j)^{\delta})^{1/\delta}} \\ \xi(x^-_{ij}) = \dfrac{w^{\gamma}_j}{(w^{\gamma}_j + (1 - w_j)^{\gamma})^{1/\gamma}} \end{cases} \tag{5.16}$$

根据等式（2.28），分别计算评价对象 A_i 最终损失和收益的前景值：

$$V_i = \begin{cases} V^+_i = \sum_{j=1}^{n} \vartheta(D^+_{F_{IV_{ij}}})\xi(x^+_{ij}) \\ V^-_i = \sum_{j=1}^{n} \vartheta(D^-_{F_{IV_{ij}}})\xi(x^-_{ij}) \end{cases} \tag{5.17}$$

根据上式中的损失和收益的前景值，评价对象 A_i 的综合前景值为：

$$\psi_i = \frac{V^-_i}{V^-_i + V^+_i} \tag{5.18}$$

最终所有评价对象的最优排序按照综合前景值的降序进行。

基于以上分析，本章构建 IVFFS 环境下的乡村振兴赋能脱贫攻坚绩效评价算法模型。具体而言，采用 GIVFFWPHM 算子聚集群组内多个专家的评价值，通过 IVFFNs 相关系数的计算获取各指标的权重信息，各区域乡村振兴赋能脱贫攻坚绩效评价的综合评价值由拓展的 IVFFS—前景理论方法获得。本章具体的乡村振兴赋能脱贫攻坚绩效群组评价框架如图 5－1 所示。

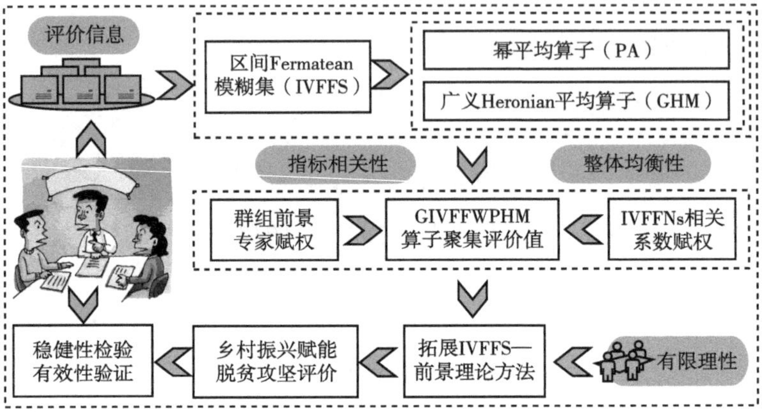

图5－1　乡村振兴赋能区域脱贫攻坚绩效群组评价框架

步骤1：获取群组内各评价专家的原始区间 Fermatean 模糊评价值。

每个评价者给出与乡村振兴赋能区域脱贫攻坚绩效评价体系相对应的评价值，基于评价者的心理过程，形成初始评价矩阵，具体表示为（$[\mu_{F_{IV}^L},\mu_{F_{IV}^U}]$，$[\nu_{F_{IV}^L},\nu_{F_{IV}^U}]$）。

步骤2：获取群组内评价主体对评价对象的各个评价指标下的前景权重信息，以及群组内专家间的支撑度，再采用信息集成算子聚集群组专家的评价信息值。

步骤3：计算区间 Fermatean 模糊相关系数得出评价指标的权重信息，对评价指标间的关联性进行刻画。

步骤4：采用拓展 IVFFS—前景理论群组综合评价方法聚集通过步骤2获取的综合评价信息。

步骤5：依据步骤4评价结果对各区域乡村振兴赋能脱贫攻坚绩效进行测度，获得最优排序结果。

具体来讲，本章构建的乡村振兴赋能区域脱贫攻坚绩效评价的拓展区间 Fermatean 模糊前景理论算法框架具有以下优势：①在区间 Fermatean 模糊环境下囊括了更多偏好信息，避免了群组内专家评价信息的缺失。②采用 GIVFFWPHM 算子聚集综合评价信息值，充分考虑了指标相关性和整体均衡性问题。③从群组内专家信息偏好中挖掘专家对不同评级对象下不同指标的前景权重信息以及通过探讨指标间相关系数获得各指标权重信息，都最大限度地保证评价结果的科学性。④拓展区间 Fermatean 模糊前景理论方法弥补了传统前景理论方法直接应用的不足，在多输入指标和评价者有限理性条件下，有效整合评估信息。

5.4　机制应用——以乡村振兴赋能区域脱贫攻坚绩效评价为例

5.4.1　区域脱贫攻坚绩效评价背景与指标体系

脱贫攻坚作为一项宏大的民生工程，习近平总书记已庄严宣告我国脱贫攻坚取得了全面胜利，而下阶段目标是依托乡村振兴巩固拓展脱贫攻坚成果，探索实现农业农村现代化路径，最终实现共同富裕。乡村振兴赋能区域脱贫攻坚绩效评价对相关政策制定和路径探索意义深远，为乡村治理提供智力支持。

乡村振兴战略，对打赢脱贫攻坚战、巩固脱贫攻坚成果、建设美丽乡村指明了前进方向。根据党的十九大提出的乡村振兴发展总体要求，具体可划分为 5 个维度，产业兴旺（C_1）、生态宜居（C_2）、乡风文明（C_3）、治理有效（C_4）以及生活富裕（C_5）。基于此，形成以上 5 个层次的乡村振兴赋能区域脱贫攻坚绩效评价的评价指标体系。5 省（市）具有发展不平衡、不充分的共性，贫困化基本特征以及地域分异特征突出。需要测度内在脱贫机理，以期科学评价。基于上述考虑，与前文所建立群组综合评价框架契合度较高。由此，从区域 5 个备选省（市）（A_1，A_2，A_3，A_4，A_5）中选出乡村振兴赋能脱贫攻坚最突出的省（市），根据本章提出的算法框架，邀请 3 名业内评价专家（DM_1，DM_2，DM_3），基于区间 Fermatean 模糊环境针对乡村振兴赋能脱贫攻坚绩效给出各评估对象关于各指标的评价值，综合评价过程和最优选择结果如下。

5.4.2 群组综合评价应用框架

根据前文建立的乡村振兴赋能区域脱贫攻坚绩效评价模型框架，评估区域乡村振兴赋能脱贫攻坚绩效评价，具体步骤如下所示。

步骤1： 形成群组内评价者区间 Fermatean 模糊评价矩阵。

原始评估信息见表5-1至表5-3，所有指标为效益型，无须标准化。例如，评价主体 DM_1 针对乡村振兴赋能区域脱贫攻坚的备选省市 A_1 关于评价指标 C_1 的评估值以区间 Fermatean 模糊表示为 {[0.51, 0.60], [0.38, 0.70]}。

表5-1　　基于 IVFFEs 的专家 DM_1 原始评价值

	C_1	C_2	C_3	C_4	C_5
A_1	{[0.51, 0.60], [0.38, 0.70]}	{[0.37, 0.50], [0.62, 0.69]}	{[0.24, 0.53], [0.51, 0.62]}	{[0.17, 0.36], [0.57, 0.72]}	{[0.11, 0.25], [0.80, 0.92]}
A_2	{[0.52, 0.74], [0.22, 0.35]}	{[0.77, 0.92], [0.31, 0.43]}	{[0.47, 0.61], [0.60, 0.85]}	{[0.36, 0.42], [0.64, 0.82]}	{[0.18, 0.32], [0.33, 0.65]}
A_3	{[0.63, 0.82], [0.50, 0.62]}	{[0.54, 0.64], [0.65, 0.73]}	{[0.53, 0.66], [0.11, 0.25]}	{[0.63, 0.87], [0.42, 0.56]}	{[0.47, 0.76], [0.34, 0.54]}
A_4	{[0.33, 0.57], [0.64, 0.81]}	{[0.47, 0.62], [0.54, 0.69]}	{[0.42, 0.70], [0.60, 0.65]}	{[0.65, 0.80], [0.55, 0.78]}	{[0.22, 0.55], [0.55, 0.90]}
A_5	{[0.15, 0.25], [0.60, 0.85]}	{[0.30, 0.54], [0.53, 0.60]}	{[0.47, 0.63], [0.50, 0.65]}	{[0.50, 0.65], [0.40, 0.60]}	{[0.20, 0.45], [0.35, 0.66]}

表5-2 基于 IVFFEs 的专家 DM_2 原始评价值

	C_1	C_2	C_3	C_4	C_5
A_1	{[0.30, 0.65], [0.25, 0.50]}	{[0.30, 0.70], [0.65, 0.84]}	{[0.20, 0.63], [0.50, 0.75]}	{[0.15, 0.28], [0.55, 0.80]}	{[0.17, 0.32], [0.70, 0.90]}
A_2	{[0.45, 0.75], [0.20, 0.35]}	{[0.70, 0.83], [0.50, 0.75]}	{[0.35, 0.65], [0.30, 0.85]}	{[0.41, 0.62], [0.80, 0.91]}	{[0.10, 0.35], [0.30, 0.75]}
A_3	{[0.33, 0.62], [0.50, 0.65]}	{[0.35, 0.76], [0.55, 0.80]}	{[0.50, 0.86], [0.20, 0.30]}	{[0.55, 0.83], [0.42, 0.74]}	{[0.40, 0.75], [0.30, 0.55]}
A_4	{[0.50, 0.65], [0.34, 0.53]}	{[0.30, 0.75], [0.55, 0.80]}	{[0.22, 0.45], [0.70, 0.82]}	{[0.55, 0.70], [0.65, 0.85]}	{[0.32, 0.65], [0.72, 0.83]}
A_5	{[0.15, 0.45], [0.55, 0.83]}	{[0.32, 0.65], [0.43, 0.70]}	{[0.75, 0.84], [0.44, 0.65]}	{[0.60, 0.75], [0.32, 0.40]}	{[0.20, 0.41], [0.30, 0.65]}

表5-3 基于 IVFFEs 的专家 DM_3 原始评价值

	C_1	C_2	C_3	C_4	C_5
A_1	{[0.50, 0.75], [0.22, 0.55]}	{[0.37, 0.68], [0.55, 0.80]}	{[0.24, 0.65], [0.44, 0.77]}	{[0.16, 0.35], [0.55, 0.84]}	{[0.15, 0.41], [0.65, 0.82]}
A_2	{[0.32, 0.74], [0.21, 0.36]}	{[0.48, 0.72], [0.40, 0.76]}	{[0.23, 0.66], [0.33, 0.85]}	{[0.27, 0.61], [0.72, 0.87]}	{[0.13, 0.42], [0.30, 0.55]}
A_3	{[0.30, 0.65], [0.43, 0.69]}	{[0.48, 0.71], [0.50, 0.78]}	{[0.52, 0.89], [0.25, 0.45]}	{[0.42, 0.73], [0.50, 0.84]}	{[0.42, 0.85], [0.34, 0.65]}
A_4	{[0.35, 0.58], [0.43, 0.65]}	{[0.32, 0.47], [0.59, 0.93]}	{[0.20, 0.45], [0.67, 0.82]}	{[0.45, 0.76], [0.60, 0.82]}	{[0.52, 0.75], [0.63, 0.81]}
A_5	{[0.12, 0.55], [0.56, 0.85]}	{[0.30, 0.75], [0.40, 0.70]}	{[0.57, 0.75], [0.53, 0.67]}	{[0.65, 0.87], [0.30, 0.50]}	{[0.23, 0.45], [0.35, 0.75]}

步骤 2：采用 GIVFFWPHM^{1,1}算子聚集群组内各评价专家评价信息值，获得群组综合评价信息值。

根据脱贫攻坚的战略要求，指标均为效益指标，无须对其标准化。根据等式（5.8）至等式（5.11）计算评价主体对不同评估对象关于评价指标的前景权重信息值（见表 5－4 至表 5－6），并根据等式（5.6）聚集群组内评估信息获得综合评价值，如表 5－7 所示。

表 5－4　　　　群组专家 DM_1 的前景权重

	C_1	C_2	C_3	C_4	C_5
A_1	0.1986	0.2087	0.1982	0.2107	0.2151
A_2	0.1911	0.1758	0.2141	0.2092	0.2003
A_3	0.1933	0.2024	0.1823	0.1877	0.1805
A_4	0.2063	0.2039	0.2017	0.1961	0.2065
A_5	0.2107	0.2092	0.1983	0.2017	0.1976

表 5－5　　　　群组专家 DM_2 的前景权重

	C_1	C_2	C_3	C_4	C_5
A_1	0.1976	0.2032	0.2031	0.2039	0.2114
A_2	0.1903	0.1891	0.2072	0.2123	0.2004
A_3	0.2017	0.2003	0.1921	0.1950	0.1817
A_4	0.1963	0.2012	0.2082	0.2033	0.2072
A_5	0.2141	0.2062	0.1894	0.1855	0.1993

表 5－6　　　　群组专家 DM_3 的前景权重

	C_1	C_2	C_3	C_4	C_5
A_1	0.1936	0.1999	0.2029	0.2095	0.2055
A_2	0.1921	0.1949	0.2065	0.2084	0.2067
A_3	0.2010	0.1975	0.1834	0.2022	0.1860
A_4	0.2000	0.2128	0.2110	0.2009	0.1991
A_5	0.2133	0.1949	0.1962	0.1790	0.2027

表 5－7　　采用 GIVFFWPHM 算子聚集专家综合评价值

	C_1	C_2	C_3	C_4	C_5
A_1	{[0.5067, 0.7268], [0.1618, 0.4745]}	{[0.3781, 0.6973], [0.5095, 0.7112]}	{[0.2459, 0.6575], [0.3675, 0.6363]}	{[0.1724, 0.3625], [0.4526, 0.7273]}	{[0.1629, 0.3790], [0.6396, 0.8440]}
A_2	{[0.4937, 0.7895], [0.1077, 0.2336]}	{[0.7372, 0.8926], [0.2786, 0.5342]}	{[0.4314, 0.6846], [0.2683, 0.8126]}	{[0.3933, 0.6206], [0.6429, 0.8292]}	{[0.1648, 0.4025], [0.1922, 0.5518]}
A_3	{[0.5579, 0.7725], [0.3599, 0.5676]}	{[0.5183, 0.7586], [0.4593, 0.7101]}	{[0.5525, 0.8849], [0.0837, 0.2043}	{[0.5958, 0.8658], [0.3292, 0.6276]}	{[0.4651, 0.8431], [0.2076, 0.4774]}
A_4	{[0.4577, 0.6461], [0.3356, 0.5611]}	{[0.4277, 0.7033], [0.4568, 0.7377]}	{[0.3710, 0.6331], [0.5709, 0.6949]}	{[0.6163, 0.8055], [0.5022, 0.7693]}	{[0.4654, 0.7194], [0.5371, 0.8039]}
A_5	{[0.1530, 0.5136], [0.4674, 0.8038]}	{[0.3292, 0.7171], [0.3334, 0.5798]}	{[0.6922, 0.8125], [0.3758, 0.5717]}	{[0.6355, 0.8322], [0.2199, 0.3817]}	{[0.2276, 0.4692], [0.2136, 0.6058]}

步骤3：根据等式（5.12）和等式（5.13），求得各评价指标客观权重为：

$w=(0.2103, 0.1874, 0.1713, 0.2081, 0.2229)$

步骤4：根据等式（5.14）至等式（5.18），采用拓展IVFFS—前景理论方法获取评价结果为：$\psi_1=0.4794$，$\psi_2=0.5418$，$\psi_3=1.7846$，$\psi_4=0.6912$，$\psi_5=1.4690$。

步骤5：根据综合前景值，获得最终最优排序为：$\psi_3>\psi_5>\psi_4>\psi_2>\psi_1$。

故$A_3>A_5>A_4>A_2>A_1$，则A_3为乡村振兴赋能脱贫攻坚成效最突出的省（市）。下文对构建的模型框架进行稳健性检验和对比分析，以期验证群组评价方法的科学性和有效性。

5.4.3 稳健性检验和对比分析

为验证本章提出区间Fermatean模糊环境下的GIVFFWPHM算子聚合群组内专家评价信息的稳健性，在综合评价其他条件一致下，对算子参数p和q变化时，乡村振兴赋能区域脱贫攻坚成效突出省市进行排序（见表5-8）。

表5-8　　算子聚合运算参数变化下的排序

序号	p	q	排序结果
1	0.5	1	$A_3>A_5>A_4>A_2>A_1$
2	1	0.5	$A_3>A_5>A_4>A_2>A_1$
3	1	2	$A_3>A_5>A_4>A_2>A_1$
4	2	1	$A_3>A_5>A_4>A_2>A_1$
5	2	5	$A_3>A_5>A_4>A_2>A_1$
6	5	2	$A_3>A_5>A_4>A_2>A_1$
7	5	10	$A_3>A_5>A_4>A_2>A_1$
8	10	5	$A_3>A_5>A_4>A_2>A_1$

从表5-8中可以看出，关于不同的参数p和q序对，排序结果保持稳定不变。乡村振兴赋能区域脱贫攻坚成效突出省（市）始终是A_3，从而验证了

所提出方法的鲁棒性。拓展 IVFFS—前景理论群组评价模型的稳健性得到验证，p 和 q 表示评价指标间的相互关系程度，评价者通常简单地取整数值以提升计算的简洁性，例如 $p=q=1$。乡村振兴赋能脱贫攻坚成效突出的各备选省（市）得分值变化情况如图 5-2 所示。

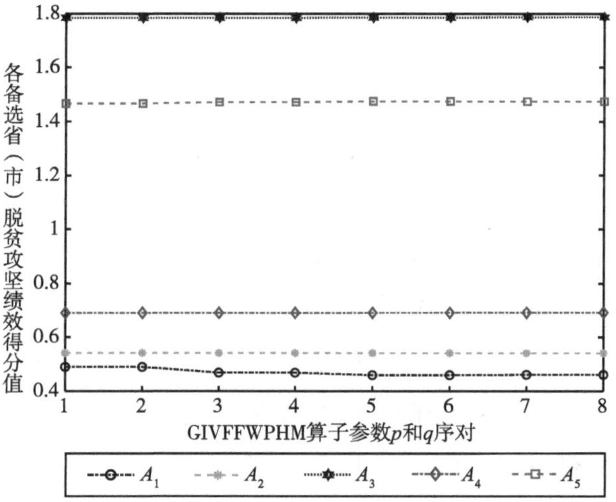

图 5-2　算子聚合运算参数变化下的排序趋势

随后，将区间 Fermatean 模糊集与直觉模糊集和毕达哥拉斯模糊集从理论上进行区分，以期论证区间 Fermatean 模糊集适应现实决策的良好能力。同时，将现有评价方法与拓展区间 Fermatean 模糊前景理论评价框架对比，分析算例中突出省市排名结果，以验证本章建立拓展 IVFFS—前景理论多指标评价应用框架的有效性和优越性。

同时，Fermatean 模糊集与直觉模糊集、毕达哥拉斯模糊集相比，其隶属度与非隶属度的条件放宽到两者立方和小于等于 1。这使得应用 Fermatean 模糊评估信息更加灵活。然而，现实经济实践活动中，涉及众多不确定和信息不完备的决策问题，难以给出精确的 Fermatean 模糊评价信息。群组评价主体采用区间 Fermatean 模糊信息表达对评估对象的偏好。将 Fermatean 模糊集中基于精确值的隶属度与非隶属度拓展到区间数，使其能涵盖更多评估信息，避免了信息损失。同时，反映出区间 Fermatean 模糊评估信息具有传统模糊集难以媲美的优越性。

此外，本章建立的群组评价集成机制首先通过 GIVFFWPHM 算子聚合群组内各专家的评价值，然后采用拓展 IVFFS—前景理论多指标评价方法对群组专家综合评价值进行核算，测度乡村振兴赋能脱贫攻坚成效最突出省（市）排序。

现有综合评价方法大多为信息集成算子方法和基于距离的方法，性质单一且与经济实践活动的适应性不足，难以获得符合人们认知的测度结果。将传统的幂加权平均（PWA）算子（Senapati 和 Yager，2019）[158]、幂加权几何（PWG）算子（Senapati 和 Yager，2019）[158]、TOPSIS 方法（Hwang 和 Yoon，1981）[95]、VIKOR 方法（Opricovic 和 Tzeng，2002）[138] 以及传统前景理论方法（Kahneman 和 Tversky，1979）[102] 与本章所提方法进行对照仿真实验，以验证本章建立拓展 IVFFS—前景理论多指标评价应用框架的有效性和优越性。获得排序结果如表 5－9 所示。

表 5－9　　不同综合评价方法排序结果

评价方法	评估对象计算结果	排序结果
PWA	$sc_1=0.1014$，$sc_2=0.0701$，$sc_3=0.2519$，$sc_4=0.0136$，$sc_5=0.0860$	$A_3>A_1>A_5>A_2>A_4$
PWG	$sc_1=0.1081$，$sc_2=0.0768$，$sc_3=0.2537$，$sc_4=0.0148$，$sc_5=0.0973$	$A_3>A_1>A_5>A_2>A_4$
TOPSIS	$CI_1=0.4035$，$CI_2=0.4235$，$CI_3=0.5981$，$CI_4=0.4744$，$CI_5=0.5746$	$A_3>A_5>A_4>A_2>A_1$
VIKOR	$Q_1=1.0000$，$Q_2=0.4204$，$Q_3=0.0000$，$Q_4=0.5865$，$Q_5=0.7006$	$A_3>A_2>A_4>A_5>A_1$
PT	$V_1=0.2611$，$V_2=0.5010$，$V_3=0.7303$，$V_4=0.3852$，$V_5=0.5126$	$A_3>A_5>A_2>A_4>A_1$
IVFFS－PT	$\psi_1=0.4794$，$\psi_2=0.5418$，$\psi_3=1.7846$，$\psi_4=0.6912$，$\psi_5=1.4690$	$A_3>A_5>A_4>A_2>A_1$

通过 VIKOR 方法获得的排序采用升序排列，而其他方法均采用降序排列。为了在图中增强与其他方法结果的可比性，已将得分值赋负值处理，不会对结果产生影响。不同综合评价方法的排序趋势如图 5 – 3 所示。

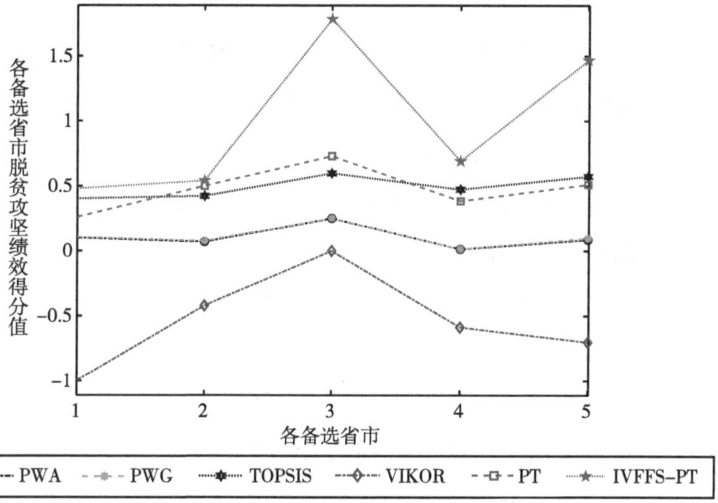

图 5 – 3　不同综合评价方法下的排序趋势

由表 5 – 9 和图 5 – 3 可知，基于不同综合评价方法，乡村振兴赋能区域脱贫攻坚成效最突出的省（市）A_3结果保持一致。通过 PWA 算子和 PWG 算子聚合综合评价值，信息集成算子排序结果相同，但其对 A_1和 A_4排序有局限性，未能解决评价指标间的相关性和群组专家的非理性心理偏好。本章所建立的群组集成技术借鉴 TOPSIS 思想，TOPSIS 方法与本章结果保持一致。VIKOR 的折中妥协解不能较好区分 A_2和 A_5，只能获取最优评价对象。本章拓展 IVFFS—前景理论多指标评价框架较传统的前景理论有较大提升，较好地甄别 A_2和 A_4的排序，开创性地将综合评价信息值到正负理想点的 Euclidean 距离与前景理论的损失和收益相契合，显然，该排序更加深入刻画了群组专家评级决策中的心理活动。以上不同综合评价方法排序结果有力地说明了本章模型的可行性和有效性，也使得本章方法体系的可推广性有了保障。

5.5 本章小结

本章建立了一个区间 Fermatean 模糊环境下拓展前景理论方法的乡村振兴赋能区域脱贫攻坚绩效评价算法框架，并以实例，验证了该模型的有效性和可行性，弥补了现有研究的不足。本章研究的贡献总结如下。

①群组专家将评价信息值以区间 Fermatean 模糊数呈现，较现有不确定综合评价包含更多的不确定信息，避免了评价信息的缺失，也给评价专家更大空间表达自身偏好。②Heronian 平均算子和幂平均算子本身的优良性质能完备地综合对抗评价信息的非平稳性和输入指标的关联性，使得 GIVFFWPHM 信息集成算子汇聚群组评估信息更加灵活高效。③将前景理论思想贯通于综合信息汇集和决策评估两阶段，群组专家对各评价对象下的各指标的前景权重比单一获取专家权重更加符合评价现实。④针对评价指标权重未知，提出区间 Fermatean 模糊数相关系数的指标客观权重方法。⑤拓展的 IVFFS—前景理论通过区间 Fermatean 模糊数的 Euclidean 距离考虑正、负理想解对结果的影响，提高了乡村振兴赋能区域脱贫攻坚绩效评价结果的鲁棒性和效率。

本章从评价信息拓展、群组综合评价信息汇聚到最后决策评价的全流程提出拓展 IVFFS—前景理论多指标评价方法框架，可以为相关不确定综合评价问题辅助以新思路决策。但其也有一些局限性，例如计算过程烦琐。针对未来的相关研究，可以将区间 Fermatean 模糊环境下聚合算子以及拓展前景理论应用至组合折中（CoCoSo）方法（Yazdani 等，2019）[198]；群组专家以及评价指标权重信息有待进一步深入研究。以上展望研究在下一章节得到实施论证。

第 6 章　概率区间 Fermatean 犹豫模糊 DNCoCoSo 群组综合评价集成机制

第 5 章对群组成员综合评价的全过程中的非理性心理进行了较好的刻画，同时，解决了评价指标的相关性问题。但是，本书第 3 章至第 5 章的研究中有关评价信息集成前的归一化方法单一，对后续评价信息的科学集成带来了挑战。再者，需要研究多元化社会经济活动。经过几年的努力，我国在国家公园体制试点下已取得阶段性成果，2021 年遴选出一批国家公园候选区，如何科学评价国家公园遴选是建设生态文明和"美丽中国"的重要举措。遴选过程中面临评价的不确定性和复杂性、指标间相关性等问题，亟待在不确定的信息环境下开展新的评价活动。本章致力于提出一种通过融合概率区间犹豫 Fermatean 模糊集（PIVHFFS）的基于双重归一化的组合妥协方案（DNCoCoSo）方法，拓展面向国家公园遴选评价的概率区间犹豫 Fermatean 模糊群组评价集成机制。首先，引入 PIVHFFS 的概念来表征专家评价信息。然后，考虑评价主体评价过程中的非理性心理，采用前景理论获取专家对不同评价对象下各指标的前景权重信息。同时，通过评价指标间相关性的指标重要性（CRITIC）获取指标客观权重信息。随后，通过将 PIVHFFS 与 DNCoCoSo 相结合，提出一个复杂环境下的考虑专家有限理性的多指标综合评价框架。最后，对我国 2021 年正式成立的第一批 5 个国家公园的遴选进行评价。通过稳健性分析有力证明了本章方法的稳健性和鲁棒性，同时，对比现有评价方法，说明了本章方法的有效性和可行性。

6.1 研究动机和思路

国家公园是指由国家批准设立并主导管理，边界清晰，以保护具有国家代表性的大面积自然生态系统为主要目的，实现自然资源科学保护和合理利用的特定陆地或海洋区域。2017 年 9 月，中共中央办公厅、国务院办公厅印发了《建立国家公园体制总体方案》。方案提出，到 2020 年，我国建立国家公园体制试点基本完成，整合设立一批国家公园，分级统一的管理体制基本建立，国家公园总体布局初步形成。到 2030 年，国家公园体制更加健全，分级统一的管理体制更加完善，保护管理效能明显提高。

国家公园遴选评价涉及因素众多，有环境、经济和社会服务等方面。对于评价者而言，评价过程面对的是一个复杂的系统，如何科学有效地对国家公园进行遴选评价是新时代赋予我们的课题。学者在国家公园保护生态的完整性系统评估、森林生态系统服务的经济评价和保护区规划生态系统服务识别与评价等领域做了大量有益的探索。随着大数据和新兴技术的快速发展，要求评价参与者从多领域综合决策，个别专家很难在传统评价环境下解决各种复杂不确定的综合评价问题。模糊多指标群体评价框架顺应了时代的发展，评价者无须针对所有指标准确地给出清晰的评估信息。我国国家公园遴选评价可视为一个非确定性数据群组综合评价问题，来自不同领域的评价主体根据自身知识背景以及对备选国家公园的偏好给出客观合理的评估信息，经综合评估获得国家公园遴选最优排序。

随着大批学者对非确定性数据多指标综合评价的持续推进，模糊评价信息、信息聚合方式、综合评价方法等环节都有新的发现和提升。

评价主体在现实的经济实践活动中，可能因自身知识短板以及决策问题固有的复杂的内在机理，表现出犹豫与非理性的心理，传统群组评价框架容易得出与事实不相符的结果。基于此，本章提出概率区间 Fermatean 犹豫模糊集（PIVFHFS）作为一种新的评估信息形式。PIVFHFS 深度融合概率模糊集、区间模糊集以及犹豫 Fermatean 模糊集（Luo 和 Liu，2022）[114]，使其在更大空间内保留评价信息，赋予评价参与者更多真实表达对评价对象的偏好态度的信息空间。同时，较为科学地给评价主体的犹豫偏好信息赋予概率，避免了信息缺失。PIVFHS 由一系列可能的由［0，1］区间的任意子空间刻画的隶属度函数与非隶属度函数构成，而概率直观地展示了评价主体给出评估信息的犹豫过程中潜在的不同评估信息的重要性程度，并满足最大隶属度与最大非隶属度的立方和小于或等于 1。突破传统模糊集不能完整刻画研究对象的全部信息受到的制约与挑战，成为解决复杂评价（决策）问题的新型评价信息值。现有文献还未涉及 PIVFHS 的研究，更没有将其用于表达国家公园遴选评价偏好过程中。本章拟在 PIVFHS 环境下拓展国家公园遴选评价框架，也为相关评价决策问题提供相应的理论与方法支持。

人工智能的发展对传统决策有着深远影响，决策过程越发强调评价参与者的完整思维，任何心理因素的遗漏都会导致最终评价结果的偏差。针对国家公园遴选评价问题，涉及多方利益，假定的期望效用理论中的完全理性的专家评价条件苛刻，需要实事求是地刻画评价参与者的风险态度和心理行为，而前景理论（Kahneman 和 Tversky，1979）的提出完美解决了评价者的有限理性[102]。现有基于前景理论的评价方法研究十分丰富，广泛应用于各种不确定环境下的综合评估阶段。针对犹豫模糊环境下的应急决策问题，前景理论刻画了专家的心理行为。Xu 等（2022）将 DEA 模型与前景理论结合，提出两种基于前景理论的犹豫模糊语言的超效率模型[183]。为了对互联网舆情热度进行评估，Zhang 等（2020）基于概率语言贝叶斯网络，建立了基于前景理论思想的考虑评价主体有限理性的动态决策模型[211]。有学者认为，评价参与者的有限理性心理也应在聚合群组内各专家评估信息过程中得到重视，决策者可以表达对各备选方案的心理预期。Liao 等（2020）将群组内各专家评估值与群组内参考点的差值代入前景函数，并对其进行归一化处理得到毕达哥拉斯前景权重[122]。受此启发，拟在概率区间 Fermatean 犹豫模糊信息环境下，改进经典前景理论中的价值函数，由此获得评价参与者关于评价指标的前景权重信息。

在实际的国家公园遴选评价过程中，评价指标间的相互关系是值得研究者重视的又一问题。学者也都注意到评价指标的选取过程难以保持各指标绝对独立，而 CRITIC（Li 等，2022）方法的提出较好刻画了指标间客观存在的相互关系，同时能获得各指标的权重信息[109]。Lai 和 Liao（2021）开发了一种基于 DNMA 和 CRITIC 的多标准决策方法，使用语言 D 数进行区块链平台评估[112]。同时，也有学者在单值中智环境下提供了一种基于 CRITIC 和 MULTIMOORA 方法的新型集成框架，用于评估多标准食物垃圾处理方法的选择。

国家公园遴选评价过程中评价方法的选择是整个流程中的重要一环。学者关于评价方法的研究十分丰富，可分为优等价值效用理论和多属性效用理论两种。基于二元比较的排名方法仅限于复杂的计算，但解决了社会经济各个领域的实际决策问题。价值理论方法的多属性效用理论前文已做相关阐述，针对已有的各种综合评价方法，现如今还未有一种方法被视为解决所有决策问题的通用方法。只有针对特定经济实践活动选择与问题目标兼容性强的群组决策方法才是最佳策略，可以帮助利益相关者做出更准确和全面的管理决策。

国家公园遴选由政府主导、多方参与达成共识。由此，不可避免地涉及各方利益冲突。而 CoCoSo 方法（Yazdani 等，2019）给出了一种基于妥协态度的组合折中解决方案，以合乎逻辑和可行的方式处理各方专家的评估信息[198]。一些学者也对其展开研究，开发了基于 CoCoSo 方法和 CRITIC 方法的带有评分函数的毕达哥拉斯模糊多指标综合评价方法，用于 5G 行业评估。值得注意的是，传统基于效用值的评估方法在采用单一归一化处理原始评估值时，常常得到有偏差的评价结果。为了克服这一缺陷，Liao 和 Wu（2020）分别提出了基于目标的线性归一化和基于目标的向量归一化方法，提高了评价结果的可靠性[123]。从这个动机上讲，本章研究的重点在于构建概率区间 Fermatean 模糊犹豫环境下双重归一化 CoCoSo（DNCoCoSo）方法的我国国家公园遴选群组评价集成机制。评价方法没有违反认知感受，具有更强的区分能力。

基于以上关于国家公园遴选评价的全过程分析，有以下几个问题需要解决：

①评价过程日趋复杂，充满不确定性，需要采用与之匹配的评估信息；②忽视了评价参与者的有限理性决策心理；③国家公园遴选评价指标间存在相互关系；④评价过程多方利益冲突，以及评价方法归一化方法单一。

为了弥补上述缺陷，本章构建集成概率区间 Fermatean 犹豫模糊集、前景理论、CRITIC 方法和 DNCoCoSo 方法相结合的技术来辅助我国国家公园选择评价。本章的主要贡献总结如下：

①引入概率区间 Fermatean 犹豫模糊集的基本概念，同时提出相对应的得分函数和 Euclidean 距离。采用概率区间 Fermatean 犹豫模糊数表征评价参与者的国家公园遴选评估信息。②拓展前景理论中正负参考点，获取评价参与者的对备选国家公园各指标的前景权重信息，来刻画评价者的有限心理行为。③采用 CRITIC 方法获得各指标的相对客观权重，解决国家公园遴选评价指标间的相关性问题。④提出基于目标的线性归一化和基于目标的向量归一化方法的 CoCoSo 评价方法解决多方利益冲突，避免了期望效用值归一化方法单一带来的测度结果偏差问题。

6.2　双重归一化聚集评估信息值

规范化对于多指标综合评价过程非常重要，只有当所有指标都满足无量纲条件时，才能聚合评价信息值。在本节中，建立了基于等式（2.16）中给出的概率区间 Fermatean 犹豫模糊数的欧几里德距离测度的基于目标的线性归一化方法，以及基于等式（2.15）中给定的概率区间 Fermatean 犹豫模糊数的得分函数的基于目标的向量归一化方法。将集成的评价主体意见作为群组综合评估信息 $P_{F_{ij}}=〚[\mu_{L_{ij}},\ \mu_{U_{ij}}],\ [\nu_{L_{ij}},\ \nu_{U_{ij}}],\ p_{l_{ij}}〛$。

$$\tilde{x}_{ij}^{1N}=1-\frac{D_{ij}}{\max_i D_{ij}} \tag{6.1}$$

$$\tilde{x}_{ij}^{2N}=1-\frac{|S(x_{ij})-S(x_j)|}{\sqrt{\sum_{i=1}^{m}(S(x_{ij})^2+S(x_j)^2)}} \tag{6.2}$$

其中，$D_{ij}=D(x_{ij},\ x_j)$，同时 x_j 的目标值如下：

$$x_j=\begin{cases}\max_i x_{ij}, c_j \text{ 为效益指标}\\ \min_i x_{ij}, c_j \text{ 为成本指标}\end{cases} \tag{6.3}$$

然后，在聚合评估信息以确认最佳评估方案之前，分别通过以下要求调整双归一化值。

$$\begin{cases}\hat{x}_{ij}^{1N}=\tilde{x}_{ij}^{1N}/\max_i \tilde{x}_{ij}^{1N}\\ \hat{x}_{ij}^{2N}=\tilde{x}_{ij}^{2N}/\max_i \tilde{x}_{ij}^{2N}\end{cases} \tag{6.4}$$

6.3 概率区间 Fermatean 犹豫模糊 DNCoCoSo 方法

本节旨在提出一种在概率区间 Fermatean 犹豫模糊环境下与 DNCoCoSo、前景理论和 CRITIC 方法相结合的方法。针对概率区间 Fermatean 犹豫模糊环境下的综合评价问题，本章假设评价主体集合为 $D=\{d_1,\ d_2,\ \cdots,\ d_k,\ d_r\}$ $(r\geqslant 2)$，$A=\{a_1,\ a_2,\ \cdots,\ a_i,\ a_m\}$ $(m\geqslant 2)$ 和 $C=\{c_1,\ c_2,\ \cdots,\ c_j,\ c_n\}$ $(n\geqslant 2)$ 分别是一组评估对象集合和评价指标集合。评价主体给出的评估信息矩阵 $\mathbf{X}=(x_{ij})_{m\times n}$ 表示评估方案相对于评价指标的评估信息值。

在评估过程中，评价主体和评价指标的权重信息未知。首先，利用前景理论对多方评价主体进行分析，以确定其关于评价指标的前景权重信息。然后，采用信息集成算子对各评价主体给出的评价值进行综合。其次，通过 CRITIC 方法获得评价指标权重的目标信息。最后，给出了基于扩展概率区间 Fermatean 犹豫模糊 DNCoCoSo 方法的决策算法流程。

6.3.1　拓展群组前景权重

在评估过程中，由于群组专家的知识背景和偏好不同。基于此，群组中的评估人员根据心理活动分配不同的前景权重具有重要意义。

设 $P_{F_{ij}}^{k}=⟦[\mu_{L_{ij}}^{k},\ \mu_{U_{ij}}^{k}],\ [\nu_{L_{ij}}^{k},\ \nu_{U_{ij}}^{k}],\ p_{l_{ij}}^{k}⟧$ 是与 X 相关的概率区间 Fermatean 犹豫模糊元素，群组专家 d_k 的原始评估矩阵为 D_k。$P_{F_{ij}}^{k}$ 可以根据需要标准化为 $\hat{P}_{F_{ij}}^{k}$，其中

$$\hat{P}_{F_{ij}}^{k}=\begin{cases}⟦[\mu_{L_{ij}}^{k},\mu_{U_{ij}}^{k}],[\nu_{L_{ij}}^{k},\nu_{U_{ij}}^{k}],p_{l_{ij}}^{k}⟧,c_j \text{ 为效益指标}\\ ⟦[\nu_{L_{ij}}^{k},\nu_{U_{ij}}^{k}],[\mu_{L_{ij}}^{k},\mu_{U_{ij}}^{k}],p_{l_{ij}}^{k}⟧,c_j \text{ 为成本指标}\end{cases}\tag{6.5}$$

等式（2.25）中提到的经典价值函数未能涵盖评价主体的风险规避选择，使用指数价值函数能较好克服这一局限性。Hao 等（2017）引入了直觉模糊环境下基于自然对数的值函数[94]：

$$\nu(x)=\begin{cases}\ln(1+\alpha x), & x\geqslant 0\\ -\lambda\ln(1-\beta x), & x<0\end{cases}\tag{6.6}$$

设 $X^{k+}=(x_1^{k+},\ x_2^{k+},\ \cdots,\ x_j^{k+},\ x_n^{k+})$ 和 $X^{k-}=(x_1^{k-},\ x_2^{k-},\ \cdots,\ x_j^{k-},\ x_n^{k-})$ 分别表示正参考点和负参考点，$p_{l_{ij}}^{k+}=\max_i p_{l_{ij}}^{k}$，$p_{l_{ij}}^{k-}=\min_i p_{l_{ij}}^{k}$。同时，通过等式（2.15）计算评估值超过正负参考点的值 ΔS，更直观地确定收益和损失。基于等式（2.16），可以获得群组评估值与正负参考点之间的概率区间 Fermatean 犹豫模糊数的欧几里德距离 $D_{P_F}^{k}$：

$$D_{P_F}^{k}=\begin{cases}D_{P_F}^{-k}=D_{P_F}^{k}(X^k,X^{k+}),\Delta S<0\\ D_{P_F}^{+k}=D_{P_F}^{k}(X^k,X^{k-}),\Delta S\geqslant 0\end{cases}\tag{6.7}$$

当评价主体选择正参考点时，它优于综合评估值，此时所有评估对象

都可以被视为损失，评估者更倾向于风险规避；相反，在选择负参考点时，它们低于综合评价值，所有评价对象都可以被视为收益，评价者更倾向于风险。根据等式（6.6），概率区间 Fermatean 犹豫模糊价值函数 χ_{ij}^{k} 可公式化为：

$$\chi_{ij}^{k}=\begin{cases}\chi_{ij}^{+k}=\ln(1+\alpha D_{P_F}^{+k})\\ \chi_{ij}^{-k}=-\lambda\ln(1-\beta D_{P_F}^{-k})\end{cases} \tag{6.8}$$

综合前景价值函数 $\tilde{\chi}_{ij}^{k}$ 可计算如下：

$$\tilde{\chi}_{ij}^{k}=\frac{\chi_{ij}^{-k}}{\chi_{ij}^{-k}+\chi_{ij}^{+k}} \tag{6.9}$$

基于等式（6.9），概率区间值 Fermatean 犹豫模糊前景权重可公式化为：

$$\omega_{ij}^{k}=\frac{\tilde{\chi}_{ij}^{k}}{\sum_{i=1}^{m}\tilde{\chi}_{ij}^{k}} \tag{6.10}$$

6.3.2 拓展 CRITIC 指标权重

一般地，不同评价指标对评估方案具有不同程度的重要性。在本节中，同时综合考虑主观权重信息和通过改进的 CRITIC 方法和基于目标的线性归一化技术得出的客观权重信息。假设表示指标的目标权重可公式化为：

$$w_{j}^{o}=\frac{\lambda_j}{\sum_{j=1}^{n}\lambda_j} \tag{6.11}$$

其中，λ_j 表示评价指标的信息量，可表示如下：

$$\lambda_j=\sigma_j\sum_{k=1}^{n}(1-\rho_{jk}) \tag{6.12}$$

在等式（6.12）中，σ_j 表示评价指标响应的标准偏差，同时 ρ_{jk} 表示指标 j 和 k 之间的相关系数，其分别通过等式（6.13）和等式（6.14）获得。

$$\sigma_j=\sqrt{\sum_{i=1}^{m}(\hat{x}_{ij}^{1N}-\bar{x}_{j}^{1N})^2/m} \tag{6.13}$$

$$\rho_{jk} = \frac{\sum_{i=1}^{m} (\hat{x}_{ij}^{1N} - \overline{x}_{j}^{1N})(\hat{x}_{ik}^{1N} - \overline{x}_{k}^{1N})}{\sqrt{\sum_{i=1}^{m} (\hat{x}_{ij}^{1N} - \overline{x}_{j}^{1N})^2 \sum_{i=1}^{m} (\hat{x}_{ik}^{1N} - \overline{x}_{k}^{1N})^2}} \tag{6.14}$$

其中，$\overline{x}_{j}^{1N}$ 和 $\overline{x}_{k}^{1N}$ 分别表示指标 j 和 k 的平均值。

假设 w_j^s 代表了群组专家根据其知识背景和偏好给出的指标 j 的主观权重 w_j，$\sum_{j=1}^{n} w_j = 1$。因此，组合指标权重可公式化为：

$$w_j = \sqrt{w_j^o \cdot w_j^s} / \sum_{j=1}^{n} \sqrt{w_j^o \cdot w_j^s} \tag{6.15}$$

6.3.3　概率区间 Fermatean 犹豫模糊 DNCoCoSo 算法流程

CoCoSo 方法是一种新颖且有效的多指标综合评价方法。在本节中，基于双重归一化、拓展前景理论和 CRITIC 方法，构建基于概率区间 Fermatean 犹豫模糊 DNCoCoSo 方法。

对于多指标综合评价问题，基于前景理论的聚合评价信息 $P_{F_{ij}}$，等式（6.4）的双重标准化值以及基于 CRITIC 方法的组合指标权重，可以分别通过等式（6.16）计算基于等式（6.1）中给出的基于目标的线性归一化加权和度量（WSM），以及通过等式（6.17）计算基于等式（6.2）中基于目标的向量归一化加权积度量（WPM）。

$$SM_i = \sum_{j=1}^{n} w_j \hat{x}_{ij}^{1N} \tag{6.16}$$

$$PM_i = \sum_{j=1}^{n} (\hat{x}_{ij}^{2N})^{w_j} \tag{6.17}$$

然后，根据以下三种价值函数，可以分别计算每个评估方案的相对得分。

$$u_i^a = \frac{SM_i + PM_i}{\sum_{i=1}^{m} (SM_i + PM_i)} \tag{6.18}$$

$$u_i^b = \frac{SM_i}{\min_i SM_i} + \frac{PM_i}{\min_i PM_i} \tag{6.19}$$

$$u_i^c = \frac{\theta SM_i + (1-\theta)PM_i}{\theta \max_i SM_i + (1-\theta)\max_i PM_i} \tag{6.20}$$

其中，$\theta \in [0,\ 1]$ 表示综合评价系统的折中系数。评估备选方案的最终排序结果可根据等式（6.21）中评估值的降序获得。

$$u_i = \sqrt[3]{u_i^a u_i^b u_i^c} + \frac{u_i^a + u_i^b + u_i^c}{3} \tag{6.21}$$

基于以上分析，本章建立了概率区间 Fermatean 犹豫模糊环境下我国国家公园选择评估的算法模型。具体而言，通过概率区间 Fermatean 犹豫模糊前景预测获得了群体专家对不同指标的权重信息。专家组的评估值由概率区间 Fermatean 犹豫模糊加权平均（PIFFHFWA）算子汇总。通过基于 CRITIC 的组合方法计算指标权重信息。最后，通过扩展的基于概率区间 Fermatean 犹豫模糊 DNCoCoSo 方法获得国家公园选择评估的排序结果。算法模型的可视化过程如下：

步骤 1：获得评价主体基于概率区间 Fermatean 犹豫模糊形式的原始评估信息值。

每位专家给出了与国家公园评估对象相对应的评价指标信息值，其不确定表示为 $[\![[\mu_{L_{ij}}^k, \mu_{U_{ij}}^k], [\nu_{L_{ij}}^k, \nu_{U_{ij}}^k], p_{l_{ij}}^k]\!]$。成本型的指标通过等式（6.5）转化为效益型的指标。

步骤 2：等式（6.7）至等式（6.10）获得概率区间 Fermatean 犹豫模糊前景权重。

步骤 3：集成汇总的评价主体综合意见。

设 $\mathbf{Z} = (z_{ij})_{m\times n}$ 为概率区间 Fermatean 犹豫模糊聚合信息矩阵，通过等式（6.22）定义的算子汇总国家公园评估过程中的个人意见。其中，$\tilde{p}_{l_{ij}}^k = \sum_{k=1}^{r} p_{l_{ij}}^k \Big/ \sum_{l=1}^{\#P_F} \sum_{k=1}^{r} p_{l_{ij}}^k$，概率区间 Fermatean 犹豫模糊加权平均（PIFHFWA）算子为：

$$z_{ij} = \left\langle \left[\sqrt[3]{1 - \prod_{k=1}^{r} \left(1 - (\mu_{L_{ij}}^{k})^{3}\right)^{\omega_{ij}^{k}}}, \sqrt[3]{1 - \prod_{k=1}^{r} \left(1 - (\mu_{U_{ij}}^{k})^{3}\right)^{\omega_{ij}^{k}}} \right], \left[\prod_{k=1}^{r} (\nu_{L_{ij}}^{k})^{\omega_{ij}^{k}}, \prod_{k=1}^{r} (\nu_{U_{ij}}^{k})^{\omega_{ij}^{k}} \right], \tilde{p}_{l_{ij}}^{k} \right\rangle \tag{6.22}$$

步骤 4：通过等式（6.1）至等式（6.4），对聚集的评估信息进行双重归一化。

步骤 5：通过等式（6.11）至等式（6.15），获得评估指标权重。

步骤 6：通过等式（6.16）至等式（6.21），基于概率区间 Fermatean 犹豫模糊环境下的 DNCoCoSo 方法获得评估结果。

步骤 7：获得国家公园选择评估的最终等级结果。

基于上文分析，所构建的面向我国国家公园选择评估的概率区间 Fermatean 犹豫模糊 DNCoCoSo 群组综合评价集成技术框架如图 6－1 所示。

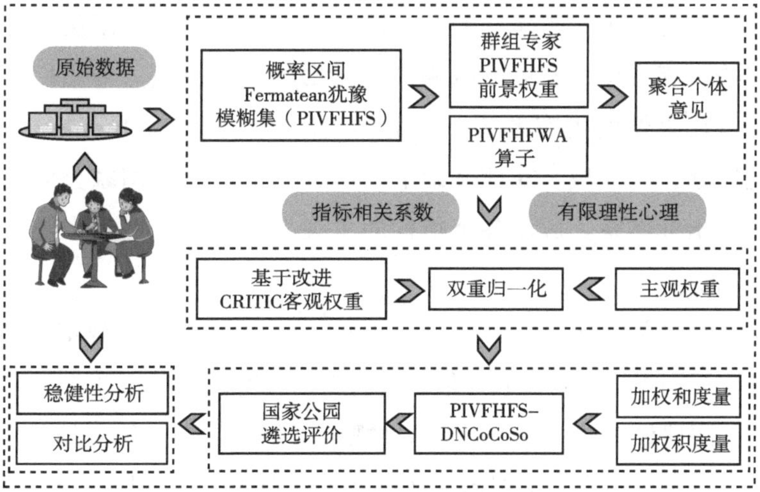

图 6－1　基于 PIFFHFS 的 DNCoCoSo 模型框架下的
我国国家公园选择评估过程

6.4 机制应用——以国家公园选择评估为例

6.4.1 国家公园选择评估背景与指标体系

2015年，我国启动了国家公园制度试点，试点地区覆盖12个省份22万多平方公里，占我国国土面积的2.3%。2020年7月至12月，国家林业和草原局委托中国科学院牵头，与清华大学、北京师范大学等16家机构的26名专家组成国家公园体制试点地区评估验收工作组，该工作组评估并接受了10个国家公园试点地区的自然禀赋和试点工作条件。

在2021年第十五届生物多样性公约缔约方大会上，我国正式建立了首批5个国家公园。科学评价国家选择是完善国家公园体系、有效保护自然生态系统、促进生态文明建设的有效途径。建立国家公园制度是党中央站在实现中华民族可持续发展的战略高度作出的重大决策。专家们全面梳理了我国具有代表性的生态系统，制定了《国家公园设立规范》，并选择了一批候选国家公园区域。在此基础上，形成了下述5个国家公园选择评估水平的评价指标体系。假设各个指标的主观权重向量由群组专家在其知识背景下给出。

国家公园建立规范（C_1）：它是国家公园的进入门槛，规定了国家公园进入条件、识别指标、调查和评估、命名规则和项目建立的要求。

国家公园建设规范（C_2）：该标准规定了国家公园总体规划的定位、原则、程序、目标、内容、生态影响评价和效益分析、文件构成等要求。阐明了现状调查评价、范围和区划方法。提出了保护体系、服务体系、社区发展、土地利用协调管理体系等规划的主要内容和技术方法。

国家公园监测规范（C_3）：该标准规定了国家公园监测的体系建设、内容指标、分析和评估要求，并规定了监测程序和方法。

国家公园评估规范（C_4）：该标准规定了国家公园年度评估和阶段评估的期限、内容和指标，并规定了年度评估和级别评估的程序和方法。

自然保护区划定和标记边界规范（C_5）：该标准规定，政府应主导自然地质勘探保护的边界标记。根据现有数据，组织利益相关者共同对自然保护区的指定边界进行实地调查和测绘，签署边界协议，并标记精确的管理边界线。

6.4.2　群组综合评价应用框架

根据前文提出的群组综合评价框架，邀请了行业内的3位专家（DM_1、DM_2、DM_3）对首批5个入选的国家公园进行评估，包括三江源（A_1）、大熊猫（A_2）、东北虎豹（A_3）、海南热带雨林（A_4）和武夷山（A_5），以便公众从国家公园建设中受益。国家公园选择评估过程如下。

步骤1：评价主体提供基于概率区间 Fermatean 犹豫模糊形式的原始评估信息值。

原始数据如表6－1至表6－3所示，所有指标均为效益类型，无须标准化。例如，评价主体 DM_1 对备选国家公园 A_1 关于评价指标 C_1 的概率区间 Fermatean 犹豫模糊评估值表示为 ⟦([0.55，0.67]，[0.41，0.70]，0.3)，([0.62，0.80]，[0.54，0.75]，0.7)⟧。

步骤2：获取群组专家的概率区间 Fermatean 犹豫模糊前景权重。

根据等式（6.7）至等式（6.10）计算评价主体关于各评价指标的前景权重信息。鉴于篇幅，评价主体的正向和负向参考点结果未详细列出。在此给出个例说明，例如，评价主体 DM_1 对评估对象 A_1 关于评价指标 C_1 的前景权重计算为 $\omega_{11}^{1}=0.1890$，具体结果见表6－4至表6－6。

步骤3：计算汇总个人意见。

在原始评估信息值以及群组专家的前景权重的基础上，通过 PIVFHFWA 信息集成算子聚合评价信息，获得综合评价值，结果如表6－5所示。

表 6-1　基于 PIVFHFEs 专家 DM_1 的原始评价值

	C_1	C_2	C_3	C_4	C_5
A_1	{([0.55, 0.67], [0.41, 0.70], 0.3), ([0.62, 0.80], [0.54, 0.75], 0.7)}	{([0.33, 0.55], [0.35, 0.65], 0.4), ([0.50, 0.62], [0.48, 0.70], 0.6)}	{([0.25, 0.40], [0.30, 0.50], 0.5), ([0.35, 0.50], [0.27, 0.60], 0.5)}	{([0.21, 0.35], [0.35, 0.50], 0.6), ([0.35, 0.55], [0.45, 0.70], 0.4)}	{([0.50, 0.70], [0.40, 0.75], 0.3), ([0.60, 0.80], [0.57, 0.72], 0.7)}
A_2	{([0.32, 0.55], [0.30, 0.50], 0.4), ([0.22, 0.40], [0.43, 0.55], 0.6)}	{([0.61, 0.75], [0.30, 0.45], 0.2), ([0.70, 0.82], [0.45, 0.72], 0.8)}	{([0.15, 0.30], [0.35, 0.55], 0.3), ([0.25, 0.35], [0.55, 0.65], 0.7)}	{([0.50, 0.65], [0.22, 0.53], 0.3), ([0.65, 0.85], [0.40, 0.65], 0.7)}	{([0.30, 0.50], [0.40, 0.65], 0.5), ([0.40, 0.60], [0.55, 0.70], 0.5)}
A_3	{([0.20, 0.35], [0.45, 0.57], 0.5), ([0.42, 0.50], [0.53, 0.65], 0.5)}	{([0.43, 0.57], [0.55, 0.60], 0.4), ([0.60, 0.65], [0.43, 0.50], 0.6)}	{([0.55, 0.70], [0.23, 0.35], 0.4), ([0.65, 0.80], [0.25, 0.50], 0.6)}	{([0.43, 0.65], [0.25, 0.40], 0.5), ([0.65, 0.72], [0.40, 0.68], 0.5)}	{([0.70, 0.90], [0.30, 0.45], 0.3), ([0.60, 0.85], [0.55, 0.70], 0.7)}
A_4	{([0.60, 0.75], [0.45, 0.77], 0.2), ([0.40, 0.70], [0.55, 0.85], 0.8)}	{([0.70, 0.85], [0.25, 0.45], 0.3), ([0.80, 0.92], [0.40, 0.55], 0.7)}	{([0.75, 0.80], [0.35, 0.55], 0.3), ([0.85, 0.90], [0.23, 0.40], 0.7)}	{([0.70, 0.85], [0.30, 0.50], 0.2), ([0.75, 0.85], [0.45, 0.65], 0.8)}	{([0.55, 0.70], [0.34, 0.73], 0.5), ([0.65, 0.80], [0.54, 0.77], 0.5)}
A_5	{([0.32, 0.47], [0.35, 0.65], 0.6), ([0.45, 0.80], [0.65, 0.78], 0.4)}	{([0.50, 0.65], [0.25, 0.45], 0.5), ([0.50, 0.75], [0.55, 0.70], 0.5)}	{([0.45, 0.50], [0.50, 0.60], 0.5), ([0.55, 0.70], [0.25, 0.30], 0.5)}	{([0.45, 0.65], [0.30, 0.55], 0.5), ([0.55, 0.75], [0.42, 0.65], 0.5)}	{([0.63, 0.70], [0.43, 0.75], 0.2), ([0.50, 0.84], [0.53, 0.70], 0.8)}

表 6－2　基于 PIVFHFEs 专家 DM_2 的原始评价值

	C_1	C_2	C_3	C_4	C_5
A_1	{([0.30, 0.65], [0.45, 0.60], 0.2), ([0.50, 0.72], [0.50, 0.65], 0.8)}	{([0.40, 0.55], [0.45, 0.65], 0.3), ([0.50, 0.65], [0.40, 0.70], 0.7)}	{([0.35, 0.40], [0.50, 0.70], 0.4), ([0.35, 0.50], [0.27, 0.60], 0.6)}	{([0.50, 0.65], [0.55, 0.58], 0.5), ([0.25, 0.30], [0.65, 0.70], 0.5)}	{([0.42, 0.65], [0.60, 0.75], 0.2), ([0.65, 0.70], [0.55, 0.80], 0.8)}
A_2	{([0.40, 0.85], [0.32, 0.50], 0.3), ([0.57, 0.89], [0.55, 0.65], 0.7)}	{([0.32, 0.52], [0.55, 0.66], 0.4), ([0.45, 0.60], [0.60, 0.70], 0.6)}	{([0.55, 0.73], [0.35, 0.50], 0.5), ([0.65, 0.70], [0.20, 0.40], 0.5)}	{([0.60, 0.65], [0.35, 0.50], 0.4), ([0.55, 0.60], [0.25, 0.40], 0.6)}	{([0.50, 0.67], [0.30, 0.45], 0.3), ([0.65, 0.78], [0.45, 0.50], 0.7)}
A_3	{([0.78, 0.85], [0.42, 0.50], 0.5), ([0.80, 0.92], [0.40, 0.55], 0.5)}	{([0.70, 0.75], [0.30, 0.65], 0.2), ([0.78, 0.90], [0.45, 0.60], 0.8)}	{([0.48, 0.80], [0.30, 0.50], 0.3), ([0.55, 0.72], [0.20, 0.45], 0.7)}	{([0.75, 0.90], [0.25, 0.55], 0.3), ([0.68, 0.80], [0.37, 0.60], 0.7)}	{([0.55, 0.68], [0.20, 0.35], 0.5), ([0.65, 0.80], [0.35, 0.50], 0.5)}
A_4	{([0.38, 0.60], [0.45, 0.66], 0.4), ([0.40, 0.67], [0.50, 0.74], 0.6)}	{([0.27, 0.50], [0.40, 0.60], 0.3), ([0.40, 0.45], [0.20, 0.40], 0.7)}	{([0.50, 0.60], [0.32, 0.60], 0.4), ([0.55, 0.70], [0.28, 0.69], 0.6)}	{([0.40, 0.55], [0.57, 0.78], 0.5), ([0.37, 0.50], [0.45, 0.60], 0.5)}	{([0.65, 0.85], [0.30, 0.45], 0.2), ([0.55, 0.70], [0.45, 0.60], 0.8)}
A_5	{([0.40, 0.63], [0.40, 0.68], 0.3), ([0.50, 0.55], [0.70, 0.85], 0.7)}	{([0.43, 0.58], [0.40, 0.75], 0.5), ([0.47, 0.68], [0.43, 0.50], 0.5)}	{([0.39, 0.80], [0.50, 0.60], 0.4), ([0.45, 0.57], [0.25, 0.50], 0.6)}	{([0.40, 0.68], [0.50, 0.65], 0.2), ([0.55, 0.70], [0.45, 0.70], 0.8)}	{([0.55, 0.75], [0.40, 0.65], 0.4), ([0.69, 0.90], [0.32, 0.40], 0.6)}

表 6-3　基于 PIVFHFEs 专家 DM_3 的原始评价值

	C_1	C_2	C_3	C_4	C_5
A_1	{([0.47, 0.60], [0.30, 0.52], 0.4), ([0.62, 0.80], [0.54, 0.75], 0.6)}	{([0.35, 0.45], [0.65, 0.70], 0.5), ([0.50, 0.62], [0.48, 0.76], 0.5)}	{([0.40, 0.75], [0.35, 0.50], 0.3), ([0.55, 0.60], [0.25, 0.45], 0.7)}	{([0.35, 0.65], [0.15, 0.20], 0.2), ([0.75, 0.85], [0.45, 0.60], 0.8)}	{([0.50, 0.70], [0.32, 0.55], 0.4), ([0.55, 0.63], [0.43, 0.50], 0.6)}
A_2	{([0.30, 0.65], [0.20, 0.35], 0.5), ([0.62, 0.80], [0.54, 0.75], 0.5)}	{([0.65, 0.78], [0.35, 0.50], 0.3), ([0.50, 0.80], [0.40, 0.59], 0.7)}	{([0.30, 0.55], [0.55, 0.60], 0.2), ([0.50, 0.70], [0.20, 0.48], 0.8)}	{([0.45, 0.60], [0.30, 0.40], 0.5), ([0.65, 0.74], [0.40, 0.65], 0.5)}	{([0.38, 0.55], [0.25, 0.55], 0.2), ([0.45, 0.68], [0.40, 0.50], 0.8)}
A_3	{([0.66, 0.80], [0.35, 0.50], 0.3), ([0.60, 0.90], [0.43, 0.50], 0.7)}	{([0.75, 0.95], [0.45, 0.52], 0.2), ([0.80, 0.92], [0.40, 0.50], 0.8)}	{([0.70, 0.75], [0.38, 0.50], 0.4), ([0.85, 0.90], [0.20, 0.40], 0.6)}	{([0.85, 0.92], [0.45, 0.60], 0.3), ([0.60, 0.85], [0.28, 0.65], 0.7)}	{([0.70, 0.80], [0.25, 0.55], 0.4), ([0.85, 0.93], [0.40, 0.50], 0.6)}
A_4	{([0.40, 0.60], [0.20, 0.37], 0.1), ([0.68, 0.85], [0.31, 0.55], 0.9)}	{([0.45, 0.62], [0.44, 0.60], 0.4), ([0.57, 0.85], [0.30, 0.50], 0.6)}	{([0.30, 0.55], [0.69, 0.70], 0.5), ([0.55, 0.70], [0.65, 0.85], 0.5)}	{([0.45, 0.60], [0.35, 0.50], 0.4), ([0.55, 0.75], [0.40, 0.60], 0.6)}	{([0.28, 0.50], [0.45, 0.75], 0.3), ([0.55, 0.63], [0.43, 0.50], 0.7)}
A_5	{([0.38, 0.60], [0.35, 0.60], 0.2), ([0.62, 0.80], [0.54, 0.75], 0.8)}	{([0.65, 0.70], [0.25, 0.50], 0.3), ([0.70, 0.85], [0.40, 0.65], 0.7)}	{([0.48, 0.71], [0.36, 0.59], 0.3), ([0.55, 0.70], [0.23, 0.40], 0.7)}	{([0.50, 0.67], [0.45, 0.65], 0.5), ([0.45, 0.66], [0.32, 0.40], 0.5)}	{([0.69, 0.85], [0.30, 0.53], 0.1), ([0.75, 0.84], [0.20, 0.35], 0.9)}

表 6-4　群组专家 *DM* 的前景权重

		C_1	C_2	C_3	C_4	C_5
DM_1	A_1	0.1890	0.2400	0.2368	0.2290	0.1997
	A_2	0.1968	0.1905	0.2383	0.1840	0.2343
	A_3	0.2024	0.2253	0.1906	0.2058	0.1610
	A_4	0.2117	0.1309	0.1135	0.1725	0.2071
	A_5	0.2001	0.2134	0.2209	0.2087	0.1979
DM_2	A_1	0.1402	0.2612	0.2286	0.2588	0.1304
	A_2	0.2269	0.1552	0.3295	0.1556	0.3537
	A_3	0.2555	0.3077	0.1529	0.2587	0.0984
	A_4	0.2103	0.0554	0.0664	0.1369	0.1661
	A_5	0.1672	0.2205	0.2225	0.1900	0.2514
DM_3	A_1	0.1550	0.1928	0.2283	0.3183	0.1486
	A_2	0.1489	0.1595	0.2490	0.1250	0.2738
	A_3	0.2465	0.3109	0.2586	0.2305	0.1497
	A_4	0.2490	0.0762	0.0701	0.1549	0.1768
	A_5	0.2006	0.2605	0.1940	0.1714	0.2512

表 6 – 5　　采用 PIVFHFWA 算子聚集专家综合评价值

	C_1	C_2	C_3	C_4	C_5
A_1	{([0.38, 0.52], [0.63, 0.79], 0.30), ([0.47, 0.64], [0.73, 0.85], 0.70)}	{([0.32, 0.47], [0.58, 0.75], 0.40), ([0.45, 0.57], [0.57, 0.79], 0.60)}	{([0.31, 0.52], [0.51, 0.67], 0.40), ([0.39, 0.48], [0.40, 0.66], 0.60)}	{([0.37, 0.56], [0.37, 0.44], 0.43), ([0.56, 0.67], [0.58, 0.71], 0.57)}	{([0.38, 0.56], [0.66, 0.83], 0.30), ([0.48, 0.60], [0.73, 0.82], 0.70)}
A_2	{([0.29, 0.64], [0.48, 0.64], 0.40), ([0.44, 0.69], [0.67, 0.77], 0.60)}	{([0.46, 0.59], [0.61, 0.72], 0.30), ([0.48, 0.64], [0.69, 0.82], 0.70)}	{([0.40, 0.58], [0.47, 0.61], 0.33), ([0.51, 0.61], [0.34, 0.56], 0.67)}	{([0.42, 0.51], [0.55, 0.71], 0.40), ([0.49, 0.62], [0.61, 0.76], 0.60)}	{([0.41, 0.57], [0.36, 0.58], 0.33), ([0.52, 0.69], [0.51, 0.64], 0.67)}
A_3	{([0.60, 0.70], [0.53, 0.63], 0.43), ([0.61, 0.80], [0.57, 0.66], 0.57)}	{([0.65, 0.82], [0.47, 0.64], 0.27), ([0.72, 0.85], [0.49, 0.59], 0.73)}	{([0.53, 0.66], [0.49, 0.62], 0.37), ([0.66, 0.75], [0.40, 0.61], 0.63)}	{([0.68, 0.81], [0.44, 0.63], 0.37), ([0.58, 0.73], [0.48, 0.73], 0.63)}	{([0.52, 0.67], [0.57, 0.73], 0.40), ([0.58, 0.72], [0.71, 0.80], 0.60)}
A_4	{([0.42, 0.59], [0.48, 0.68], 0.23), ([0.49, 0.69], [0.57, 0.78], 0.77)}	{([0.39, 0.52], [0.74, 0.84], 0.33), ([0.47, 0.62], [0.74, 0.83], 0.67)}	{([0.41, 0.47], [0.80, 0.88], 0.40), ([0.50, 0.57], [0.75, 0.87], 0.60)}	{([0.45, 0.59], [0.64, 0.77], 0.37), ([0.50, 0.62], [0.68, 0.80], 0.63)}	{([0.45, 0.62], [0.57, 0.78], 0.33), ([0.49, 0.62], [0.66, 0.77], 0.67)}
A_5	{([0.31, 0.48], [0.56, 0.78], 0.37), ([0.45, 0.65], [0.76, 0.87], 0.63)}	{([0.50, 0.59], [0.42, 0.66], 0.43), ([0.53, 0.71], [0.58, 0.71], 0.57)}	{([0.38, 0.62], [0.60, 0.72], 0.40), ([0.45, 0.58], [0.41, 0.55], 0.60)}	{([0.38, 0.57], [0.59, 0.76], 0.40), ([0.44, 0.61], [0.59, 0.73], 0.60)}	{([0.57, 0.72], [0.50, 0.72], 0.23), ([0.61, 0.80], [0.44, 0.57], 0.77)}

步骤 4：对聚合的评估信息进行双重标准化。

通过等式（2.16）中给出的概率区间 Fermatean 犹豫模糊数的欧几里德距离度量和等式（2.15）中给出概率区间 Fermatean 犹豫模糊数的得分函数，Euclidean 距离度量矩阵和得分值矩阵结果为：

$$\mathbf{D}=\begin{bmatrix} 0.1169 & 0.1484 & 0.0890 & 0.0867 & 0.1460 \\ 0.0829 & 0.1399 & 0.0698 & 0.0822 & 0.0692 \\ 0.0528 & 0.0475 & 0.0244 & 0.0361 & 0.1244 \\ 0.0858 & 0.1570 & 0.1679 & 0.0931 & 0.1132 \\ 0.1246 & 0.1129 & 0.0753 & 0.0859 & 0.0575 \end{bmatrix}$$

$$\mathbf{S}=\begin{bmatrix} -0.0382 & -0.0281 & -0.0128 & 0.0011 & -0.0389 \\ -0.0143 & -0.0269 & 0.0046 & -0.0198 & 0.0034 \\ 0.0142 & 0.0384 & 0.0177 & 0.0151 & -0.0140 \\ -0.0123 & -0.0438 & -0.0550 & -0.0282 & -0.0231 \\ -0.0408 & -0.0024 & -0.0038 & -0.0210 & 0.0241 \end{bmatrix}$$

此外，基于目标的线性归一化值和基于目标的向量归一化值可以通过等式（6.1）至等式（6.4）来计算，表 6－6 和表 6－7 分别显示了基于目标的线性归一化值的结果和基于目标的向量归一化值的结果。

表 6－6　　基于目标的线性归一化值

	C_1	C_2	C_3	C_4	C_5
A_1	0.1076	0.0784	0.5495	0.1126	0.0000
A_2	0.5818	0.1562	0.6833	0.1914	0.8680
A_3	1.0000	1.0000	1.0000	1.0000	0.2436
A_4	0.5412	0.0000	0.0000	0.0000	0.3700
A_5	0.0000	0.4023	0.6453	0.1264	1.0000

表 6－7　　基于目标的向量归一化值

	C_1	C_2	C_3	C_4	C_5
A_1	0.0219	0.0584	0.4602	0.6318	−0.2593
A_2	0.4680	0.0753	0.7689	0.0812	0.5852

续表

	C_1	C_2	C_3	C_4	C_5
A_3	1.0000	1.0000	1.0000	1.0000	0.2389
A_4	0.5063	-0.1630	-0.2856	-0.1404	0.0573
A_5	-0.0257	0.4229	0.6205	0.0487	1.0000

步骤5：计算评价指标权重。

通过等式（6.13）计算基于目标的线性归一化的每个指标响应的标准偏差结果为：$\sigma_1=0.3600$，$\sigma_2=0.3624$，$\sigma_3=0.3251$，$\sigma_4=0.3622$，$\sigma_5=0.3789$。然后，通过等式（6.14）获得相关系数矩阵 $\boldsymbol{\rho}=[\rho_{jk}]_{5\times5}$。

$$\boldsymbol{\rho}=\begin{bmatrix} 1.0000 & 0.5659 & 0.2951 & 0.7444 & -0.2320 \\ 0.5659 & 1.0000 & 0.7931 & 0.9467 & -0.0450 \\ 0.2951 & 0.7931 & 1.0000 & 0.7656 & 0.0869 \\ 0.7444 & 0.9467 & 0.7656 & 1.0000 & -0.2532 \\ -0.2320 & -0.0450 & 0.0869 & -0.2532 & 1.0000 \end{bmatrix}$$

随后，通过等式（6.12），每个评价指标的信息量可计算为：$\lambda_1=0.9455$，$\lambda_2=0.6303$，$\lambda_3=0.6696$，$\lambda_4=0.6508$，$\lambda_5=1.6837$。然后根据等式（6.11），评价指标的客观权重可计算为：$w_1^o=0.2064$，$w_2^o=0.1376$，$w_3^o=0.1462$，$w_4^o=0.1421$，$w_5^o=0.3676$。最后采用等式（6.15），评价指标的组合权重信息可计算为：$w_1=0.2294$，$w_2=0.1545$，$w_3=0.1727$，$w_4=0.1373$，$w_5=0.3062$。评价指标的综合权重既保留了评价主体的经验认知，又科学地刻画评估对象的客观现象。

步骤6：获取评估和排名结果。

基于等式（6.16）和等式（6.17），加权和度量（WSM）和加权积度量（WPM）可分别计算如下：$SM_1=0.1471$，$SM_2=0.5676$，$SM_3=0.7684$，$SM_4=0.2375$，$SM_5=0.4971$；$PM_1=3.2976$，$PM_2=4.0236$，$PM_3=4.6451$，$PM_4=3.4974$，$PM_5=3.7921$。然后，通过等式（6.18）至等式（6.20），获得三重值函数值，并且系数的值采用0.5。表6-8给出了评估和排序结果。

表6－8　评估和排名结果

	u^a	u^b	u^c	u	排序结果
A_1	0.1614	2.0000	0.6360	1.5201	5
A_2	0.2152	5.0651	0.8481	3.0167	2
A_3	0.2538	6.6156	1.0000	3.8113	1
A_4	0.1746	2.6671	0.6879	1.8542	4
A_5	0.2010	4.5247	0.7921	2.7347	3

步骤7：获得国家公园的最终排序结果。

基于以上分析，我国国家公园评选评价的最终排名为：$A_3 > A_2 > A_5 > A_4 > A_1$。因此，东北虎豹国家公园是我国最杰出的国家公园。

6.4.3　稳健性检验和对比分析

在本节中，为了进一步验证基于 PIFFHFS－DNCoCoSo 群组评价方法的稳健性，对等式（6.20）中的参数 θ 进行稳健性检验。具体而言，分析参数变化时，我国国家公园评选评价的最终排序结果是否随之变化。图6－2显示了参数值对我国国家公园遴选排序的影响。

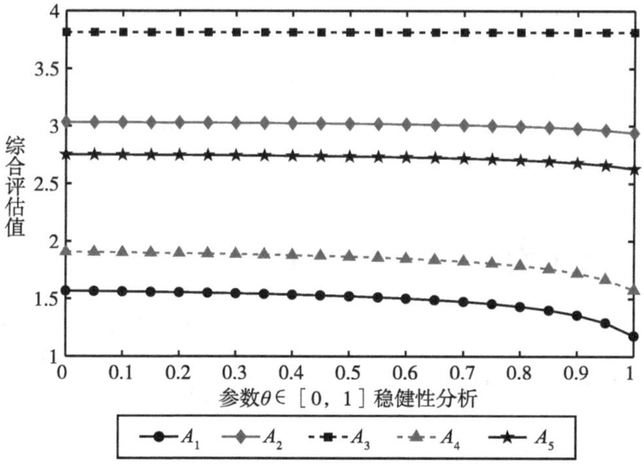

图6－2　参数变化对国家公园评估结果的影响

此外，为了进一步验证前文模型框架的有效性，将基于 PIFFHFS－DN-CoCoSo 群组评价方法与具有相同权重信息的经典方法（包括 CoCoSo 方法、MULTIMOORA 方法、TOPSIS 方法和 EDAS 方法）进行了比较分析。

1. 与 CoCoSo 方法比较分析

对于原始 CoCoSo 方法中的效益指标，根据等式（2.13）中给出的概率区间 Fermatean 犹豫模糊数的得分函数，通过等式（6.23）对评估值进行归一化：

$$r_{ij} = \frac{S_{ij} - \min_i S_{ij}}{\max_i S_{ij} - \min_i S_{ij}} \tag{6.23}$$

表 6－9 显示了评价信息值归一化的结果。

表 6－9　原始 CoCoSo 方法规范化值

	C_1	C_2	C_3	C_4	C_5
A_1	0.0464	0.1904	0.5801	0.6771	0.0000
A_2	0.4813	0.2049	0.8202	0.1943	0.6706
A_3	1.0000	1.0000	1.0000	1.0000	0.3956
A_4	0.5187	0.0000	0.0000	0.0000	0.2514
A_5	0.0000	0.5038	0.7048	0.1658	1.0000

随后，基于步骤 6，评估对象的得分值可计算为：$u_1=1.1159$，$u_2=2.9827$，$u_3=4.2974$，$u_4=1.1894$，$u_5=2.5016$。综上所述，我国国家公园遴选排序的结果为：$A_3>A_2>A_5>A_4>A_1$。

2. 与 MULTIMOORA 方法比较分析

MULTIMOORA 方法由三种不同的从属方法组合而成：比率系统（RS）、参考点（RP）以及完全乘法形式（FMF）。以下对比分析评估值基于表 6－7 中所示的向量归一化值。

然后，分别基于 $RS_i = \sum_{j=1}^{n} w_j \hat{x}_{ij}^{2N}, PR_i = \max_j w_j \left|1 - \hat{x}_{ij}^{2N}\right|$ 和 $FMF_i =$

$\prod_{j=1}^{n}(\hat{x}_{ij}^{2N})^{w_j}$ 三种效用值确定三组从属排序等级。国家公园选择评估的最终排名是通过基于优势理论组合上述三组排序等级最终确定的，分析结果如表 6－10 所示。

表 6－10　　基于 MULTIMOORA 的评估和排序结果

	RS	排序结果	*PR*	排序结果	*FMF*	排序结果	最后排序结果
A_1	0.1008	4	0.3856	5	0.1457	5	5
A_2	0.4421	3	0.1428	1	0.3238	2	2
A_3	0.7670	1	0.2330	2	0.6451	1	1
A_4	0.0399	5	0.2886	4	0.1656	4	4
A_5	0.4794	2	0.2353	3	0.2300	3	3

3. 与 TOPSIS 方法比较分析

经典 TOPSIS 方法旨在找到最接近正向理想解和最远离负向理想解的最优解。以下对比分析基于步骤 4 中所示的双重标准化值。

（1）基于目标的线性归一化 TOPSIS 方法。

基于表 6－6 中所示的归一化值，可以计算正向理想解 $D_i^+ = \sqrt{\sum_{j=1}^{n} w_j(\hat{x}_{ij}^{1N} - \hat{x}_j^+)^2}$ 和负向理想解 $D_i^- = \sqrt{\sum_{j=1}^{n} w_j(\hat{x}_{ij}^{1N} - \hat{x}_j^-)^2}$，其中 $\hat{x}_j^+ = \max_i \hat{x}_{ij}^{1N}$，$\hat{x}_j^- = \min_i \hat{x}_{ij}^{1N}$。然后，通过计算与理想解的相对接近度 $RC_i = D_i^- / (D_i^- + D_i^+)$。结果分别为：$RC_1 = 0.0701$，$RC_2 = 0.6024$，$RC_3 = 0.8026$，$RC_4 = 0.1468$，$RC_5 = 0.4964$。最后，根据 RC_i 以下降顺序得出我国国家公园遴选的排序结果：$A_3 > A_2 > A_5 > A_4 > A_1$。

（2）基于目标的向量归一化的 TOPSIS 方法。

基于表 6－7 中所示的归一化值，与上述过程类似，可以获得 D_i^+，D_i^- 和 RC_i 的值。结果可计算为：$RC_1 = 0.1696$，$RC_2 = 0.5625$，$RC_3 = 0.8481$，$RC_4 = 0.0872$，$RC_5 = 0.6080$。最后，根据 RC_i 以下降顺序得出我国国家公园遴选的排序结果：$A_3 > A_2 > A_5 > A_4 > A_1$。

4. 与 EDAS 方法比较分析

EDAS 方法旨在找到最接近正向平均距离和最远离负向平均距离的最优解。以下分析基于步骤 4 中所示的双重标准化值。

（1）基于目标的线性归一化的 EDAS 方法。

基于表 6－6 中所示的归一化值，获得备选方案的平均值（AV）、与平均方案的正向距离（PDA）、与均值方案的负向距离（NDA）、正加权距离（SP）、负加权距离（SN）以及综合评价得分（AS）。对于基于 EDAD 方法的效益类型指标，设 $AV_j = \sum_{i=1}^{m}\hat{x}_{ij}^{1N}/m$，$PDA_{ij} = \max(0,(\hat{x}_{ij}^{1N} - AV_j))/AV_j$，$NDA_{ij} = \max(0,(AV_j - \hat{x}_{ij}^{1N}))/AV_j$，$SP_i = \sum_{j=1}^{n} w_j PDA_{ij}$，$SN_i = \sum_{j=1}^{n} w_j NDA_{ij}$。

然后，计算评估值与理想解的相对接近度 $AS_i = (SP_i/\max_i SP + (1 - SN_i/\max_i SN_i))/2$ 的结果。具体结果为：$AS_1 = 0$，$AS_2 = 0.5629$，$AS_3 = 0.8868$，$AS_4 = 0.1291$，$AS_5 = 0.4490$。最后，根据 AS_i 以下降顺序得出我国国家公园遴选的排序结果：$A_3 > A_2 > A_5 > A_4 > A_1$。

（2）基于目标的向量归一化的 EDAS 方法。

基于表 6－7 所示的归一化值，同理，可以获得 AV_j，PDA_{ij}，NDA_{ij}，SP_i，SN_i 和 AS_i 的值。结果为：$AS_1 = 0.0827$，$AS_2 = 0.5441$，$AS_3 = 0.9581$，$AS_4 = 0.0272$，$AS_5 = 0.6259$。最后，根据 AS_i 以下下降顺序得出我国国家公园遴选的排序结果：$A_3 > A_5 > A_2 > A_1 > A_4$。

图 6－3 显示了我国国家公园选择评估的综合分析结果，其中包括前文构建的决策模型和现有方法的对比分析排序结果。基于不同的综合评价方法，东北虎豹国家公园（A_3）的我国国家公园最佳选择的结果保持一致。此外，验证了群组综合评价模型框架的有效性和可行性。基于概率区间 Fermatean 犹豫模糊 DNCoCoSo 技术采用前景理论和 CRITIC 方法来克服多方评价主体的有限理性心理和评估过程中的指标相关性问题，这些特性使得构建模型优于现有综合评价方法。CoCoSo、MULTIMOORA、TOPSIS 和 EDAS 等方法使用单一标准化方法，在获得科学有效的评价结果方面受到

一定限制。同时，MULTIMOORA 方法有两个缺陷，即无法充分考虑不同子系统下每个评估对象的排序结果以及大量复杂的计算。TOPSIS 方法和 EDAS 方法都基于测量正负距离，确定具有最大正向距离和最小负向距离的解。然而，评估过程忽略了评估者对正负距离的相对重要性，并倾向于得出与专家主观相反的结果。

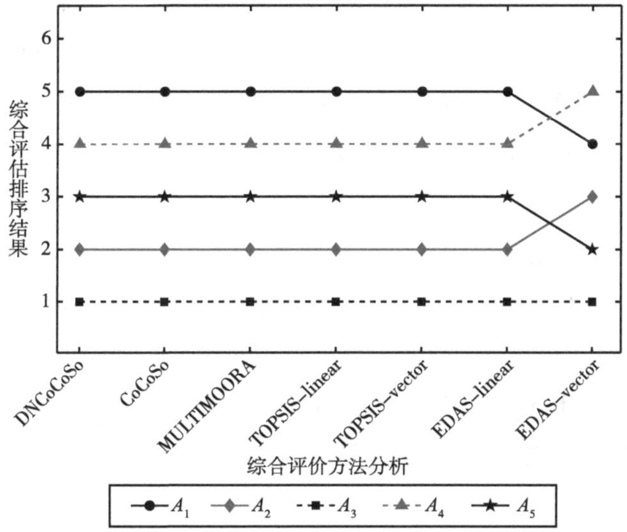

图 6－3　我国国家公园选择评估综合分析排序结果

上述稳健性检验和对比分析的结果表明，前文所提出的基于概率区间 Fermatean 犹豫模糊环境下的 DNCoCoSo 群组综合评价框架具备可行性与有效性。与 CoCoSo、MULTIMOORA、TOPSIS 和 EDAS 方法相比，A_3在参数变化过程中排序保持不变。在基于主观权重和基于目标线性归一化技术改进 CRITIC 方法获得的客观权重的组合评价指标权重中，自然保护区划定和标记边界规范（C_5）是最重要的决定因素，权重为 0.3062，国家公园建立规范（C_1）是第 2 个重要性指标，权重为 0.2294。而其他评价指标相较而言就显得不是那么重要，因此，重点关注指标 C_5和指标 C_1对我国未来更多公园遴选入国家公园具有积极的指导作用。概率区间 Fermatean 犹豫模糊环境下的 DNCoCoSo 群组综合评价集成方法的优越性可以总结如下：

（1）群组专家用概率区间 Fermatean 犹豫模糊数来表达他们的评估意见，能在最大限度内包含更多的不确定性信息。保证了我国国家公园选择评估第一步中评估信息收集的科学性，为获得可靠、稳定的评估结果奠定了基础。

（2）现有的评估方法很少考虑群组专家的非完全理性心理。因此，将前景理论的损失和收益转移到评价主体的正负理想点之间的距离，并获得评估对象每个指标的群组专家权重信息是非常有效和有趣的尝试。

（3）CRITIC 是表征指标之间相关性的有用技术，组合指标权重具有主观权重和客观权重的综合优点。

（4）CoCoSo 方法为我国国家公园选择提供了一种折中的态度，然而，预期效用值的单一归一化方法不能获得相对稳定的结果，但是，基于欧氏距离测度和得分函数的双重归一化的 DNCoCoSo 技术是科学可行的。

（5）在 PIFFHFS 环境下，将 DNCoCoSo 方法、前景理论和 CRITIC 方法相结合的方法应用于我国国家公园选择评估问题，取得了良好的评价结果。

同时，所提出的基于概率区间 Fermatean 犹豫模糊 DNCoCoSo 群组评价技术的局限性依然存在：

（1）在动态群组综合评价过程中，群组成员和评价指标的静态权重信息不适用，需要发展动态的权重信息。

（2）所提出的框架仅涉及小群体评估过程，应考虑如何发展大规模群组综合评价集成机制。

总之，基于 PIFFHFS－DNCoCoSo 群组综合评价模型对非确定数据综合评价理论进行了拓展，同时，评价框架的成功应用将有助于未来我国其他公园建设成为国家公园。此外，对研究制定保护管理战略，推动我国国家公园真正成为生态文明建设的典范，具有重要的现实意义。

6.5　本章小结

本章旨在提出一个基于 DNCoCoSo 方法、前景理论和 CRITIC 方法的概率区间 Fermatean 犹豫模糊环境下我国国家公园评价体系。所提出的评价框架使东北虎豹国家公园成为我国最突出的国家公园，具有重要的研究意义：①群组专家基于概率区间 Fermatean 犹豫模糊形式给出评估信息值，较现有评估信息包含更多的不确定性信息，避免了信息集成的损失。②由于指标权重未知，基于 CRITIC 方法获得指标客观权重，并结合主观和客观权重获得评价指标综合权重信息更具科学性。③将前景理论融入综合信息集成阶段，评价主体对评估对象关于评价指标的前景权重较单一整体专家权重更契合经济实践活动。④采用基于目标的线性归一化和基于目标的向量归一化的 DNCoCoSo 方法提高了我国国家公园遴选评估结果的科学性。

本章提出了一种基于概率区间 Fermatean 犹豫模糊的 DNCoCoSo 评价方法框架，该框架可以为相关的不确定综合评价问题提供新的决策支持。可将模型框架的进一步研究扩展到相关的社会和经济领域，例如可持续发展水平评估和创新发展能力评估等。在大数据时代，随着网络技术的发展，需要开发和研究基于社会网络分析的综合决策方法，探索专家、组织和公众在多个领域参与大规模决策的应用。此外，研究基于统计抽样思想的统计决策方法，并将其应用于提高大规模决策问题的决策效率。

第7章　Fermatean 模糊社会网络的自信共识 MABAC 群组综合评价集成机制

本书前述章节，包括第3章至第6章的研究均对非确定性数据的群组综合评价理论、方法与应用做了可能的发展，对评价指标相关性、群组成员的非理性心理等问题进行了积极的解决。但是，已有研究忽略了群组成员决策过程中的信息交互现象，经济实践活动时刻面临着群组成员评价信息冲突的冲击。同时，群组成员的评估信息基于静态获取，信息冲突下强行对评价信息进行集成，难以获得科学性的评价结果。再者，新能源汽车采用新兴的清洁能源，有效缓解了自然资源的枯竭。随着新能源汽车市场需求的快速增长，动力电池行业也迎来了爆发。在“双碳”目标的推动下，新能源汽车动力电池的回收成为亟待解决的“堵点”。新能源汽车动力蓄电池回收服务网点的选择和评估问题由此而来，而群组成员不是独立的评价主体。有鉴于此，本章试图构建一个基于自信 Fermatean 模糊社会网络的群组共识意见反馈评估框架。首先，多方评价主体根据新能源汽车动力蓄电池回收服务网点的要求，使用自信 Fermatean 模糊集（SC－FFS）表达评估意见。其次，群组成员的权重由社交网络、自信心和相对偏差测度决定。同时，开发了自信和基于社会网络的个性化共识反馈机制，以实现集成评估信息前的意见共识达成。此外，指标权重基于相关系数，以消除其自身的同质性影响。此外，通过多属性边界近似区域比较（MABAC）方法获得最终决策结果。最后，通过一个新能源汽车动力蓄电池回收服务网点选择的应用案例，验证了所建立框架的可行性，并通过敏感性分析和比较分析进一步证明了该框架的有效性。

7.1　研究动机和思路

第四次工业革命的浪潮席卷全球，社会经济发展按下“快车键”，但却是以煤、石油等不可再生资源的大肆消耗为代价，由此产生的一系列生态环境问题引发各国忧虑，可持续绿色的高质量发展才是全球发展的共识。工业发展使得靠以石油为燃料的汽车极大方便了人们的日常出行，随着汽车消费需求持续稳定增长，与此同时带来的能源安全和环境问题将更加突出。新能源在解决全球气候问题中发挥着重要作用，因此发展新能源产业，成为世界各国共同努力的方向。经济发展进入新时期，尤其重视绿色发展，党的十九大报告中明确提出了“建立健全绿色循环发展的经济体系”“推进资源全面节约和循环利用”的要求。

现代生态文明绿色低碳出行理念逐步深入人心，为实现“碳达峰”和“碳中和”目标，交通运输领域低碳化推动新能源汽车迅猛增长，让新能源汽车的发展前景看起来一片光明。新能源汽车替代燃油汽车对大气污染治理和低碳转型至关重要。新能源汽车产业能否进一步实现飞跃式高质量发展，作为新能源汽车“心脏”的动力蓄电池如何有效回收、处理、再利用成为业界不可回避的问题。动力蓄电池材料中钴、镍、锰等金属元素对土壤造成污染，同时含有大量可回收的高价值金属，如锂、钴以及镍等。动力蓄电池回收产业一方面能保护生态，同时还具有较高的回收效益，且有利于缓解当下的蓄电池缺口，科学有效地回收利用对更好地实现绿色发展具有积极的现实意义。

对新能源汽车而言，动力蓄电池是消耗品，性能会随着充电次数的增加而逐步衰减，当其实际容量衰减至额定容量的 80% 以下时，就不再适用于新能源汽车。随着电动汽车的迅速普及，众多动力蓄电池即将达到退役年限，从而引发对可持续工业发展的日益关注。Fan 等（2020）探讨了锂离子电池及其他电池的可持续回收技术，并强调了电池可持续性的新挑战和未来前景[76]。亟待构建基于大数据技术的新能源汽车退役动力电池回收平台。根据动力蓄电池回收利用管理要求，新能源汽车车主综合评判后选择新能源动力蓄电池的回收服务网点，规范移交退役电池。值得注意的是，新能源动力蓄电池回收网点选择过程中，个体对同一指标可能表现出不同的态度，鉴于回收服务网点选择通常由多维因素决定，从回收网点服务的响应性、可靠性、安全性、经济性、环保性等特性出发，因此可将其视为典型的多指标综合评价问题。具体而言，评估者根据新能源动力蓄电池回收评价体系，通过综合评价框架测度潜在的服务网点，从而选出最优回收网点。综合评价过程中的评估信息的量化和聚合一直是研究的重点，针对日趋复杂的评估环境，有必要发展新的综合评价模型框架，以期适应社会经济的高速发展。

评估专家在综合评价的全流程并非完全权威，在认知范围内难以给出准确的评价信息，需要多位专家广泛参与决策评价。小规模的群组综合评价优于单一评价主体综合评价，更具多元性，对于现实综合评价意义重大。新能源动力蓄电池回收服务网点选择过程受到内部和外部双重因素的影响，这些因素难以用确切的定量数据量化，存在着模糊不确定性，例如，评价体系的多维定性指标、群组专家权重信息和指标权重信息的确定等因素。精确值的评价是一种硬评价，具有非此即彼的性质。而现实中大多存在着属性模糊的评价对象，具有亦此亦彼的性质。模糊集理论（Zadeh，1965）的提出，提供了软划分的有力分析工具，克服了 0 与 1 的刚性选择，赋予评价者在有限区间［0，1］内表达更多决策信息[199]。根据评价环境的复杂性，模糊集的隶属度与非隶属度函数参数不断变化，前文已在 Fermatean 模糊集基础上拓展出了犹豫 Fermatean 模糊集、概率犹豫 Fermatean 模糊集、区间 Fermatean 模糊集以及概率区间 Fermatean 犹豫模糊集等不确定评价信息表达方式。然而，上述 Fermatean 模糊评估信息基于评价主体完全自信的假设而开展的经济实践活动，面对新时期日趋复杂的综合评价情形，评价主体更偏好多层次的意见自信，能传递更多不确定信息。特别地，考虑到新能源汽车动力蓄电池回收服务网点选择评价体系的多维度，本章评估专家在自信 Fermatean 模糊信息下评价空间更广，评估结果更具科学性。

群组成员之间在评估过程中的互动构成相对稳定的关系体系，然而在以往的综合评价问题中一直被忽略，常用于采用静态方法集结割裂状态下的成员偏好信息，无法提高群组综合评价的满意度和准确度。随着社交媒体以及信息技术的普及，群组专家间的互动关系应该被考虑。社会网络分析在多源异构信息环境中作为一种可靠的理论分析工具，用于研究群组成员的非合作关系、信任关系以及领导关系等。通过这些社会关系进行准确的定量分析揭示成员之间的社会关系，并解释某些社会现象。基于社会网络分析方法的综合评价理论研究十分丰富，主要集中在信任关系动态演变实现共识达成（Dong 等，2018）[72]。在共识达成过程中，群组成员在社会网络中的影响力是确定其权重的重要参考。考虑到评价主体在同行中的实际声誉，信任度和共识水平被用来测度专家的重要程度。社会网络节点（专家）的重要性可由相对节点度中心指数确定。在信任传播和聚集过程中，信任得分可用来分配成员客观权重。最近，考虑到专家权重一般通过交互关系或者社会网络结构来确定，忽略个体成员间的相互作用特征，个人的权重和社会交互权重同时被考虑到量化成员的权重过程，更符合实际应用（Ma 等，2021）[131]。这些方法倾向于关注社会网络中信任关系、共识水平以及交互作用等单一因素，而忽略了成员自信偏好带来的影响，为了应对这一挑战，本章在 Fermatean 模糊认知的社会网络下兼顾成员自信水平确定专家综合权重。

个人评价信息集结为群体信息一直是群体决策问题的研究重点。传统方法一般采用加权平均（WA）算子和加权几何（WG）算子，以及在此基础上衍生出的各种信息集成算子。遗憾的是上述方法都是基于静态的信息聚合过程，难以满足复杂的决策问题的需求，常常得到非均衡的评价结果。而共识达成（Pérez 和 Mata，2014）[142]的过程作为一种动态的交互方法越来越受学者关注，并取得了显著的研究成果，特别是在社交网络中。一种新颖的基于社会网络的共识支持框架被提出，用于解决具有不完整区间类型 2 模糊信息的大规模群体决策问题（Tian 等，2019）[161]。为了防止社会网络群组评价达成共识过程中的操纵行为，Wu 等（2017）提出一种可视化采用机制，从理论上分析了评价主体在采纳建议前后的个人共识立场，增强了共识达成过程中真实和必要的灵活性[165]。考虑到专家的自身利益和认知差异，基于大规模群体社会网络环节，一种考虑非合作行为的二维共识收敛模型被提出（Du 等，2021）[71]。自信心被视为影响力显著因素，近期在一些社会网络下的群体共识问题中经常被考虑在内。

尽管不确定环境下的群组综合评价技术研究取得了重大进展，但仍存在一些局限性。

①现有群组决策过程中忽视了评价主体间存在的社会交互关系，尤其随着信息技术的发展，这种交互更加紧密。社会网络下的群体决策更加符合现实的复杂问题。②通过静态的方法聚合评估信息有时导致非平稳的综合评价结果，需要动态的共识达成过程。③群组成员的知识和经验会表现出不同的自信水平，心理因素贯穿群组综合评价体全过程，然而，现有研究仅涉及某一环节的自信心理。④社会网络下的专家权重一般基于信任传递，不能全面客观反映专家的相对重要性。⑤最优方案的选择未考虑备选方案与边界近似区域之间的距离。

基于以上分析与动机，本章研究的主要目的是建立自信社会网络共识评价框架，探究自信社会信任关系对新能源蓄电池回收服务网点选择产生的影响。主要贡献如下。

①建立了一种新型的针对新能源动力蓄电池回收服务网点选择的多维评价指标体系。多方评价主体基于 Fermatean 模糊集对每个指标进行主观判断评估，同时赋予评估信息与之对应的自信水平。②群体成员的综合权重由客观和主观两部分决定，这不仅提高了客观性，而且反映了主观的愿望。客观权重是以群组成员的相对偏差来计算的。主观权重包括信任关系和意见自信水平。③针对群体成员间不完全信任网络的情况，构建了一种新的社会信任关系完整性的两阶段方法来完成信任网络，提高信任关系的准确性和可靠性。

在第一阶段，基于 Einstein 算子定义了信任传播算子。在第二阶段，将信任传播的效率函数定义为两个体之间的多个信任路径聚合的权重。④建立了一种新的自信 Fermatean 模糊信任网络驱动的共识融合框架，解决了新能源动力蓄电池回收服务网点选择过程中评价信息不一致的问题。随后，为了反映群组成员对评价指标的熟悉程度，提出了一种新的基于自信水平的聚合算子，即自信 Fermatean 模糊加权平均（SC - FFWA）算子。⑤为了处理指标之间的相关性，指标的权重由 Fermatean 模糊相关系数确定。并采用 MABAC 法对评价结果进行了测量。值得注意的是，建立了一种新的基于自信 Fermatean 模糊信任网络的新能源动力蓄电池回收服务网点选择共识融合框架。

7.2 社会网络信任传递与聚集

社会网络分析（SNA）方法是研究社会实体之间的关系，如群体、公司或国家的成员（Hanneman 和 Riddle，2005）[92]。社会网络分析可以用图表来描述。

定义 7.1 社会网络是一个有向图 $G(V,E)$，其中 $V=\{v_1,v_2,\cdots,v_h\}$ 表示（顶点）个体集合，$E=\{(v_l,v_k)\mid v_l,v_k\in E;\ l\neq k\in h\}$ 是一组有序的元素对 E，边缘（v_l，v_k）表示个体直接信任个体。

在本章中，假设集合 E 和 V 是有限的，并且 V 是非空集合。同时，使用有向图刻画评价主体间的社会网络关系。

定义 7.2 （Bondy 和 Murty，1976）[50]设社会度量 $\mathbf{A}=(a_{lk})_{h\times h}$ 是有向图 $G(V,E)$ 的矩阵，有

$$a_{lk}=\begin{cases}1,(v_l,v_k)\in E\\0,(v_l,v_k)\notin E\end{cases}\tag{7.1}$$

同时，社会度量常被用来描述个体之间的二元信任度，即“信任”或“不信任”，这在非确定的环境下通常是无效的。模糊社会度量可以解决以下限制：

定义 7.3 （Dong 等，2018）[72] 设 V 中模糊社会矩阵 $\mathbf{S}=(s_{lk})_{h\times h}$ 是 $V\times V$ 中具有隶属函数的关系 $u_{S(v_l,v_k)}$：$V\times V\rightarrow[0,\ 1]$，$u_S(v_l,\ v_k)=s_{lk}$，其中，$s_{lk}\in[0,\ 1]$ 表示 v_l 分配给 v_k 的信任度水平。

随着决策问题的复杂性增加，社交网络中的评价主体会对他人产生更多的不确定性信任。有鉴于此，Fermatean 模糊社会度量分别表示个体之间的完全信任或不信任。

定义 7.4 设 V 中的 Fermatean 模糊社会矩阵 $\mathbf{R}=(t_{lk},\ g_{lk})_{h\times h}$ 与隶属函数 μ_R：$V\times V\rightarrow[0,\ 1]$，$\mu_R(v_l,\ v_k)=t_{lk}$ 和非隶属函数 σ_R：$V\times V\rightarrow[0,\ 1]$，$\sigma_R(v_l,\ v_k)=g_{lk}$ 分别是 $V\times V$ 中的社会网络关系。$r_{lk}=\langle t_{lk},\ g_{lk}\rangle$ 表示个体 v_l 与个体 v_k 的信任关系。此外，$t_{lk}\in[0,\ 1]$ 表示个体 v_l 与个体 v_k 分配到的信任度，$g_{lk}\in[0,\ 1]$ 表示分配给个体 v_l 与个体 v_k 的不信任度，并且，满足条件 $0\leqslant t_{lk}^3+g_{lk}^3\leqslant 1$。

此外，信任数值可以由 $ts(r_{lk})=t_{lk}^3-g_{lk}^3$ 表示，$ts(r_{lk})\in[0,\ 1]$。通常，正信任数值表示成员之间存在信任，信任值越接近 1，信任度越高；负信任数值表示成员之间存在不信任，信任值越接近 -1，不信任程度越高。

案例 7.1 假设 4 个评价个体 $\{v_1,\ v_2,\ v_3,\ v_4\}$ 以有向图的形式信任关系，如图 7-1 所示。

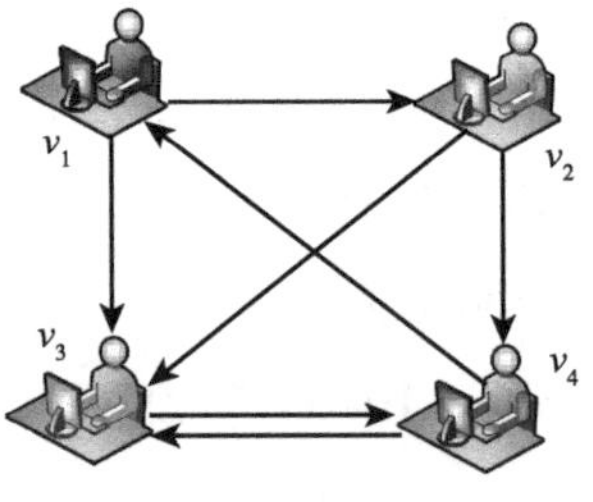

图 7-1 基于 Fermatean 模糊社会矩阵有向图表示

从图 7-1 中可以看出，4 个不同评价主体之间的信任关系很明显。例如，个体 v_1 与 v_2 具有信任关系 $r_{12}=\langle t_{12},\ g_{12}\rangle$，即信任度为 t_{12}，不信任度为 g_{12}，信任数值为 $ts(r_{12})$。此外，由图 7-1 可知，并非所有的个体都彼此有直接关系，例如，评价主体 v_4 与评价主体 v_2 之间缺乏直接关系。间接信任可以通过基于 Fermatean 模糊 Einstein 运算的信任传播算子来推导获得。

定义 7.5　设 $v_l \to v_{\sigma(1)} \to \cdots \to v_{\sigma(q-1)} \to v_k$ 为评价主体 v_l 到评价主体 v_k 的信任关系路径，并且存在 q 个中间评价主体。因此，信任关系 r_{lk} 可以评估如下：

$$r_{lk} = TP(r_{l\sigma(1)}, r_{\sigma(1)\sigma(2)}, \cdots, r_{\sigma(q)k})$$

$$= \left\langle \frac{\sqrt[3]{2}\prod_{i=1}^{q} t_i}{\sqrt[3]{\prod_{i=1}^{q}(2 - t_i^3) + \prod_{i=1}^{q} t_i^3}}, \frac{\sqrt[3]{\prod_{i=1}^{q}(1 + g_i^3) - \prod_{i=1}^{q}(1 - g_i^3)}}{\sqrt[3]{\prod_{i=1}^{q}(1 + g_i^3) + \prod_{i=1}^{q}(1 - g_i^3)}} \right\rangle \tag{7.2}$$

具体而言，评价主体 v_1 与评价主体 v_2 有信任关系 $r_{12} = \langle t_{12}, g_{12} \rangle$，评价主体 v_2 与评价主体 v_4 有信任关系 $r_{24} = \langle t_{24}, g_{24} \rangle$。从评价主体 v_k 到评价主体 v_h 只存在一个中间个体，那么 $q = 2$，评价主体 v_1 到评价主体 v_4 基于 Fermatean 模糊 Einstein 算子的信任关系 r_{14} 如下：

$$r_{14} = \langle t_{14}, g_{14} \rangle = TP(r_{12}, r_{24})$$

$$= \left\langle \frac{t_{12}t_{24}}{\sqrt[3]{1 + (1 - t_{12}^3)(1 - t_{24}^3)}}, \sqrt[3]{\frac{g_{12}^3 + g_{24}^3}{1 + g_{12}^3 g_{24}^3}} \right\rangle \tag{7.3}$$

然而，可以发现，从评价主体 v_2 到评价主体 v_4 之间并不是只有一条信任传播路径。因此，应考虑所有可能的传播路径，以提高信任值的准确性。此外，在信任传播过程中，信任值会减弱，不信任值会增加。为了解决这个问题，Liu 等（2019）定义了计算间接信任传播过程中关系强度的效率函数[128]。受此启发，本章定义了结合信任度和不信任度的新型信任传递效率函数。

定义 7.6　假设 $r_{lk} = \langle t_{lk}, g_{lk} \rangle$ 表示评价主体 v_l 到个体 v_k 之间的信任关系，传递效率函数可以定义为：

$$p(r) = \begin{cases} p(t) = 1 - \cos \dfrac{\pi t_{lk}}{2}, \\ p(g) = 1 - \sin \dfrac{\pi g_{lk}}{2}。 \end{cases} \tag{7.4}$$

其中，t_{lk}，$g_{lk} \in [0, 1]$，$\pi t_{lk}/2$，$\pi g_{lk}/2 \in [0, \pi/2]$。同时，函数 $y_1 = \cos x$

和 $y_2 = \sin x$。当在区间［0，$\pi/2$］内时，y_1 是单调递减的，并且 y_2 是单调递增的。因此，可以确保在定义域中，信任关系传递效率函数 $p(t)$ 严格单调递增，不信任关系传递速度函数 $p(g)$ 严格单调递减。$p(t)$ 和 $p(g)$ 的取值在域［0，1］中，$p(t)$ 随着信任度 t_{kh} 的递增而增强，而 $p(g)$ 随着不信任度 g_{kh} 的递增而减弱。信任传递效率函数与信任关系的传播规律相匹配，如图 7－2 所示。

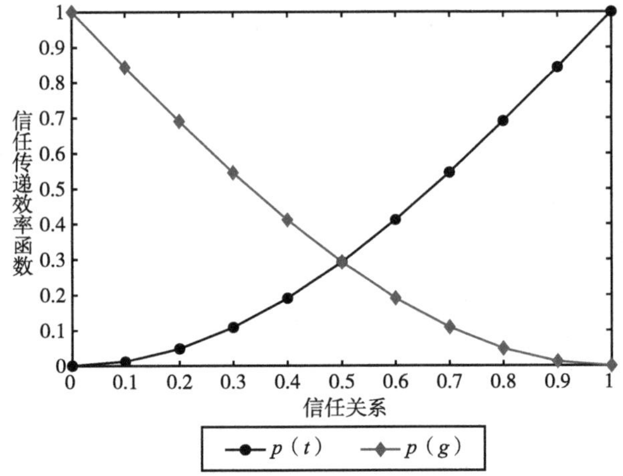

图 7－2　信任关系的传播效率

定义 7.7　令 l_1，l_2，…，l_n 表示从评价主体 v_l 到评价主体 v_k 的所有 n 条路径，并且有 q 个中间连接个体。因此，路径 l_z 传播效率的权重定义为：

$$w_z^r = \begin{cases} w_z^t = \dfrac{\sqrt[q]{\prod_{i=1}^{q} p(t_q)}}{\sum_{z=1}^{n} \sqrt[q]{\prod_{i=1}^{q} p(t_q)}}, \\ w_z^g = \dfrac{\sqrt[q]{\prod_{i=1}^{q} p(g_q)}}{\sum_{z=1}^{n} \sqrt[q]{\prod_{i=1}^{q} p(g_q)}}. \end{cases} \tag{7.5}$$

然后，基于传播效率的信任关系 $\tilde{r}_{kh}$ 可以评估如下：

$$\tilde{r}_{lk} = \langle \tilde{t}_{lk}, \tilde{g}_{lk} \rangle = \left\langle \sum_{z=1}^{n} w_z^t t_{lk}, \sum_{z=1}^{n} w_z^g g_{lk} \right\rangle \tag{7.6}$$

7.3　Fermatean 模糊社会网络自信共识评价方法

针对 Fermatean 模糊环境下的群组综合评价问题。设 $V = \{v_1, v_2, \cdots, v_h\}$ 为群组专家集合，$A = \{A_1, A_2, \cdots, A_m\}$ 和 $C = \{c_1, c_2, \cdots, c_n\}$ 分别是评估方案集合和评价指标集合。群组成员之间的个人评价信息和信任关系都采用 Fermatean 模糊数表达，自信心值集合 $\varepsilon = \{\varepsilon_1, \varepsilon_2, \cdots, \varepsilon_n\}$。设 $w = (w_1, w_2, \cdots, w_h)^T$ 和 $\omega = (\omega_1, \omega_2, \cdots, \omega_n)^T$ 分别为评价主体和评价指标的权重向量，其中 $\sum_{k=1}^{h} w_k = 1$ 和 $\sum_{j=1}^{n} \omega_j = 1$。

7.3.1　自信社会信任网络的群组权重

一般地，群组专家权重信息预先确定。然而，由于群组专家的认知偏见，很难直接获得评价主体的重要性。近年来，社交网络中个体之间的信任关系水平被用于测度评价主体的权重信息。个人自信心在群组的信息聚合过程中起着重要作用，应将其纳入整个决策过程。因此，评价主体的信任和自信可以被视为决定其权重的主观因素。个人在专业领域越杰出，其在社会网络中影响力越强。此外，群组成员间的相对偏差程度可以被视为确定其权重的客观因素。因此，相对偏差程度、信任度和自信心水平较高的评价主体应被分配较高的权重。

定义 7.8　设 $F = \{\langle t_{ij}, g_{ij}\rangle, \varepsilon_{ij}\}$ 为自信 Fermatean 模糊数（SC－FFNs），$d_E(F_l, F_k)$ 是通过等式（2.18）得出的 Euclidean 距离度量。那么，评价主体 v_l 到评价主体 v_k 的相对距离可以定义为：

$$RE_{lk} = 1 - \frac{\sum_{i=1}^{m}\sum_{j=1}^{n} d_E(F_l, F_k)}{\sum_{l=1,l\neq k}^{h}\sum_{i=1}^{m}\sum_{j=1}^{n} d_E(F_l, F_k)} \tag{7.7}$$

那么，评价主体 v_k 的相对偏差程度为：

$$RD(v_k) = \frac{1}{h-1}\sum_{l=1,l\neq k}^{h} RE_{lk} \tag{7.8}$$

每个评价主体给出的评估值之间的偏差可以衡量个体的客观重要性程度，评价主体的客观权重可计算如下：

$$w_k^o = \frac{RD(v_k)}{\sum_{k=1}^{h} RD(v_k)} \tag{7.9}$$

定义 7.9 设 $\mathbf{R} = (t_{lk}, g_{lk})_{h\times h}$（$l\neq k \in h$）为一个完整的 Fermatean 模糊社会度量矩阵，则具有 Fermatean 模糊数的群组中评价主体 v_k 的信任度 $TD(v_k)$ 可以计算为：

$$TD(v_k) = \frac{1}{h-1}\sum_{l=1,k\neq l}^{h} (t_{lk}^3 - g_{lk}^3) \tag{7.10}$$

定义 7.10 设 $F_k = (\langle t_{ij,k}, g_{ij,k}\rangle, \varepsilon_{ij,k})_{m\times n}$为评价主体 v_k 基于自信 Fermatean 模糊信息形式提供评估信息。评价主体 v_k 的意见自信水平矩阵为 $\varepsilon_k = (\varepsilon_{ij,k})_{n\times n}$，并假设 $\varepsilon = (\max\varepsilon_{ij,k})_{m\times n}$是最大的意见自信矩阵。因此，评价主体 v_k 的自信偏差水平（SCDL）定义如下：

$$SCDL(v_k) = \frac{1}{m\times n}\sum_{i=1}^{m}\sum_{j=1}^{n}\sqrt{(\varepsilon_k - \varepsilon)^2} \tag{7.11}$$

随后，评价主体 v_k 的自信度 SCD（v_k）定义如下：

$$SCD(v_k) = 1 - SCDL(v_k) \tag{7.12}$$

其中，$0\leqslant SCD$（v_k）$\leqslant 1$，可以认为 SCD 越高，评价主体对自己给出的评估信息越自信，评价信息越值得重视。

定义 7.11 设 $TD(v_k)$ 和 $SCD(v_k)$ 分别为评价主体 v_k 的信任度和自信度。那么，评价主体 v_k 的重要性程度 $\kappa(v_k)$ 可以定义为（Liu 等，2019）[125]：

$$\kappa(v_k) = \eta TD(v_k) + (1-\eta)SCD(v_k) \tag{7.13}$$

其中，$\eta\in[0, 1]$ 是用于调节 $TD(v_k)$ 和 $SCD(v_k)$ 的权重参数。评价主体的主观权重为：

$$w_k^s = \frac{\kappa(v_k)}{\sum_{k=1}^{h} \kappa(v_k)} \tag{7.14}$$

最后，结合客观权重 w_k^o 和主观权重 w_h^s，评价主体的综合权重为：

$$w_k = \frac{\sqrt{w_k^o w_k^s}}{\sum_{k=1}^{h} \sqrt{w_k^o w_k^s}} \tag{7.15}$$

7.3.2　自信社会网络的个性化共识反馈机制

一般地，群组成员具有不同的知识背景，如果直接通过聚合算子获得综合值，则很难达到群体决策的预期效果。此外，传统的共识水平是基于群体的平均值，而不考虑专家之间的社交网络关系和自信心理。为了应对这一挑战，本章在社会网络群组综合评价过程中引入了基于自信的个性化共识反馈机制。首先，评价主体评估信息由 SC－FFWA 算子集成。其次，识别需要基于给定的共识阈值进行调整的评估信息。再次，使用反馈机制来最大化个体之间的共识度。最后，在群组成员达成共识后，再次使用 SC－FFWA 集成算子来获得群体意见。

定义 7.12　对于任意两个 Fermatean 模糊数 $F_1 = \langle t_{F_1}, g_{F_1} \rangle$ 和 $F_2 = \langle t_{F_2}, g_{F_2} \rangle$，Fermatean 模糊 Manhattan 距离可以表示如下：

$$d_M(F_1, F_2) = |F_1 - F_2| = |t_{F_1}^3 - t_{F_2}^3| + |g_{F_1}^3 - g_{F_2}^3| + |\pi_{F_1}^3 - \pi_{F_2}^3| \tag{7.16}$$

定义 7.13　设 $F_k^\tau = (\langle t_{ij,k}^\tau, g_{ij,k}^\tau \rangle, \varepsilon_{ij,k})$ 为评价主体 v_k 第 τ 轮的评估值，根据等式（2.19）定义的 SC－FFWA 算子，第 τ 轮的聚集专家综合评价值可计算为：

$$F_G^\tau = \sum_{k=1}^{h} w_k \varepsilon_k F_k^\tau \tag{7.17}$$

基于 Manhattan 距离，可以获得个人 F_k^τ 综合群组综合评价 F_G^τ 在第 τ 轮的共识指数（Wu 等，2017）[165]：

$$CI(F_k^\tau) = 1 - d_M(F_G^\tau, F_k^\tau) = 1 - \frac{1}{m \times n} \sum_{i=1}^{m} \sum_{j=1}^{n} |F_G^\tau - F_k^\tau| \tag{7.18}$$

第 τ 轮的群组共识指数可通过以下方式获得：

$$GCI^{\tau} = \sum_{k=1}^{h} w_k CI(F_k^{\tau}) \tag{7.19}$$

$GCI^{\tau} \in [0, 1]$ 的值越大，第 τ 轮的群组共识水平就越高。通常，设置一个共识阈值 ξ 作为要达到的最低水平。如果群组共识程度大于最小共识程度 $GCI^{\tau} \geqslant \xi$，则可以视为达成共识以继续决策。如果 $GCI^{\tau} < \xi$，则有必要具体确定未达成共识的影响因素。

首先，将 $CI(F_k^{\tau})$ 与最低共识水平进行比较，并筛选出不一致的评价主体。此外，确定造成群组共识低于个体内部最低共识的评估方案，并可计算个体与群组之间关于评估方案的共识指数：

$$CIA(FA_k^{\tau}) = 1 - d_M(FA_G^{\tau}, FA_k^{\tau}) = 1 - \frac{1}{n}\sum_{j=1}^{n} |F_G^{\tau} - F_k^{\tau}| \tag{7.20}$$

然后，继续将 $CIA(FA_k^{\tau})$ 与最低共识水平进行比较，可以计算出个人与群体之间对备选评估指标的共识指数：

$$CIAC(FAC_k^{\tau}) = 1 - d_M(FAC_G^{\tau}, FAC_k^{\tau}) = 1 - |F_G^{\tau} - F_k^{\tau}| \tag{7.21}$$

因此，根据需要调整的评估方案信息值，确定群组专家对指标的评估值。本章假设，不一致的评价主体在坚持自身的意见自信水平基础上，愿意通过他们信任的群组成员来调整识别出的不一致初始评估信息值。则基于意见自信和社会信任的个性化共识反馈机制可以构建如下：

$$\begin{aligned}
F_k^{\tau+1} &= \varepsilon_k F_k^{\tau} \oplus (1 - \varepsilon_k) \sum_{k=1}^{h} w_k F_k^{\tau} \\
&= \left\langle \sqrt[3]{1 - (1 - (t_{ij,k}^{\tau})^3)^{\varepsilon_k}}, (g_{ij,k}^{\tau})^{\varepsilon_k} \right\rangle \\
&\quad \oplus \left\langle \sqrt[3]{1 - \prod_{k=1}^{h} (1 - (t_{ij,k}^{\tau})^3)^{(1-\varepsilon_i)w_i}}, \prod_{k=1}^{h} (g_{ij,k}^{\tau})^{(1-\varepsilon_i)w_i} \right\rangle \\
&= \left\langle \sqrt[3]{1 - (1 - (t_{ij,k}^{\tau})^3)^{\varepsilon_k} \prod_{k=1}^{h} (1 - (t_{ij,k}^{\tau})^3)^{(1-\varepsilon_i)w_i}}, \right. \\
&\quad \left. (g_{ij,k}^{\tau})^{\varepsilon_k} \prod_{k=1}^{h} (g_{ij,k}^{\tau})^{(1-\varepsilon_i)w_i} \right\rangle
\end{aligned} \tag{7.22}$$

7.3.3　Fermatean 模糊数相关系数的指标权重

相关性衡量两个指标以线性方式一起移动的程度，这些指标具有高度相关性，应获得较小的权重（Liao 等，2020）[122]。基于 Fermatean 模糊相关系数计算评价指标的权重。

定义 7.14　对于任意两个 Fermatean 模糊数 $F_1 = \langle t_{F_1},\ g_{F_1} \rangle$ 和 $F_2 = \langle t_{F_2},\ g_{F_2} \rangle$，Fermatean 模糊相关系数可以定义如下：

$$\rho(F_1, F_2) = \frac{C(F_1, F_2)}{\sqrt{T(F_1)T(F_2)}} = \left(\frac{(t_{F_1}^3 t_{F_2}^3 + g_{F_1}^3 g_{F_2}^3 + \pi_{F_1}^3 \pi_{F_2}^3)^2}{(t_{F_1}^6 + g_{F_1}^6 + \pi_{F_1}^6)(t_{F_2}^6 + g_{F_2}^6 + \pi_{F_2}^6)} \right)^{1/6} \tag{7.23}$$

然后，指标 c_j 和 c_p 之间的相关系数计算为：

$$CC_{jp} = \frac{1}{m} \sum_{i=1}^{m} \frac{C(F_j, F_p)}{\sqrt{T(F_j)T(F_p)}} \tag{7.24}$$

基于（$1 - CC_{jp}$）标准化的指标权重如下：

$$\omega_j = \frac{\sum_{t=1}^{n} (1 - CC_{jp})}{\sum_{j=1}^{n} \left(\sum_{p=1}^{n} (1 - CC_{jp}) \right)} \tag{7.25}$$

7.3.4　Fermatean 模糊社会网络的自信共识 MABAC 算法流程

当群组成员达成个性化共识，则根据集成的综合信息评估备选方案。在选择最佳备选方案时，备选方案和有界近似区域之间的距离没有被考虑。近年来，MABAC 技术受到了学者们的广泛关注。在本节中，基于 MABAC 方法可以获得评估排序结果。

首先，确定群组综合评价值 $F_G = \langle t_{ij,G},\ g_{ij,G} \rangle$。此外，加权集成信息得分值可以计算为：

$$u_{ij} = \omega_j sc_{ij} \tag{7.26}$$

其中，ω_j 是一组指标权重，sc_{ij}是最终聚合群组综合得分值。

然后，将每个指标的边界近似区域确定为：

$$b_j = \left(\prod_{i=1}^{m} u_{ij}\right)^{\frac{1}{m}} \tag{7.27}$$

随后，计算最终信息集成得分值与边界近似区域之间的距离，如下所示：

$$d_{ij} = sc_{ij} - b_j \tag{7.28}$$

最后，评估方案的评价关系可计算为：

$$M_i = \sum_{j=1}^{n} d_{ij} \tag{7.29}$$

基于以上分析，本节旨在构建共识评估模型的步骤和流程，如图 7－3 所示。

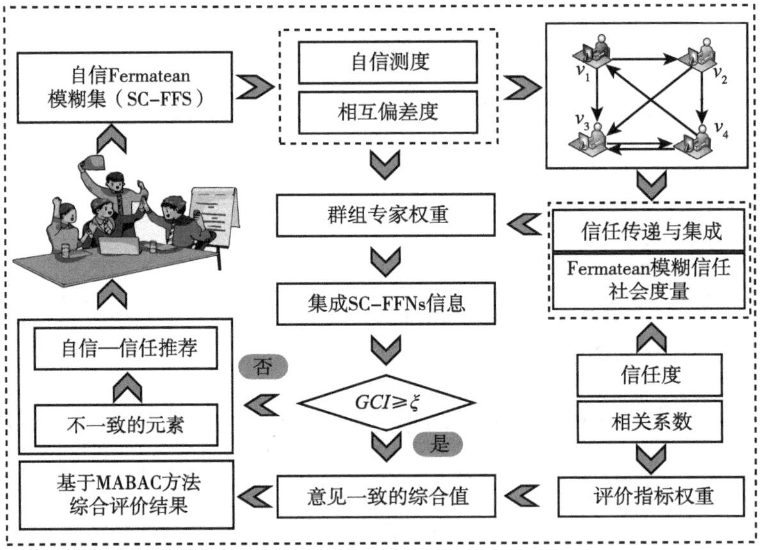

图 7－3　共识评估模型的步骤和流程示意图

综上所述，本章建立的 Fermatean 模糊社会网络的自信共识 MABAC 算法流程的详细步骤如下：

步骤 1：评价主体以自信 Fermatean 模糊数来表达自己对评估对象的偏好态度，群组成员对于给出的评估信息通常难以保证绝对自信。

步骤 2：建立表示群组成员之间的 Fermatean 模糊信任社会度量。然后，通过等式（7.6）来获得基于信任传播效率的完整社会网络关系。

步骤 3：评价主体的权重通过等式（7.15）中社会网络关系和意见自信水平获得。

步骤 4：通过等式（7.17）集成评价主体的评估信息，获得群组综合评价值。此外，通过等式（7.19）识别需要基于给定的群组共识阈值进行调整的评估信息。

步骤 5：通过等式（7.22）的共识反馈机制最大化评价主体之间的共识程度。然后，聚合达成共识的群组综合意见。

步骤 6：通过等式（7.25）中 Fermatean 模糊数相关系数计算评价指标权重。

步骤 7：通过等式（7.29）中 MABAC 方法获得评估对象排序结果。

7.4　机制应用——以新能源汽车动力蓄电池回收服务网点选择为例

7.4.1　新能源汽车动力蓄电池回收服务网点选择评估背景与指标体系

新能源汽车产业将在“双碳”下迎来进一步发展，将产生大量退役动力电池。回收需要走上标准化处理的道路，这催生了新能源动力蓄电池回收网点的发展。然而，在实践中缺乏标准化的指导和限制。因此，回收能力和服务参差不齐，极大地限制了回收行业的发展。新能源动力蓄电池回收服务网点的评估和选择是对绿色发展、生态文明建设、建立健全绿色低碳循环经济体系和构建和谐安全社会的积极响应。

根据国家“新能源汽车动力电池回收网点—服务规范”标准，以及回收网点服务的特点，重点关注 7 个方面：基本要求（C_1）、服务操作（C_2）、信息服务（C_3）、安全管理（C_4）、风险预防和应急管理（C_5）、可追溯性管理（C_6）和持续改进（C_7）。

基本要求（C_1）：主要关注企业资质要求、场地要求、车辆要求、人员要求等，突出企业建立服务规范所需的基本要素。

服务运营（C_2）：围绕预订、订单生成、上门取货、预检、包装、运输、仓储、分类存储、仓储等服务流程，专门开发和规范与客户相关的前端服务联系点和后端服务支持工作。

信息服务（C_3）：借助信息技术，建立信息技术管理系统，以维护服务信息并对其进行相应保护。建立信息反馈和信息上传机制，确保服务信息的可追溯性。

安全管理（C_4）：可以根据安全组织体系、安全设施设备两个方面建立专门的安全组织和专业设施，旨在提供标准化的安全管理保障。

风险预防和应急管理（C_5）：主要规定了整个服务过程中风险的识别、分析和管理。

可追溯性管理（C_6）：这意味着确保在整个服务过程中及时、准确和有效地收集回收信息。然后，它可以满足国家对动力电池的可追溯性要求。

持续改进（C_7）：主要关注售后服务、评估和改进。此外，它还包括处理和反馈客户退货、投诉、评估以及基于客户评估的持续改进。

通过上述群组评价体系，将在有限的新能源动力蓄电池回收服务网点中选择一个绿色发展回收网点。它促进了回收行业形成规范发展的良性循环。

7.4.2 群组综合评价应用框架

在本节中，假设有 5 个新能源动力蓄电池回收服务网点 $A=\{A_1, A_2, A_3, A_4, A_5\}$，$v=\{v_1, v_2, v_3, v_4\}$ 为 4 个来自相关领域的评价主体。采用上文建立的群组综合评价共识框架用于新能源动力蓄电池回收服务网点选择评估。

步骤 1：评价主体在 Fermatean 模糊环境下表达自己的观点，并提供对应的自信水平。专家的所有评估信息见表 7－1 至表 7－4，评价指标都是效益型，因此无须规范化值。例如，评价主体 v_1 对蓄电池回收服务网点 A_1 关于评价指标 C_1 的意见自信 Fermatean 模糊评估值表示为 {(0.70，0.25)，0.7}。

表 7－1　　基于 SC－FFEs 专家 v_1 的原始评价值

	A_1	A_2	A_3	A_4	A_5
C_1	{(0.70，0.25)，0.7}	{(0.80，0.20)，0.9}	{(0.70，0.25)，0.6}	{(0.85，0.10)，0.8}	{(0.65，0.30)，0.6}
C_2	{(0.65，0.15)，0.8}	{(0.80，0.25)，0.8}	{(0.75，0.20)，0.7}	{(0.80，0.20)，0.6}	{(0.70，0.15)，0.9}
C_3	{(0.60，0.30)，0.4}	{(0.90，0.35)，0.6}	{(0.80，0.15)，0.8}	{(0.75，0.20)，0.7}	{(0.65，0.20)，0.6}
C_4	{(0.65，0.20)，0.6}	{(0.85，0.20)，0.7}	{(0.70，0.35)，0.4}	{(0.85，0.20)，0.9}	{(0.70，0.20)，0.8}
C_5	{(0.75，0.35)，0.5}	{(0.85，0.30)，0.5}	{(0.85，0.15)，0.7}	{(0.90，0.25)，0.8}	{(0.75，0.25)，0.6}
C_6	{(0.65，0.35)，0.6}	{(0.80，0.25)，0.8}	{(0.80，0.25)，0.6}	{(0.85，0.10)，0.9}	{(0.75，0.20)，0.8}
C_7	{(0.60，0.25)，0.8}	{(0.85，0.20)，0.7}	{(0.75，0.30)，0.6}	{(0.80，0.35)，0.5}	{(0.70，0.20)，0.7}

表 7－2　　基于 SC－FFEs 专家 v_2 的原始评价值

	A_1	A_2	A_3	A_4	A_5
C_1	{(0.65，0.20)，0.8}	{(0.85，0.20)，0.7}	{(0.75，0.25)，0.6}	{(0.85，0.35)，0.7}	{(0.60，0.25)，0.8}
C_2	{(0.55，0.15)，0.7}	{(0.75，0.20)，0.8}	{(0.70，0.30)，0.9}	{(0.70，0.20)，0.6}	{(0.75，0.25)，0.7}
C_3	{(0.55，0.35)，0.9}	{(0.80，0.25)，0.8}	{(0.65，0.25)，0.7}	{(0.85，0.25)，0.8}	{(0.70，0.30)，0.8}
C_4	{(0.60，0.30)，0.6}	{(0.85，0.30)，0.7}	{(0.75，0.35)，0.6}	{(0.90，0.35)，0.9}	{(0.60，0.25)，0.7}

续表

	A_1	A_2	A_3	A_4	A_5
C_5	{(0.65, 0.30), 0.7}	{(0.75, 0.25), 0.6}	{(0.65, 0.20), 0.8}	{(0.75, 0.25), 0.8}	{(0.65, 0.15), 0.6}
C_6	{(0.65, 0.35), 0.8}	{(0.85, 0.30), 0.8}	{(0.70, 0.35), 0.6}	{(0.80, 0.15), 0.7}	{(0.65, 0.20), 0.8}
C_7	{(0.70, 0.35), 0.7}	{(0.80, 0.25), 0.5}	{(0.65, 0.30), 0.7}	{(0.75, 0.25), 0.6}	{(0.70, 0.30), 0.9}

表 7－3　　基于 SC－FFEs 专家 v_3 的原始评价值

	A_1	A_2	A_3	A_4	A_5
C_1	{(0.55, 0.30), 0.7}	{(0.85, 0.25), 0.6}	{(0.75, 0.30), 0.8}	{(0.80, 0.35), 0.7}	{(0.65, 0.25), 0.9}
C_2	{(0.60, 0.35), 0.6}	{(0.80, 0.30), 0.8}	{(0.70, 0.25), 0.7}	{(0.75, 0.25), 0.6}	{(0.60, 0.25), 0.7}
C_3	{(0.65, 0.25), 0.5}	{(0.85, 0.35), 0.7}	{(0.65, 0.25), 0.5}	{(0.80, 0.30), 0.8}	{(0.65, 0.25), 0.8}
C_4	{(0.55, 0.20), 0.7}	{(0.90, 0.35), 0.9}	{(0.75, 0.30), 0.8}	{(0.85, 0.35), 0.7}	{(0.60, 0.20), 0.9}
C_5	{(0.65, 0.25), 0.8}	{(0.80, 0.35), 0.7}	{(0.70, 0.25), 0.6}	{(0.70, 0.20), 0.9}	{(0.65, 0.25), 0.7}
C_6	{(0.60, 0.30), 0.8}	{(0.85, 0.25), 0.6}	{(0.65, 0.20), 0.8}	{(0.75, 0.20), 0.5}	{(0.70, 0.25), 0.8}
C_7	{(0.65, 0.15), 0.7}	{(0.75, 0.20), 0.8}	{(0.70, 0.35), 0.6}	{(0.80, 0.35), 0.9}	{(0.55, 0.15), 0.6}

表 7－4　　基于 SC－FFEs 专家 v_4 的原始评价值

	A_1	A_2	A_3	A_4	A_5
C_1	{(0.55, 0.15), 0.9}	{(0.85, 0.15), 0.8}	{(0.70, 0.25), 0.6}	{(0.75, 0.15), 0.8}	{(0.65, 0.30), 0.5}
C_2	{(0.65, 0.20), 0.7}	{(0.85, 0.30), 0.6}	{(0.75, 0.20), 0.8}	{(0.85, 0.15), 0.5}	{(0.60, 0.25), 0.8}

续表

	A_1	A_2	A_3	A_4	A_5
C_3	{(0.60, 0.25), 0.8}	{(0.90, 0.35), 0.7}	{(0.70, 0.15), 0.9}	{(0.75, 0.20), 0.8}	{(0.75, 0.25), 0.8}
C_4	{(0.55, 0.20), 0.6}	{(0.80, 0.25), 0.5}	{(0.75, 0.20), 0.8}	{(0.90, 0.25), 0.5}	{(0.60, 0.15), 0.9}
C_5	{(0.60, 0.25), 0.8}	{(0.95, 0.10), 0.6}	{(0.80, 0.35), 0.7}	{(0.85, 0.35), 0.9}	{(0.65, 0.20), 0.8}
C_6	{(0.55, 0.15), 0.7}	{(0.85, 0.25), 0.8}	{(0.75, 0.15), 0.6}	{(0.75, 0.15), 0.6}	{(0.70, 0.30), 0.8}
C_7	{(0.60, 0.20), 0.9}	{(0.85, 0.30), 0.8}	{(0.80, 0.20), 0.8}	{(0.80, 0.20), 0.7}	{(0.60, 0.15), 0.7}

步骤 2：如图 7 – 1 所示，4 个评价主体在 Fermatean 模糊社交网络下建立了信任关系。由于存在信息不完备和信息模糊现象，不完整的 Fermatean 模糊社会矩阵的信任矩阵：

$$\mathbf{R}=\begin{pmatrix} - & \langle 0.7,0.2\rangle & \langle 0.6,0.3\rangle & - \\ - & - & \langle 0.4,0.1\rangle & \langle 0.8,0.2\rangle \\ - & - & - & \langle 0.9,0.3\rangle \\ \langle 0.3,0.1\rangle & - & \langle 0.7,0.2\rangle & - \end{pmatrix}$$

通过分析可知，可知任何两个没有直接联系的个体之间至少存在一条路径。

不完整信任的详细间接联系如表 7 – 5 所示。例如，从评价主体 v_1 到评价主体 v_4 有 3 条信任传递路径，分别是 l_1：$v_1 \to v_2 \to v_4$，l_2：$v_1 \to v_3 \to v_4$ 和 l_3：$v_1 \to v_2 \to v_3 \to v_4$。根据等式（2.19）和等式（7.2），这 3 条路径信任关系分别为 $r_{14}^{l_1}=\langle 0.51, 0.25\rangle$，$r_{14}^{l_2}=\langle 0.51, 0.38\rangle$ 和 $r_{14}^{l_3}=\langle 0.20, 0.33\rangle$。基于等式（7.5），信任传递效率的权重分别为 $w_z^t=(0.37, 0.36, 0.27)^T$ 和 $w_z^g=(0.36, 0.28, 0.36)^T$。因此，个体 v_1 到个体 v_4 的信任为 $r_{14}=\langle 0.43, 0.32\rangle$。同理，可以计算其他中间评价主体的信任关系，通过上述信任传递算子和聚合方式获得完整的 Fermatean 模糊社会矩阵 **R** 如下：

$$\mathbf{R}=\begin{pmatrix} - & \langle 0.70,0.20\rangle & \langle 0.60,0.30\rangle & \langle 0.42,0.32\rangle \\ \langle 0.15,0.25\rangle & - & \langle 0.40,0.10\rangle & \langle 0.80,0.20\rangle \\ \langle 0.08,0.21\rangle & \langle 0.04,0.22\rangle & - & \langle 0.90,0.30\rangle \\ \langle 0.30,0.10\rangle & \langle 0.12,0.28\rangle & \langle 0.70,0.20\rangle & - \end{pmatrix}$$

表 7-5　不完整信任的间接信任传递链条

	间接联系		间接联系
r_{14}	$v_1\to v_2\to v_4$	r_{31}	$v_3\to v_4\to v_1$
	$v_1\to v_3\to v_4$		
	$v_1\to v_2\to v_3\to v_4$	r_{32}	$v_3\to v_4\to v_1\to v_2$
r_{21}	$v_2\to v_4\to v_1$	r_{42}	$v_4\to v_1\to v_2$
	$v_2\to v_3\to v_4\to v_1$		$v_4\to v_3\to v_4\to v_1\to v_2$

步骤 3：社会网络中群体专家的观点。

由等式（7.6），评价主体 v_l 到评价主体 v_k 的相对 Euclidean 距离度量矩阵 **RE** 为：

$$\mathbf{RE}=\begin{pmatrix} - & 0.623 & 0.599 & 0.654 \\ 0.623 & - & 0.729 & 0.628 \\ 0.599 & 0.729 & - & 0.718 \\ 0.654 & 0.623 & 0.718 & - \end{pmatrix}$$

那么，基于等式（7.8）中的评价主体 v_k 相对偏差程度为：

$RD=(0.625,0.660,0.682,0.667)$

因此，由等式（7.9），评价主体客观权重为：

$w^o=(0.24,0.25,0.26,0.25)^T$

根据完整的信任矩阵，信任得分矩阵 **TS** 计算如下：

$$\mathbf{TS}=\begin{pmatrix} - & 0.335 & 0.189 & 0.045 \\ -0.013 & - & 0.063 & 0.504 \\ -0.008 & -0.011 & - & 0.702 \\ 0.026 & -0.019 & 0.335 & - \end{pmatrix}$$

因此，根据等式（7.10），群组成员的信任度可以计算为：

$TD=(0.001, 0.102, 0.196, 0.417)$

根据等式（7.12），计算意见自信度为：$SCD=(0.829,\ 0.869,\ 0.863,\ 0.857)$。

意见自信度和信任度的调节重要性程度的参数 $\eta=0.5$，则评价主体的主观权重为：

$w^s=(0.20, 0.23, 0.26, 0.31)^T$

然后，结合客观权重和主观权重计算个体综合权重为：$w=(0.19,\ 0.24,\ 0.26,\ 0.31)^T$。

步骤4：根据等式（7.17），聚集每个专家的综合评价值，具体见表7－6。

表7－6　　基于SC－FFWA算子的原始聚合评价值

	A_1	A_2	A_3	A_4	A_5
C_1	(0.5666, 0.2893)	(0.7866, 0.2918)	(0.6490, 0.4204)	(0.7575, 0.3046)	(0.5731, 0.4007)
C_2	(0.5548, 0.3273)	(0.7477, 0.3708)	(0.6791, 0.3246)	(0.6792, 0.3966)	(0.6168, 0.3155)
C_3	(0.5287, 0.4311)	(0.8066, 0.4481)	(0.6504, 0.2922)	(0.7471, 0.3232)	(0.6492, 0.3508)
C_4	(0.5333, 0.3863)	(0.7969, 0.4160)	(0.6718, 0.4137)	(0.8236, 0.4038)	(0.5900, 0.2500)
C_5	(0.5925, 0.3924)	(0.7858, 0.3932)	(0.6954, 0.3668)	(0.7869, 0.3174)	(0.6026, 0.3389)
C_6	(0.5554, 0.3737)	(0.7985, 0.3673)	(0.6442, 0.3678)	(0.7152, 0.2802)	(0.6589, 0.3200)
C_7	(0.5927, 0.3058)	(0.7553, 0.3618)	(0.6714, 0.4058)	(0.7220, 0.4086)	(0.5873, 0.3066)

然后，设置群组共识阈值 $\xi=0.8$ 作为要达到的最低共识水平。评价主体的共识指数可通过等式（7.18）得出：$CI(F_1^0)=0.7334$，$CI(F_2^0)=0.8167$，$CI(F_3^0)=0.8512$，$CI(F_4^0)=0.7781$。而群组共识指数 $GCI^0=0.7980<0.8$，共识迭代继续。因此，通过等式（7.20）和等式（7.21）识别需要根据给定的群体共识阈值进行调整的评估信息为：(1，1，1)，(1，1，2)，(1，1，4)，(1，1，5)，(1，1，6)；(1，2，3)，(1，2，4)，(1，2，5)，(1，2，6)，(1，2，7)；(1，3，2)，(1，3，3)，(1，3，5)，(1，3，6)，(1，3，7)；

(1, 4, 1), (1, 4, 2), (1, 4, 5), (1, 4, 6), (1, 4, 7); (1, 5, 2), (1, 5, 4), (1, 5, 5), (1, 5, 6), (1, 5, 7); (4, 2, 1), (4, 2, 2), (4, 2, 3), (4, 2, 5), (4, 2, 6), (4, 2, 7); (4, 3, 2), (4, 3, 4), (4, 3, 5), (4, 3, 6), (4, 3, 7); (4, 4, 2), (4, 4, 4), (4, 4, 5), (4, 4, 7)。例如，元素（1, 1, 1）显示 $CI(F_1^0)=0.7334$，$CIA(FA_1^0)=0.7753$ 和 $CIAC(FAC_1^0)=0.6777$。然后，相应的值 $F_{11,1}^0=\langle 0.70, 0.25\rangle$ 通过共识反馈机制调整为 $F_{11,1}^1=\langle 0.68, 0.28\rangle$。

步骤 5：经过共识反馈机制，$GCI^1=0.8035>0.8$，达到了评价主体之间的共识水平。然后，通过等式（7.17）汇总最终共识意见，如表 7－7 所示。

表 7－7　　基于 SC－FFWA 算子的最终聚合评价值

	A_1	A_2	A_3	A_4	A_5
C_1	(0.5574, 0.2986)	(0.7911, 0.2851)	(0.6490, 0.4203)	(0.7558, 0.3127)	(0.5734, 0.4004)
C_2	(0.5538, 0.3295)	(0.7448, 0.3697)	(0.6624, 0.3557)	(0.6543, 0.4311)	(0.6197, 0.3107)
C_3	(0.5279, 0.4335)	(0.7803, 0.4786)	(0.6447, 0.2977)	(0.7468, 0.3237)	(0.6482, 0.3511)
C_4	(0.5253, 0.3997)	(0.7935, 0.4277)	(0.6399, 0.4968)	(0.8259, 0.3967)	(0.5851, 0.2552)
C_5	(0.5771, 0.4056)	(0.7357, 0.4674)	(0.6759, 0.3815)	(0.7725, 0.3270)	(0.5906, 0.3496)
C_6	(0.5471, 0.3828)	(0.7966, 0.3722)	(0.6194, 0.4088)	(0.7193, 0.2708)	(0.6557, 0.3241)
C_7	(0.5925, 0.3063)	(0.7371, 0.3796)	(0.6376, 0.4593)	(0.6907, 0.4734)	(0.5798, 0.3135)

步骤 6：指标的权重信息。

指标的相关系数矩阵可通过等式（7.23）获得，如下所示：

$$\boldsymbol{\rho}=\begin{pmatrix} 1 & 0.997 & 0.998 & 0.996 & 0.999 & 0.998 & 0.998 \\ 0.997 & 1 & 0.997 & 0.988 & 0.997 & 0.998 & 0.999 \\ 0.998 & 0.997 & 1 & 0.995 & 0.998 & 0.999 & 0.996 \\ 0.996 & 0.988 & 0.995 & 1 & 0.996 & 0.992 & 0.991 \\ 0.999 & 0.997 & 0.998 & 0.996 & 1 & 0.997 & 0.998 \\ 0.998 & 0.998 & 0.999 & 0.992 & 0.997 & 1 & 0.997 \\ 0.998 & 0.999 & 0.996 & 0.991 & 0.998 & 0.997 & 1 \end{pmatrix}$$

然后，可以通过等式（7.25）计算指标的权重：$\omega=(0.09, 0.17, 0.11, 0.26, 0.11, 0.12, 0.14)^T$。

步骤 7：根据等式（7.29），各评估方案的评价值可计算为：$M_1-0.6197$，$M_2=2.4975$，$M_3=1.1908$，$M_4=2.2663$，$M_5=1.1002$。因此，新能源动力蓄电池回收服务网点选择评估排序为 $A_2>A_4>A_3>A_5>A_1$，A_2 是最好的服务网点。

7.4.3　稳健性检验和对比分析

在确定评价主体的权重时，考虑了一个调节参数。为了判断参数在合理范围内变化对共识评估结果的影响，本节对参数进行了稳健性分析，如表 7－8 和图 7－4 所示。

表 7－8　不同参数下的专家权重和群体共识结果

参数	专家权重	群组共识水平
0	$w=(0.2301, 0.2546, 0.2614, 0.2538)^T$	0.7960
0.1	$w=(0.2249, 0.2520, 0.2618, 0.2614)^T$	0.7963
0.2	$w=(0.2186, 0.2488, 0.2622, 0.2703)^T$	0.7966
0.3	$w=(0.2111, 0.2450, 0.2628, 0.2811)^T$	0.7969
0.4	$w=(0.2018, 0.2404, 0.2635, 0.2944)^T$	0.7974
0.5	$w=(0.1901, 0.2345, 0.2643, 0.3111)^T$	0.7980
0.6	$w=(0.1749, 0.2268, 0.2655, 0.3328)^T$	0.7988
0.7	$w=(0.1544, 0.2165, 0.2670, 0.3621)^T$	0.7998
0.8	$w=(0.1252, 0.2018, 0.2692, 0.4039)^T$	0.8012
0.9	$w=(0.0801, 0.1791, 0.2725, 0.4682)^T$	0.8028
1	$w=(0.0019, 0.1397, 0.2783, 0.5800)^T$	0.8049

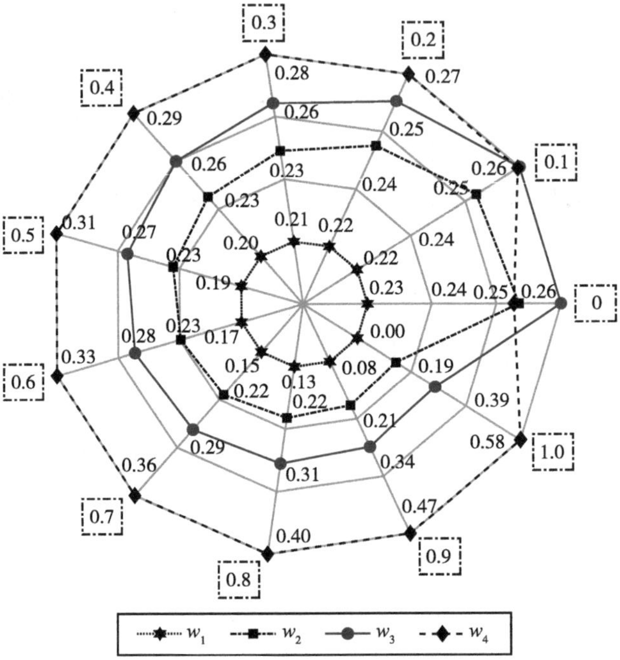

图 7－4　不同参数下的专家权重

如图 7－4 所示，随着参数 η 的变化，评价主体的综合权重变化幅度不大，群组共识水平相对稳定地增加。当 $\eta=0.8$ 时，群组成员达成意见共识。如果参数越大，则结果更偏向于信任水平；然而，如果参数较小，则结果更偏向于自信水平。表明评价主体的意见自信水平对群组意见共识达成有促进作用。此外，自信水平在群组共识评估框架中起着不可忽视的重要作用。

同时，为了验证所提出共识决策框架的优越性，从以下三个角度进行对比分析：评价主体多重可靠来源权重、基于效率函数的社会信任关系传播和基于自信水平的共识反馈机制。

1. 与多个可靠来源的专家权重对比

由于评价主体彼此之间的社会关系，群组专家的权重信息只通过社会网络结构分析来确定可能是不合理的。因此，本章将评价主体相对偏离度作为客观权重来源，社会网络和自信水平作为主观权重来源。分析不同评价主体的权重来源对共识评估结果的影响见表7－9。

表7－9 不同可靠来源的专家权重和群体共识结果

评价方法	专家权重	群组共识水平	排序结果
偏差法	$w=(0.2301, 0.2546, 0.2614, 0.2538)^T$	0.7955	$A_2>A_4>A_3>A_5>A_1$
社会网络法	$w=(0.0020, 0.1418, 0.2734, 0.5828)^T$	0.8048	$A_2>A_4>A_3>A_5>A_1$
自信度法	$w=(0.2425, 0.2542, 0.2525, 0.2508)^T$	0.7951	$A_2>A_4>A_3>A_5>A_1$
本章方法	$w=(0.1901, 0.2345, 0.2643, 0.3111)^T$	0.7980	$A_2>A_4>A_3>A_5>A_1$

从上述分析来看，群组共识评估结果相对稳定，A_2始终是最佳服务网点选择。对于确定专家权重的四种方法，虽然基于社会网络的单一权重源可以在第一时间实现群组意见共识。然而，社会网络对评价主体间信任和不信任的视角过于主观，忽视了基于自身知识背景的心理特征。相比之下，其他两个单因素权重源都有一定的缺陷。此外，基于两个单因素权重源的群组共识低于本章提出的多因素权重源。

综上所述，在共识评估过程中，考虑多源权重以形成基于主观和客观的综合专家权重是合理的。同时，通过调整参数进一步平衡目标权重，以促进群组意见共识。

2. 与基于效率函数的社会信任传递的比较

通常，在社会信任传递过程中，评价主体之间始终没有直接的社会关联。为了打通信任传播路径，需要建立基于信任传递算子的第三方（中间个体）社会信任网络。通常，有多种路径可供选择。为了简化计算，现有研究只考虑最短路径、信任传递算子或者简单的平均方法确定路径权重。前文提出了信任和不信任传递效率函数来描述社会关系的变化。为了说明由传播效率函数分配的路径权重的有效性，将其与现有的传播路径分配权重的研究进行比较分析，结果如表7－10所示。

表 7-10　　基于不同路径权重的信任传递比较

方法	专家权重
Liu 等（2019）	$w=(0.1901, 0.2331, 0.2651, 0.3117)^T$
Ma 等（2021）	$w=(0.1902, 0.2335, 0.2647, 0.3117)^T$
Zeng 等（2022）	$w=(0.1900, 0.2333, 0.2638, 0.3129)^T$
本章方法	$w=(0.1901, 0.2345, 0.2643, 0.3111)^T$

根据上述分析，有多种不同的方法来确定多条信任传递路径的权重。不同的方法可能会对最终信任传递产生一些影响，但获得的评价主体的权重结果大致相同，同时验证了前文构建的信任传递效率函数的有效性。通过进一步分析可知，Liu 等（2019）通过考虑关系强度对信任传递效率的影响，构建完整的社交网络[128]。Ma 等（2021）根据不同传播路径的长度分配权重[131]。Zeng 等（2022）考虑了信任传播的质量和路径长度[213]。这些不同的路径权重方法很好地描述了信任传播的重要程度。

前文构建的信任传递模型尽可能地考虑了所有的传递路径，并根据传递效率函数确定了每条路径的重要性。它直观地显示了信任传递过程中信任的减弱和不信任的增强，这在最大限度模拟了真实社会网络中的人际关系。

3. 与基于自信水平的共识评估框架的比较

本章将评价主体的意见自信水平贯穿群组共识评估的全过程，现有研究一般只涉及共识决策某一环节的意见自信水平。

在评估阶段，评价主体通过自信 Fermatean 模糊集来表达对评估指标下不同方案的意见，并使用自信算子集成初始状态和达成共识的个体评估信息。

在共识识别阶段，自信水平被纳入专家权重求解模型。多来源的评价主体权重在最大限度内保证了客观性，同时兼顾主观性的作用。现有确定群组成员权重的方法往往侧重于社会网络中的互动，例如度中心性指数（Dong 等，2018；Chu 等，2020）[72, 63]、信任关系（Zhang 等，2020；Ma 等，2021）[212, 131]，而忽略了评价主体的意见自信水平。

在群组共识反馈机制中。通常确定一个调整系数以平衡初始评估值和信任专家的评估值，并且该系数的值是不确定的。前文以评价主体的意见自信水平作为调整系数，充分考虑了自信心对共识反馈的影响，更具操作性和可行性。

基于上述比较分析，该共识评估框架的主要优势总结如下：

①具有参数的专家的多源权重衡量了评价主体在社会网络中的整体影响力。②对于不完整的社会信任网络关系，基于效率函数的信任和不信任传播刻画了信任传递过程中信任较弱和不信任较强的规律。③更全面地将评价主体意见自信水平纳入整个决策过程。现有的一些文献忽略了自信水平，或者只涉及决策过程中的某个方面。

此外，根据新能源动力蓄电池回收服务网点共识评估流程，需要关注以下政策影响：

（1）回收服务网点演示。通过对回收网点的评估，选择一组符合行业标准的网点进行推荐和介绍。一方面，它可以提高公众对新能源动力蓄电池回收的意识，这种意识的提高鼓励公众积极关注新能源动力蓄电池的回收。另一方面，它可以成为回收行业的标杆，迫使回收网点主动纠正不规范行为，提高整个行业的服务水平。

（2）市场监管部门加强监管。群组专家将“安全管理”作为最重要的评价指标。由于新能源动力蓄电池回收服务网点的特殊性，在拆卸、运输和回收过程中的不当操作可能会导致安全和环保问题，例如自燃爆炸、电解液泄漏和有机废气排放。此外，有必要加强安全管理，以避免事故发生。

7.5　本章小结

“双碳”目标备受关注，新能源汽车产业发展迅速，引发了新能源汽车动力电池退役潮。开展废旧动力电池回收利用，对减少环境污染、缓解资源短缺、促进动力电池产业可持续发展具有重要作用，具有深远的社会和经济意义。在本章中，构建了一个群组共识评估框架，用于自信的 Fermatean 模糊社会网络。新能源动力蓄电池回收服务网点选择的应用证明了其可行性。从定性和定量的角度比较了不同部分的结果，本章具有以下新的实用共识评估特征：①针对复杂和不确定的决策问题，采用具有自信 Fermatean 模糊集来表达专家的偏好。②基于相对偏差度、社交网络度和自信度建立动态专家权重。③在信任传递过程中引入了效率函数。④评价主体的意见自信的心理特征被有机地整合到共识评估框架的全过程中。

本章提供了新能源动力蓄电池回收服务网点选择的详细应用，并进行了稳健性分析和综合比较分析，验证了该群组综合评价意见自信共识框架的可行性和优越性。同时，也存在一些不可忽视的不足，应予以考虑。

①基于社会网络的专家权重只考虑信任度，需要充分考虑社交网络中的其他结构特征。②需要进一步提高共识反馈机制的效率，以实现高质量决策。③当群组成员增加时，社会关系会变得更加复杂，这使得模型应用具有一定的局限性。

对于进一步的工作，应重点关注以下几个因素：①在共识评估过程中，信任关系也可能在专家互动过程中发生变化；以知情个人的最低成本和时间限制达成共识；意见自信水平随着共识反馈过程变化，以支持动态共识。②对于大规模社交网络决策而言，最优聚类和共识达成具有重要意义。共识达成过程中需要考虑更多的心理特征，如不合作行为、小组领导等。

第8章　结论与展望

通过前文对Fermatean模糊数据类型的非确定性数据群组评价集成机制系统的研究与分析，使群组评价相关的理论、方法及应用得到进一步发展。综合评价分析结果得到广泛的认可，对规范社会经济实践活动提供新思路，为开展形式多元化社会经济管理开创新举措。本书对群组评价进行了深入积极有趣的探索，得到一些富有成效的结论。面向未来，对Fermatean模糊信息的群组评价研究提出展望。

8.1　研究结论

从群组评价中评估对象特征边界不清、评价指标关联度较强、多方利益主体非理性行为、评价主体交互影响意见冲突等方面，基于经济实践活动实际需求，发展了相适应的Fermatean模糊簇的群组评价集成新理论和新方法。

（1）犹豫Fermatean模糊MULTIMOORA群组评价集成机制研究。以犹豫Fermatean模糊数据形式作为评估信息，允许评价主体同时给出多个Fermatean模糊数中可能的隶属度值和非隶属度值。研究了多方评价主体的共识度量，在此基础上确定群组成员的权重信息。为了全面而客观反映评价指标的相对重要性，通过极差最大化法融合主观权重和客观权重，其中，主观权重由多方评价主体基于对评估对象认知直接给出，客观权重由Shannon熵权法求得。最后基于MULTIMOORA方法提出犹豫Fermatean模糊信息的群组评价集成机制。

（2）概率犹豫 Fermatean 模糊拓展 MULTIMOORA 群组评价集成机制研究。以概率犹豫 Fermatean 模糊数据形式作为评估信息，在前文基础上，对多个 Fermatean 模糊数中可能的隶属度值和非隶属度值赋予不同的概率值。考虑到 Dombi 算子和 Choquet 积分均是测度对象之间相关性的可靠方法，为了解决现有群组评价方法容易忽略的评价指标相关性问题，提出概率犹豫 Fermatean 模糊 Dombi Choquet 信息集成算子对多方评价主体评估信息进行分析。同时，对评价指标相对重要性和评价主体相对重要性依托相关性进行测度。通过前文研究发现，传统 MULTIMOORA 方法依靠参考点法、完全乘法形式以及最后的序数占优理论综合评价结果存在局限性。通过对参考点法和完全乘法形式进行改进，同时结合 Borda 规则确定最终的评价结果。

（3）区间 Fermatean 模糊前景理论群组评价集成机制研究。以区间 Fermatean 模糊数据形式作为评估信息，区间数作为精确值的拓展，能包含更多不确定信息。通过对评价指标相关性研究，发现评价主体给出的评估信息差异过大会导致整体均衡性弱化。而幂算子和 Heronian 算子给解决此类问题提供了思路，本书提出广义区间 Fermatean 模糊加权幂 Heronian 平均信息集成算子，在解决输入指标相关性的同时又保证了评估信息的总体稳定。前文对评价主体决策行为没有深入分析，一般基于完全理性人的假设做出群组综合评价分析。事实上，多方评价主体考虑问题的侧重点不同，对于同一问题的风险预期也不同。由此，依托前景理论，提出评价主体的对评估对象下不同维度指标的前景权重方法。评价指标的相对重要程度依然通过指标相关系数进行测度。在综合评价阶段，研究发现已有关于前景理论方法的研究都过于简单，少有综合考虑价值函数和权重函数进行科学评价。同时，前景理论缺少对负向理想点的考虑。基于以上分析，构建拓展的区间 Fermatean 模糊前景理论群组评价集成机制。

（4）概率区间 Fermatean 犹豫模糊 DNCoCoSo 群组评价集成机制研究。以概率区间 Fermatean 犹豫模糊数据形式作为评估信息，在犹豫 Fermatean 模糊数据的基础上进行了拓展。针对现有研究忽略信息归一化方法单一问题，结合基于线性归一化和向量归一化的双重归一化方法特性，提出了适应评估信息形式的得分值和距离度量的双重归一化方法。延续上文对评价主体非理性行为心理的分析，提出多方评价主体的前景权重信息。同时，评价指标的相对重要性程度通过 CRITIC 方法获得。与 MULTIMOORA 方法类似，CoCoSo 方法通过多个子系统方法综合评估信息。特别地，CoCoSo 考虑了评价主体的相互妥协态度，构建了概率区间 Fermatean 犹豫模糊 DNCoCoSo 群组评价集成机制。

（5）Fermatean 模糊社会网络的自信共识 MABAC 群组评价集成机制研究。以带有自信水平的 Fermatean 模糊数据形式作为评估信息，是前文研究所有 Fermatean 模糊数据形式都未考虑的因素。一方面，传统模糊数据可视为评价主体对其给出的评估信息充分自信，而自信意见水平在复杂不确定经济实践活动中广泛存在，应该引起学者重视。另一方面，多方评价主体在既有群组评价研究中假设是完全独立的个体，而随着评价过程的信息交互，逐渐产生社会网络关系。特别地，信任关系以及意见共识对评价结果的影响深远。当评价主体信任关系不完备时，则通过一种考虑信任传递效率函数重构社会信任网络。基于以上考虑，评价主体的相对重要程度由意见自信水平、社会信任度以及评价主体相对偏差多维度测出。多方来源的群组成员权重测算方法在信息不完备和模糊情形下能发挥确定性作用。当集成意见满足不了群组共识时，通过建立意见自信水平和群组评价主体信任的动态共识反馈机制，通过调整初始自信意见达到群组共识水平。MABAC 方法考虑了评估对象和边界近似区域的比较，从而构建自信 Fermatean 模糊社会共识 MABAC 群组评价集成机制。

基于以上分析，本书对 Fermatean 模糊簇的群组评价理论、方法与应用做了较为完备的补充，具有拓展非确定性数据群组评价理论边界意义和解决经济实践活动的应用价值。对于统计学科发展而言，为研究社会经济领域问题提供新思路和新方法。

8.2 研究展望

尽管本书对面向 Fermatean 模糊信息的群组评价集成机制及应用做了一些富有成效的工作，取得了一些有趣的拓展发现，群组评价作为一个庞大的研究领域，仍然存在大量值得深入完善和拓展的工作。

(1) 当多方评价主体将多维影响因素放在一起考虑时，需要对其进行维度扩张。评估矩阵不足以表示基于评价指标的评估对象的所有性能值。多维数据的张量是矩阵的广义形式，显示多项数组，在不丢失任何信息情境下表示高维数据最合适和实用的方法。由于评估信息的不确定性，可将张量引入群组评价问题的模糊张量形式（Singh 等，2023）[156]。克服传统群组评价方法在处理高维数据方面的局限，使通过多个参数达成意见共识成为可能。

(2) 经济实践活动复杂且不确定，数据并不总是容易获得或通常相当有限，评价主体很难提供完整的评估信息。而通过概率估计可以处理这些不确定性，而贝叶斯网络是因果概率网络，能够根据评价指标之间的因果关系动态更新网络。同时，针对评估信息存在的潜在偏差信息，贝叶斯序数回归方法能较好地解决线性规划模型中忽略推断过程中的似然原则问题。针对评价主体不完整且存在偏差的评估信息，可以发展 Fermatean 模糊与贝叶斯网络新的群组评价集成理论。

(3) 多方评价主体交互实践中的意见存在干扰问题，与物理系统中的粒子机制非常相似。量子概率论作为一种新提出的构造概率和动态系统的理论，能在群组评价解决评价主体以及评价指标的相互作用（Han 和 Liu，2023）[91]，将量子决策理论纳入 Fermatean 模糊群组评价中的社会关系和意见共识达成过程意义重大。同时，评价主体间的移情关系影响着群组意见共识达成，评价主体通过同情的其他个体的偏好修改自身评估意见，以进一步提高群组成员的整体利益。发展局部甚至全局环境的 Fermatean 模糊移情网络分析对群组意见共识收敛速度影响值得进一步研究。

（4）面对多个相互冲突和不对称的评价指标，传统的群组评价方法无法模拟多方评价主体的复杂异构认知。基于热力学特征的决策方法对评估信息的集中度有较好的刻画，提高了评价结果的可靠性和精度。然而局限于解决静态的经济实践活动，时变模糊数据类型的评估信息能精确描述时变场景和紧急情况的不确定性。同时，需要进一步考虑评估主体在时间序列上的态度特征。

参考文献

［1］楚俊峰．考虑社会网络的模糊群决策方法及其商务推荐应用［D］．江苏：东南大学，2017.

［2］冯坤，等．基于在线评论和随机占优准则的生鲜电商顾客满意度测评［J］．中国管理科学，2021，29（2）：205－216.

［3］郭亚军．综合评价理论与方法［M］．北京：科学出版社，2002.

［4］惠蕙，王秋萍，李苗苗．犹豫模糊语言后悔理论和 ELECTRE 决策方法及应用［J］．计算机工程与应用，2021，57（20）：172－179.

［5］江文奇．基于前景理论和统计推断的区间数多准则决策方法［J］．控制与决策，2015，30（2）：375－379.

［6］金卫健，等．基于前景理论的大规模传染疫情应急管理决策研究［J/OL］．中国管理科学：1－13［2022－05－14］．https：//doi. org/10. 16381/j. cnki. issn1003－207x，2020，1541.

［7］刘东海，刘原园，陈晓红．基于犹豫直觉模糊语言集均值—标准差偏好距离的多属性决策研究［J］．中国管理科学，2019，27（1）：174－183.

［8］李庆胜，刘思峰，方志耕．基于前景理论的随机多属性 VIKOR 决策方法［J］．计算机工程与应用，2012，48（30）：1－4，32.

［9］李清水，等．基于前景理论的区域绿色经济发展水平多指标评价［J］．运筹与管理，2021，30（6）：118－123.

［10］罗世华，方童，刘俊．概率区间值直觉犹豫模糊 Maclaurin 对称平均算子及决策方法［J］．控制与决策，2021，36（5）：1249－1258.

[11] 罗世华，刘俊．改进排序的梯形直觉模糊 Choquet Bonferroni 算子的多属性群决策方法 [J]．中国管理科学，2020，28 (1)：134 – 143.

[12] 罗世华，刘俊．拓展区间 Fermatean 模糊前景理论综合评价方法 [J/OL]．中国管理科学：1 – 12 [2023 – 05 – 08]．https：//doi. org/10. 16381/j. cnki. issn1003 – 207x，2022，0663.

[13] 刘俊，罗世华．面向区域绿色修复水平评价的概率犹豫 Fermatean 模糊拓展 MULTIMOORA 方法 [J]．控制与决策，2022，37 (10)：2685 – 2695.

[14] 梁霞，刘政敏，刘培德．基于广义 Choquet 积分的 Pythagorean 不确定语言 TODIM 方法及其应用 [J]．控制与决策，2018，33 (7)：1303 – 1311.

[15] 刘培德，滕飞．基于混合指标值 TODIM 方法的东营市生态系统健康评价 [J]．中国人口·资源与环境，2017，27 (8)：167 – 176.

[16] 刘培德，滕飞．基于证据推理和广义 Shapley 值的扩展概率语言多属性群决策方法 [J]．中国管理科学，2020，28 (11)：206 – 218.

[17] 刘小弟，等．基于后悔理论与群体满意度的犹豫模糊随机多属性决策方法 [J]．中国管理科学，2017，25 (10)：171 – 178.

[18] 马艳芳，等．多粒度概率语言 TODIM 方法在垃圾回收 APP 评价中的应用 [J]．系统科学与数学，2021，41 (12)：3530 – 3547.

[19] 邱东．多指标综合评价方法的系统分析 [M]．北京：中国统计出版社，1991.

[20] 苏为华．多指标综合评价理论与方法问题研究 [D]．福建：厦门大学，2000.

[21] 陶长琪，凌和良．基于 Choquet 积分的模糊数直觉模糊数多属性决策方法 [J]．控制与决策，2012，27 (9)：1381 – 1386.

[22] 谭春桥，张晓丹．基于后悔理论的不确定风险型多属性决策 VIKOR 方法 [J]．统计与决策，2019，35 (1)：47 – 51.

[23] 王霞，党耀国．基于改进的 TODIM 方法的区间灰数多属性决策模型 [J]．控制与决策，2016，31 (2)：261 – 266.

[24] 王应明，阙翠平，蓝以信．基于前景理论的犹豫模糊 TOPSIS 多属性决策方法 [J]. 控制与决策, 2017, 32 (5): 864-870.

[25] 王坚强，孙腾，陈晓红．基于前景理论的信息不完全的模糊多准则决策方法 [J]. 控制与决策, 2009, 24 (8): 1198-1202.

[26] 万树平，李登峰．具有不同类型信息的风险投资商与投资企业多指标双边匹配决策方法 [J]. 中国管理科学, 2014, 22 (2): 40-47.

[27] 徐选华，余紫昕．社会网络环境下基于公众行为大数据属性挖掘的大群体应急决策方法及应用 [J]. 控制与决策, 2022, 37 (1): 175-184.

[28] 杨志琴．基于社会网络分析的偏好冲突消解决策方法研究 [D]. 江苏: 江南大学, 2021.

[29] 张国峥，刘婧．基于后悔理论的区间犹豫模糊风险型决策方法 [J]. 系统工程, 2022, 40 (4): 151-158.

[30] 张晓，樊治平，陈发动．基于后悔理论的风险型多属性决策方法 [J]. 系统工程理论与实践, 2013, 33 (9): 2313-2320.

[31] 张世翔，吕帅康．面向园区微电网的综合能源系统评价方法 [J]. 电网技术, 2018, 42 (8): 2431-2439.

[32] 张发明，王伟明．基于后悔理论和 DEMATEL 的语言型多属性决策方法 [J]. 中国管理科学, 2020, 28 (6): 201-210.

[33] 赵峰，王书宁．群决策中从众与迷信权威现象的动态网络分析 [J]. 清华大学学报 (自然科学版), 2013, 53 (11): 1617-1622.

[34] 张永政，叶春明，耿秀丽．考虑决策者心理行为的概率语义术语集多属性决策方法 [J]. 计算机应用研究, 2020, 37 (10): 3001-3005+3024.

[35] 张燕，杨威．基于犹豫毕达哥拉斯模糊环境下的 TODIM 方法 [J]. 模糊系统与数学, 2020, 34 (2): 85-92.

[36] 朱轮．基于后悔理论和证据理论的犹豫模糊决策方法 [J]. 计算机应用, 2017, 37 (2): 540-545+568.

[37] 庄锦英．情绪与决策的关系 [J]. 心理科学进展, 2003 (4):

423 – 431.

[38] Atanassov K T. Intuitionistic fuzzy sets [J]. Fuzzy sets and Systems, 1986, 20 (1): 87 – 96.

[39] Ayub S, Abdullah S, Ghani F, et al. Cubic fuzzy Heronian mean Dombi aggregation operators and their application on multi – attribute decision – making problem [J]. Soft Computing, 2021, 25 (6): 4175 – 4189.

[40] Alper D, Başdar C. A comparison of TOPSIS and ELECTRE methods: An application on the factoring industry [J]. Business and Economics Research Journal, 2017, 8 (3): 627 – 646.

[41] Albadvi A, Chaharsooghi S K, Esfahanipour A. Decision making in stock trading: An application of PROMETHEE [J]. European Journal of Operational Research, 2007, 177 (2): 673 – 683.

[42] Akram M, Dudek W A, Ilyas F. Group decision – making based on Pythagorean fuzzy TOPSIS method [J]. International Journal of Intelligent Systems, 2019, 34 (7): 1455 – 1475.

[43] Artz D, Gil Y. A survey of trust in computer science and the semantic web [J]. Journal of Web Semantics, 2007, 5 (2): 58 – 71.

[44] Akram M, Ilyas F, Garg H. Multi – criteria group decision making based on ELECTRE Ⅰ method in Pythagorean fuzzy information [J]. Soft Computing, 2020, 24 (5): 3425 – 3453.

[45] Aydemir S B, Yilmaz G S. Fermatean fuzzy TOPSIS method with Dombi aggregation operators and its application in multi – criteria decision making [J]. Journal of Intelligent & Fuzzy Systems, 2020, 39 (1): 851 – 869.

[46] Bonferroni C. Sulle medie multiple di potenze [J]. Bolletino Matematica Italiana, 1950, 5 (3): 267 – 270.

[47] Bell D E. Disappointment in decision making under uncertainty [J]. Operations Research, 1985, 33 (1): 1 – 27.

[48] Barrat A, Barthelemy M, Vespignani A. Dynamical processes on complex networks [M]. Cambridge: Cambridge University Press, 2008.

[49] Boran F E, Genç S, Kurt M, et al. A multi – criteria intuitionistic fuzzy group decision making for supplier selection with TOPSIS method [J]. Expert systems with Applications, 2009, 36 (8): 11363 – 11368.

[50] Bondy J A, Murty U S R. Graph theory with applications [M]. London: Macmillan, 1976.

[51] Balachandran B, Nguyen J H. Does carbon risk matter in firm dividend policy? Evidence from a quasi – natural experiment in an imputation environment [J]. Journal of Banking & Finance, 2018, 96: 249 – 267.

[52] Beliakov G, Pradera A, Calvo T. Aggregation functions: A guide for practitioners [M]. Heidelberg: Springer, 2007.

[53] Benayoun R, Roy B, Sussman N. Manual de reference du programme electre [M]. Paris: Note De Synthese et Formaton, No. 25, Direction Scientifique SEMA, 1966.

[54] Brans J P, Vincke P. Note – A Preference Ranking Organisation Method: The PROMETHEE Method for Multiple Criteria Decision – Making [J]. Management Science, 1985, 31 (6): 647 – 656.

[55] Brauers W K, Zavadskas E K. The MOORA method and its application to privatization in a transition economy [J]. Control and Cybernetics, 2006, 35 (2): 445 – 469.

[56] Brauers W K M, Zavadskas E K. Project management by MULTIMOORA as an instrument for transition economies [J]. Technological and Economic development of Economy, 2010, 16 (1): 5 – 24.

[57] Chen T Y. An IVIF – ELECTRE outranking method for multiple criteria decision – making with interval – valued intuitionistic fuzzy sets [J]. Technological and Economic Development of Economy, 2016, 22 (3): 416 – 452.

[58] Chen T Y, Chang C H, Lu J R. The extended QUALIFLEX method for multiple criteria decision analysis based on interval type – 2 fuzzy sets and applications to medical decision making [J]. European Journal of Operational Research, 2013, 226 (3): 615 – 625.

[59] Chen Z S, Chin K S, Tsui K L. Constructing the geometric Bonferroni mean from the generalized Bonferroni mean with several extensions to linguistic 2 – tuples for decision – making [J]. Applied Soft Computing, 2019, 78: 595 – 613.

[60] Chodha V, Dubey R, Kumar R, et al. Selection of industrial arc welding robot with TOPSIS and Entropy MCDM techniques [J]. Materials Today: Proceedings, 2022, 50: 709 – 715.

[61] Chiclana F, Herrera F, Herrera – Viedma E. The ordered weighted geometric operator: Properties and application [C]. Proceedings of 8th International Conference on Information Processing and Management of Uncertainty in Knowledge – based Systems, Madrid, Spain, 2000: 985 – 991.

[62] Chen X, Liang H, Gao Y, et al. A method based on the disappointment almost stochastic dominance degree for the multi – attribute decision making with linguistic distributions [J]. Information Fusion, 2020, 54: 10 – 20.

[63] Chu J, Wang Y, Liu X, et al. Social network community analysis based large – scale group decision making approach with incomplete fuzzy preference relations [J]. Information Fusion, 2020, 60: 98 – 120.

[64] Dombi J. A general class of fuzzy operators, the De Morgan class of fuzzy operators and fuzziness measures induced by fuzzy operators [J]. Fuzzy Sets and Systems, 1982, 8 (2): 149 – 163.

[65] Deng X, Cheng X, Gu J, et al. An innovative indicator system and group decision framework for assessing sustainable development enterprises [J]. Group Decision and Negotiation, 2021, 30: 1201 – 1238.

[66] Dong Y, Ding Z, Martínez L, et al. Managing consensus based on lead-

ership in opinion dynamics [J]. Information Sciences, 2017, 397: 187 –205.

[67] Dimuro G P, Fernández J, Bedregal B, et al. The state – of – art of the generalizations of the Choquet integral: From aggregation and pre-aggregation to ordered directionally monotone functions [J]. Information Fusion, 2020, 57: 27 – 43.

[68] Deveci M, Pamucar D, Gokasar I. Fuzzy Power Heronian function based CoCoSo method for the advantage prioritization of autonomous vehicles in real – time traffic management [J]. Sustainable Cities and Society, 2021, 69: 102846.

[69] Ding X, Qu Y, Mu Y, et al. Comprehensive Evaluating the Performance in Green Growth of Chinese Provincial – Level Regions [C]. IOP Conference Series: Earth and Environmental Science. IOP Publishing, 2020, 555 (1): 012109.

[70] Ding R X, Wang X, Shang K, et al. Social network analysis – based conflict relationship investigation and conflict degree – based consensus reaching process for large scale decision making using sparse representation [J]. Information Fusion, 2019, 50: 251 –272.

[71] Du Z, Yu S, Luo H, et al. Consensus convergence in large – group social network environment: Coordination between trust relationship and opinion similarity [J]. Knowledge – Based Systems, 2021, 217: 106828.

[72] Dong Y, Zha Q, Zhang H, et al. Consensus reaching in social network group decision making: Research paradigms and challenges [J]. Knowledge – Based Systems, 2018, 162: 3 –13.

[73] Ecer F, Pamucar D. Sustainable supplier selection: A novel integrated fuzzy best worst method (F – BWM) and fuzzy CoCoSo with Bonferroni (CoCoSo'B) multi – criteria model [J]. Journal of Cleaner Production, 2020, 266: 121981.

[74] Engelbrecht – Wiggans R, Katok E. Regret and feedback information in first – price sealed – bid auctions [J]. Management Science, 2008, 54 (4): 808 – 819.

[75] Fei L, Deng Y, Hu Y. DS – VIKOR: A new multi – criteria decision – making method for supplier selection [J]. International Journal of Fuzzy Systems, 2019, 21 (1): 157 – 175.

[76] Fan E, Li L, Wang Z, et al. Sustainable recycling technology for Li – ion batteries and beyond: Challenges and future prospects [J]. Chemical Reviews, 2020, 120 (14): 7020 – 7063.

[77] Teng F, Liu P, Pedrycz W. A novel method based on probabilistic linguistic term sets and its application in ranking products through online ratings [J]. International Journal of Intelligent Systems, 2021, 36 (9): 4632 – 4658.

[78] Garg H. Confidence levels based Pythagorean fuzzy aggregation operators and its application to decision – making process [J]. Computational and Mathematical Organization Theory, 2017, 23 (4): 546 – 571.

[79] Garg H, Arora R. Generalized intuitionistic fuzzy soft power aggregation operator based on t – norm and their application in multicriteria decision – making [J]. International Journal of Intelligent Systems, 2019, 34 (2): 215 – 246.

[80] Gal T, Hanne T (eds). Multicriteria decision making: Advances in MCDM models, algorithms, theory, and applications [M]. New York: Kluwer Academic Publishers, 1999.

[81] Govindan K, Jepsen M B. ELECTRE: A comprehensive literature review on methodologies and applications [J]. European Journal of Operational Research, 2016, 250 (1): 1 – 29.

[82] Gigović L, Pamučar D, Božanić D, et al. Application of the GIS – DANP – MABAC multi – criteria model for selecting the location of wind farms: A case study of Vojvodina, Serbia [J]. Renewable energy, 2017, 103: 501 – 521.

[83] Guo L, Qu Y, Wu C, et al. Evaluating green growth practices: empirical evidence from China [J]. Sustainable Development, 2018, 26 (3): 302 – 319.

[84] Rani P, Mishra A R, Saha A, et al. Fermatean fuzzy Heronian mean operators and MEREC - based additive ratio assessment method: An application to food waste treatment technology selection [J]. International Journal of Intelligent Systems, 2022, 37 (3): 2612 - 2647.

[85] Grabisch M, Sugeno M, Murofushi T. Fuzzy measures and integrals: theory and applications [M]. Heidelberg: Physica, 2000: 314 - 319.

[86] Grabisch M, Kojadinovic I, Meyer P. A review of methods for capacity identification in Choquet integral based multi - attribute utility theory: Applications of the Kappalab R package [J]. European Journal of Operational Research, 2008, 186 (2): 766 - 785.

[87] Grabisch M, Nguyen H T, Walker E A. Fuzzy measures and integrals [M]. Berlin: Fundamentals of Uncertainty Calculi with Applications to Fuzzy Inference. Springer Netherlands, 1995: 563 - 604.

[88] Hung W L. Using statistical viewpoint in developing correlation of intuitionistic fuzzy sets [J]. International journal of uncertainty, fuzziness and knowledge - based systems, 2001, 9 (4): 509 - 516.

[89] Herzog C P. A multifunctional green infrastructure design to protect and improve native biodiversity in Rio de Janeiro [J]. Landscape and ecological engineering, 2016, 12 (1): 141 - 150.

[90] Hafezalkotob A, Hafezalkotob A, Sayadi M K. Extension of MULTIMOORA method with interval numbers: An application in materials selection [J]. Applied Mathematical Modelling, 2016, 40 (2): 1372 - 1386.

[91] Han S, Liu X. An extension of multi - attribute group decision making method based on quantum - like Bayesian network considering the interference of beliefs [J]. Information Fusion, 2023, 95: 143 - 162.

[92] Hanneman R A, Riddle M. Introduction to social network methods [M]. Riverside, CA: University of California, Riverside, 2005.

[93] He Y, He Z, Wang G, et al. Hesitant fuzzy power Bonferroni means and their application to multiple attribute decision making [J]. IEEE Transactions on Fuzzy Systems, 2014, 23 (5): 1655 – 1668.

[94] Hao Z, Xu Z, Zhao H, et al. A dynamic weight determination approach based on the intuitionistic fuzzy Bayesian network and its application to emergency decision making [J]. IEEE Transactions on Fuzzy Systems, 2017, 26 (4): 1893 – 1907.

[95] Hwang C L, Yoon K P. Multiple attribute decision – making: Methods and applications – A state – of – the – art survey [J]. European Journal of Operational Research, 1981, 4: 287 – 288.

[96] He Y, Xu Z. An overview on recent researches of uncertain group decision making: Methodology, framework and development [J]. International Journal of Information Technology & Decision Making, 2021, 20 (1): 165 – 198.

[97] Jahanshahloo G R, Lotfi F H, Izadikhah M. Extension of the TOPSIS method for decision – making problems with fuzzy data [J]. Applied Mathematics and Computation, 2006, 181 (2): 1544 – 1551.

[98] Jia F, Liu Y, Wang X. An extended MABAC method for multi – criteria group decision making based on intuitionistic fuzzy rough numbers [J]. Expert Systems with Applications, 2019, 127: 241 – 255.

[99] Kandakoglu A, Frini A, Ben Amor S. Multicriteria decision making for sustainable development: A systematic review [J]. Journal of Multi – Criteria Decision Analysis, 2019, 26 (5 – 6): 202 – 251.

[100] Kuang H, Kilgour D M, Hipel K W. Grey – based PROMETHEE Ⅱ with application to evaluation of source water protection strategies [J]. Information Sciences, 2015, 294: 376 – 389.

[101] Khan A, Maity K. Application of MCDM – based TOPSIS method for the selection of optimal process parameter in turning of pure titanium [J]. Bench-

marking: An International Journal, 2017, 24 (7): 2009 –2021.

[102] Kahneman D, Tversky A. Prospect theory: An analysis of decision under risk [J]. Econometrica, 1979, 47 (2): 263 –292.

[103] Li Z H. An extension of the MULTIMOORA method for multiple criteria group decision making based upon hesitant fuzzy sets [J]. Journal of Applied Mathematics, 2014, 527836: 1 –16.

[104] Li Y, Chen Y, Li Q. Assessment analysis of green development level based on S – type cloud model of Beijing – Tianjin – Hebei, China [J]. Renewable and Sustainable Energy Reviews, 2020, 133: 110245.

[105] Liu W, Dong Y, Chiclana F, et al. Group decision – making based on heterogeneous preference relations with self – confidence [J]. Fuzzy Optimization and Decision Making, 2017, 16 (4): 429 –447.

[106] Lotfi F H, Fallahnejad R, Navidi N. Ranking efficient units in DEA by using TOPSIS method [J]. Applied Mathematical Sciences, 2011, 5 (17): 805 –815.

[107] Liu P, Gao H. Some intuitionistic fuzzy power Bonferroni mean operators in the framework of Dempster – Shafer theory and their application to multicriteria decision making [J]. Applied Soft Computing, 2019, 85: 105790.

[108] Lin M, Huang C, Xu Z. MULTIMOORA based MCDM model for site selection of car sharing station under picture fuzzy environment [J]. Sustainable Cities and Society, 2020, 53: 101873.

[109] Li X, Han Z, Yazdi M, et al. A CRITIC – VIKOR based robust approach to support risk management of subsea pipelines [J]. Applied Ocean Research, 2022, 124: 103187.

[110] Li M, Jin L, Wang J. A new MCDM method combining QFD with TOPSIS for knowledge management system selection from the user's perspective in intuitionistic fuzzy environment [J]. Applied Soft Computing, 2014, 21: 28 –37.

[111] Lopes A P F, Muñoz M M, Alarcón – Urbistondo P. Regional tourism competitiveness using the PROMETHEE approach [J]. Annals of Tourism Research, 2018, 73: 1 – 13.

[112] Lai H, Liao H. A multi – criteria decision making method based on DNMA and CRITIC with linguistic D numbers for blockchain platform evaluation [J]. Engineering Applications of Artificial Intelligence, 2021, 101: 104200.

[113] Luo S, Liu J. The probabilistic interval – valued hesitant Pythagorean fuzzy set and its application in selecting processes of project private partner [J]. IEEE Access, 2019, 7: 170304 – 170321.

[114] Luo S, Liu J. An innovative index system and HFFS – MULTIMOORA method based group decision – making framework for regional green development level evaluation [J]. Expert Systems with Applications, 2022, 189: 116090.

[115] Liang X, Jiang Y, Liu P. Stochastic multiple – criteria decision making with 2 – tuple aspirations: A method based on disappointment stochastic dominance [J]. International Transactions in Operational Research, 2018, 25 (3): 913 – 940.

[116] Lee J S, Kim J. South Korea's urban green energy strategies: Policy framework and local responses under the green growth [J]. Cities, 2016, 54: 20 – 27.

[117] Liu P, Liu J. Some q – rung orthopai fuzzy Bonferroni mean operators and their application to multi – attribute group decision making [J]. International Journal of Intelligent Systems, 2018, 33 (2): 315 – 347.

[118] Liu D, Liu Y, Chen X. Fermatean fuzzy linguistic set and its application in multicriteria decision making [J]. International Journal of Intelligent Systems, 2019, 34 (5): 878 – 894.

[119] Lin M, Li X, Chen R, et al. Picture fuzzy interactional partitioned Heronian mean aggregation operators: An application to MADM process [J]. Arti-

ficial Intelligence Review, 2022, 55 (2): 1171 - 1208.

[120] Liang Y, Qin J, Martínez L, et al. A heterogeneous QUALIFLEX method with criteria interaction for multi - criteria group decision making [J]. Information Sciences, 2020, 512: 1481 - 1502.

[121] Loomes G, Sugden R. Regret theory: An alternative theory of rational choice under uncertainty [J]. The Economic Journal, 1982, 92 (368): 805 - 824.

[122] Liao H, Qin R, Wu D, et al. Pythagorean fuzzy combined compromise solution method integrating the cumulative prospect theory and combined weights for cold chain logistics distribution center selection [J]. International Journal of Intelligent Systems, 2020, 35 (12): 2009 - 2031.

[123] Liao H, Wu X. DNMA: A double normalization - based multiple aggregation method for multi - expert multi - criteria decision making [J]. Omega, 2020, 94: 102058.

[124] Liao N, Wei G, Chen X. TODIM method based on cumulative prospect theory for multiple attributes group decision making under probabilistic hesitant fuzzy setting [J]. International Journal of Fuzzy Systems, 2022, 24 (1): 322 - 339.

[125] Liu X, Xu Y, Montes R, et al. Social network group decision making: Managing self - confidence - based consensus model with the dynamic importance degree of experts and trust - based feedback mechanism [J]. Information Sciences, 2019, 505: 215 - 232.

[126] Liao H, Xu Z, Zeng X J. Hesitant fuzzy linguistic VIKOR method and its application in qualitative multiple criteria decision making [J]. IEEE Transactions on Fuzzy Systems, 2014, 23 (5): 1343 - 1355.

[127] Liu H C, You J X, Fan X J, et al. Site selection in waste management by the VIKOR method using linguistic assessment [J]. Applied Soft Computing,

2014, 21: 453 - 461.

[128] Liu B, Zhou Q, Ding R X, et al. Large - scale group decision making model based on social network analysis: Trust relationship - based conflict detection and elimination [J]. European Journal of Operational Research, 2019, 275 (2): 737 - 754.

[129] Li D, Zeng W, Li J. Geometric Bonferroni mean operators [J]. International Journal of Intelligent Systems, 2016, 31 (12): 1181 - 1197.

[130] Li L, Zhang R, Wang J, et al. Pythagorean fuzzy power Muirhead mean operators with their application to multi - attribute decision making [J]. Journal of Intelligent & Fuzzy Systems, 2018, 35 (2): 2035 - 2050.

[131] Ma X, Gong Z, Wei G, et al. A new consensus model based on trust interactive weights for intuitionistic group decision making in social networks [J]. IEEE Transactions on Cybernetics, 2021, 52 (12): 13106 - 13119.

[132] Mishra A R, Liu P, Rani P. COPRAS method based on interval - valued hesitant Fermatean fuzzy sets and its application in selecting desalination technology [J]. Applied Soft Computing, 2022, 119: 108570.

[133] Mishra A R, Rani P. Shapley divergence measures with VIKOR method for multi - attribute decision - making problems [J]. Neural Computing and Applications, 2019, 31 (2): 1299 - 1316.

[134] Mishra A R, Rani P, Saha A, et al. Fermatean fuzzy copula aggregation operators and similarity measures - based complex proportional assessment approach for renewable energy source selection [J]. Complex & Intelligent Systems, 2022, 8 (6): 5223 - 5248.

[135] Michenaud S, Solnik B. Applying regret theory to investment choices: Currency hedging decisions [J]. Journal of International Money and Finance, 2008, 27 (5): 677 - 694.

[136] Majumdar A, Sarkar B, Majumdar P K. Determination of quality value

of cotton fibre using hybrid AHP – TOPSIS method of multi – criteria decision – making [J]. Journal of the Textile Institute, 2005, 96 (5): 303 –309.

[137] Ni L, Chen Y, de Brujin O. Towards understanding socially influenced vaccination decision making: An integrated model of multiple criteria belief modelling and social network analysis [J]. European Journal of Operational Research, 2021, 293 (1): 276 –289.

[138] Opricovic S, Tzeng G H. Multicriteria planning of post – earthquake sustainable reconstruction [J]. Computer – Aided Civil and Infrastructure Engineering, 2002, 17 (3): 211 –220.

[139] Opricovic S, Tzeng G H. Compromise solution by MCDM methods: A comparative analysis of VIKOR and TOPSIS [J]. European Journal of operational research, 2004, 156 (2): 445 –455.

[140] Paelinck J H P. Qualitative multiple criteria analysis, environmental protection and multiregional development [J]. Papers of the Regional Science Association, 1976, 36: 59 –74.

[141] Pamučar D, Ćirović G. The selection of transport and handling resources in logistics centers using Multi – Attributive Border Approximation area Comparison (MABAC) [J]. Expert Systems with Applications, 2015, 42 (6): 3016 –3028.

[142] Pérez L G, Mata F, Chiclana F. Social network decision making with linguistic trustworthiness – based induced OWA operators [J]. International Journal of Intelligent Systems, 2014, 29 (12): 1117 –1137.

[143] Palomares I, Martinez L, Herrera F. A consensus model to detect and manage noncooperative behaviors in large – scale group decision making [J]. IEEE Transactions on Fuzzy Systems, 2013, 22 (3): 516 –530.

[144] Pamučar D, Puška A, Stević Ž, et al. A new intelligent MCDM model for HCW management: The integrated BWM – MABAC model based on D numbers

[J]. Expert Systems with Applications, 2021, 175: 114862.

[145] Peng X, Yuan H. Fundamental properties of Pythagorean fuzzy aggregation operators [J]. Fundamenta Informaticae, 2016, 147 (4): 415 – 446.

[146] Peng X, Yang Y. Algorithms for interval – valued fuzzy soft sets in stochastic multi – criteria decision making based on regret theory and prospect theory with combined weight [J]. Applied Soft Computing, 2017, 54: 415 – 430.

[147] Roy B. Classement et choix en presence de points de vue multiples: La methode ELECTRE [J]. RIRO, 1968, 8: 57 – 75.

[148] Roy B. Multicriteria methodology for decision aiding [M]. Berlin: Springer Science & Business Media, 1996.

[149] Rahman K, Abdullah S. Generalized interval – valued Pythagorean fuzzy aggregation operators and their application to group decision – making [J]. Granular Computing, 2019, 4 (1): 15 – 25.

[150] Rebai A, Aouni B, Martel J M. A multi – attribute method for choosing among potential alternatives with ordinal evaluation [J]. European Journal of Operational Research, 2006, 174 (1): 360 – 373.

[151] Rogers M, Bruen M. A new system for weighting environmental criteria for use within ELECTRE Ⅲ [J]. European Journal of Operational Research, 1998, 107 (3): 552 – 563.

[152] Ren Z, Xu Z, Wang H. Dual hesitant fuzzy VIKOR method for multi – criteria group decision making based on fuzzy measure and new comparison method [J]. Information Sciences, 2017, 388: 1 – 16.

[153] Shannon C E. A mathematical theory of communication [J]. The Bell System Technical Journal, 1948, 27 (3): 379 – 423.

[154] San Cristóbal J R. Multi – criteria decision – making in the selection of a renewable energy project in spain: The Vikor method [J]. Renewable Energy, 2011, 36 (2): 498 – 502.

[155] Sugeno, M. Theory of Fuzzy Integrals and its Applications (Doct. Thesis) [D]. Tokyo: Tokyo Institute of Technology, 1974.

[156] Singh M, Pant M, Kong L, et al. A PCA - based fuzzy tensor evaluation model for multiple - criteria group decision making [J]. Applied Soft Computing, 2023, 132: 109753.

[157] Su W, Zhang L, Zeng S, et al. A Fuzzy - Social Network Multi - criteria Group Decision - Making Framework for Selection of Renewable Energy Project: A Case of China [J]. International Journal of Fuzzy Systems, 2022, 24 (2): 1059 - 1078.

[158] Senapati T, Yager R R. Fermatean fuzzy weighted averaging/geometric operators and its application in multi - criteria decision - making methods [J]. Engineering Applications of Artificial Intelligence, 2019, 85: 112 - 121.

[159] Tversky A, Kahneman D. Advances in prospect theory: Cumulative representation of uncertainty [J]. Journal of Risk and Uncertainty, 1992, 5 (4): 297 - 323.

[160] Torra V. Hesitant fuzzy sets [J]. International Journal of Intelligent Systems, 2010, 25 (6): 529 - 539.

[161] Tian Z, Nie R, Wang J. Social network analysis - based consensus - supporting framework for large - scale group decision - making with incomplete interval type - 2 fuzzy information [J]. Information Sciences, 2019, 502: 446 - 471.

[162] Tseng M L, Wu K J, Hu J, et al. Decision - making model for sustainable supply chain finance under uncertainties [J]. International Journal of Production Economics, 2018, 205: 30 - 36.

[163] Vazquez - Brust D, Smith A M, Sarkis J. Managing the transition to critical green growth: The "Green Growth State" [J]. Futures, 2014, 64: 38 - 50.

[164] Wei G. Some induced geometric aggregation operators with intuitionistic fuzzy information and their application to group decision making [J]. Applied soft computing, 2010, 10 (2): 423 -431.

[165] Wu J, Chiclana F, Fujita H, et al. A visual interaction consensus model for social network group decision making with trust propagation [J]. Knowledge - Based Systems, 2017, 122: 39 -50.

[166] Wu J, Chiclana F, Herrera - Viedma E. Trust based consensus model for social network in an incomplete linguistic information context [J]. Applied Soft Computing, 2015, 35: 827 -839.

[167] Wu J, Li J C, Li H, et al. The induced continuous ordered weighted geometric operators and their application in group decision making [J]. Computers & Industrial Engineering, 2009, 56 (4): 1545 -1552.

[168] Wu T, Liu X, Qin J, et al. Trust - consensus multiplex networks by combining trust social network analysis and consensus evolution methods in group decision - making [J]. IEEE Transactions on Fuzzy Systems, 2022, 30 (11): 4741 -4753.

[169] Wu X, Liao H, Xu Z, et al. Probabilistic linguistic MULTIMOORA: A multicriteria decision making method based on the probabilistic linguistic expectation function and the improved Borda rule [J]. IEEE transactions on Fuzzy Systems, 2018, 26 (6): 3688 -3702.

[170] Wang C, Li Q, Zhou X, et al. Hesitant triangular fuzzy information aggregation operators based on Bonferroni means and their application to multiple attribute decision making [J]. The Scientific World Journal, 2014, 2014: 648516.

[171] Wu Q, Liu X, Qin J, et al. An integrated generalized TODIM model for portfolio selection based on financial performance of firms [J]. Knowledge - Based Systems, 2022, 249: 108794.

[172] Weber T, Sloan A, Wolf J. Maryland's Green Infrastructure Assess-

ment: Development of a comprehensive approach to land conservation [J]. Landscape and Urban Planning, 2006, 77 (1 - 2): 94 - 110.

[173] Wang H, Wang J, Shi B. Model and application of green industry evaluation based on fuzzy control [J]. Journal of Intelligent & Fuzzy Systems, 2015, 29 (6): 2489 - 2494.

[174] Wu Y, Xu C, Zhang T. Evaluation of renewable power sources using a fuzzy MCDM based on cumulative prospect theory: A case in China [J]. Energy, 2018, 147: 1227 - 1239.

[175] Wei G, Zhang N. A multiple criteria hesitant fuzzy decision making with Shapley value - based VIKOR method [J]. Journal of Intelligent & Fuzzy Systems, 2014, 26 (2): 1065 - 1075.

[176] Wang M X, Zhao H H, Cui J X, et al. Evaluating green development level of nine cities within the Pearl River Delta, China [J]. Journal of Cleaner Production, 2018, 174: 315 - 323.

[177] Wei G, Zhao X, Lin R, et al. Uncertain linguistic Bonferroni mean operators and their application to multiple attribute decision making [J]. Applied Mathematical Modelling, 2013, 37 (7): 5277 - 5285.

[178] Wu T, Zhang K, Liu X, et al. A two - stage social trust network partition model for large - scale group decision - making problems [J]. Knowledge - Based Systems, 2019, 163: 632 - 643.

[179] Wang P, Zhu Z, Wang Y. A novel hybrid MCDM model combining the SAW, TOPSIS and GRA methods based on experimental design [J]. Information Sciences, 2016, 345: 27 - 45.

[180] Xu Z. Choquet integrals of weighted intuitionistic fuzzy information [J]. Information Sciences, 2010, 180 (5): 726 - 736.

[181] Xu Z. Approaches to multiple attribute group decision making based on intuitionistic fuzzy power aggregation operators [J]. Knowledge - Based Systems,

2011, 24 (6): 749 –760.

[182] Xiao J, Hu D. Construction and empirical study of the evaluation index system for high – quality development of marine economy in Guangdong Province based on five new development concepts [C]. Journal of Physics: Conference Series. IOP Publishing, 2020, 1629 (1): 012030.

[183] Xu H, Liu P, Teng F. Two prospect theory – based decision – making models using data envelopment analysis with hesitant fuzzy linguistic information [J]. Information Sciences, 2022, 582: 415 –438.

[184] Xu Y, Wang H. The induced generalized aggregation operators for intuitionistic fuzzy sets and their application in group decision making [J]. Applied Soft Computing, 2012, 12 (3): 1168 –1179.

[185] Xiao F, Wang J. Multistage decision support framework for sites selection of solar power plants with probabilistic linguistic information [J]. Journal of Cleaner Production, 2019, 230: 1396 –1409.

[186] Xia M, Xu Z, Zhu B. Geometric Bonferroni means with their application in multi – criteria decision making [J]. Knowledge – Based Systems, 2013, 40: 88 –100.

[187] Xian Y, Yang K, Wang K, et al. Cost – environment efficiency analysis of construction industry in China: A materials balance approach [J]. Journal of Cleaner Production, 2019, 221: 457 –468.

[188] Yoon K. A reconciliation among discrete compromise solutions [J]. Journal of the Operational Research Society, 1987, 38 (3): 277 –286.

[189] Yager R R. On ordered weighted averaging aggregation operators in multicriteria decisionmaking [J]. IEEE Transactions on systems, Man, and Cybernetics, 1988, 18 (1): 183 –190.

[190] Yager R R. The power average operator [J]. IEEE Transactions on Systems, Man, and Cybernetics – Part A: Systems and Humans, 2001, 31 (6):

724 – 731.

[191] Yager R R. Generalized OWA aggregation operators [J]. Fuzzy Optimization and Decision Making, 2004, 3 (1): 93 – 107.

[192] Yager R R. On generalized Bonferroni mean operators for multi – criteria aggregation [J]. International Journal of Approximate Reasoning, 2009, 50 (8): 1279 – 1286.

[193] Yager R R. Pythagorean fuzzy subsets [C]. 2013 joint IFSA world congress and NAFIPS annual meeting (IFSA/NAFIPS) . IEEE, 2013: 57 – 61.

[194] Yu D. Intuitionistic fuzzy geometric Heronian mean aggregation operators [J]. Applied Soft Computing, 2013, 13 (2): 1235 – 1246.

[195] Yager R R, Filev D P. Induced ordered weighted averaging operators [J]. IEEE Transactions on Systems, Man, and Cybernetics, Part B (Cybernetics), 1999, 29 (2): 141 – 150.

[196] Yager R R, Xu Z. The continuous ordered weighted geometric operator and its application to decision making [J]. Fuzzy Sets and Systems, 2006, 157 (10): 1393 – 1402.

[197] Yu X, Xu Z. Prioritized intuitionistic fuzzy aggregation operators [J]. Information Fusion, 2013, 14 (1): 108 – 116.

[198] Yazdani M, Zarate P, Zavadskas E K, et al. A Combined Compromise Solution (CoCoSo) method for multi – criteria decision – making problems [J]. Management Decision, 2019, 57 (9): 2501 – 2519.

[199] Zadeh L A. Fuzzy sets [J]. Information and Control, 1965, 8 (3): 338 – 353.

[200] Zeng S, Chen S M, Kuo L W. Multiattribute decision making based on novel score function of intuitionistic fuzzy values and modified VIKOR method [J]. Information Sciences, 2019, 488: 76 – 92.

[201] Zhang Y, Chen X, Gao L, et al. Consensus reaching with trust evolu-

tion in social network group decision making [J]. Expert Systems with Applications, 2022, 188: 116022.

[202] Zhang Z, Kou X, Palomares I, et al. Stable two - sided matching decision making with incomplete fuzzy preference relations: A disappointment theory based approach [J]. Applied Soft Computing, 2019, 84: 105730.

[203] Zhang D, Li Y, Wu C. An extended TODIM method to rank products with online reviews under intuitionistic fuzzy environment [J]. Journal of the Operational Research Society, 2020, 71 (2): 322 -334.

[204] Zhang S, Ma Z, Liu X, et al. Adaptive consensus building in emergency group decision - making with hesitant fuzzy linguistic information: A perspective based on disappointment theory [J]. Adaptive Behavior, 2022, 30 (2): 163 -184.

[205] Zhu J, Ma X, Zhan J, et al. A three - way multi - attribute decision making method based on regret theory and its application to medical data in fuzzy environments [J]. Applied Soft Computing, 2022, 123: 108975.

[206] Zhang Z, Pedrycz W. A consistency and consensus - based goal programming method for group decision - making with interval - valued intuitionistic multiplicative preference relations [J]. IEEE Transactions on Cybernetics, 2018, 49 (10): 3640 -3654.

[207] Zandi A, Roghanian E. Extension of Fuzzy ELECTRE based on VIKOR method [J]. Computers & Industrial Engineering, 2013, 66 (2): 258 - 263.

[208] Zhang N, Wei G. Extension of VIKOR method for decision making problem based on hesitant fuzzy set [J]. Applied Mathematical Modelling, 2013, 37 (7): 4938 -4947.

[209] Zhou L P, Wan S P, Dong J Y. A Fermatean fuzzy ELECTRE method for multi - criteria group decision - making [J]. Informatica, 2022, 33 (1):

181 –224.

[210] Zulqarnain R M, Xin X L, Garg H, et al. Aggregation operators of Pythagorean fuzzy soft sets with their application for green supplier chain management [J]. Journal of Intelligent & Fuzzy Systems, 2021, 40 (3): 5545 –5563.

[211] Zhang Y, Xu Z, Hao Z, et al. Dynamic assessment of Internet public opinions based on the probabilistic linguistic Bayesian network and Prospect theory [J]. Applied Soft Computing, 2021, 106: 107359.

[212] Zhang M, Zhang C, Shi Q, et al. Operationalizing the telemedicine platforms through the social network knowledge: An MCDM model based on the CIPFOHW operator [J]. Technological Forecasting and Social Change, 2022, 174: 121303.

[213] Zeng S, Zhou J, Zhang C, et al. Intuitionistic fuzzy social network hybrid MCDM model for an assessment of digital reforms of manufacturing industry in China [J]. Technological Forecasting and Social Change, 2022, 176: 121435.

[214] Zeng S, Zhang N, Zhang C, et al. Social network multiple – criteria decision – making approach for evaluating unmanned ground delivery vehicles under the Pythagorean fuzzy environment [J]. Technological Forecasting and Social Change, 2022, 175: 121414.